Wolfgang Kraus

Die Wiederkehr des Einzelnen

Der lieben,
unvergleichlichen, klugen,
hilfreichen ... tatkräftigen
und freundschaftlichen
Ursula Kleinstein-Guggi,
Doktorin, Oberärztin,
mit bleibender Dank-
barkeit

von Ihrem

[illegible]

15.7.88

Wolfgang Kraus

Die Wiederkehr des Einzelnen

Rettungsversuche im bürokratischen Zeitalter

R. Piper & Co. Verlag
München Zürich

ISBN 3-492-02586-2

Gesetzt aus der Times-Antiqua
Gesamtherstellung: Hieronymus Mühlberger, Augsburg
Printed in Germany

Dem Gedenken an meine Freunde
Jean Améry
und
Anatol Baconsky

Inhalt

Ein Notschrei kann nicht größer sein, als der eines *Menschen.*
Oder auch keine *Not kann größer sein als die, in der ein einzelner Mensch sein kann.*

Ludwig Wittgenstein

Muß es denn unbedingt die Sache des Westens sein, niemals und nichts zu verstehen?

Stefan Kisielewski

Wir sind die Zeiten: wie wir sind, so sind die Zeiten.

Augustinus

Ausgangspunkt

Unter den verschiedenen Wurzeln des heutigen Unbehagens sind die Bürokratisierung, das Überhandnehmen der Apparate besonders deutlich. Obwohl die Produktivität des Westens und der Welt überhaupt ansteigt, muß man mit Sorge erkennen, daß der Anteil der Administration noch stärker zunimmt. Mag sein, daß die Wirtschaft – trotz Rückschlägen – gedeiht, es stellt sich aber die Frage, ob nicht die persönlichen Motive der Tätigkeit und ihres Erfolges, nämlich die Kreativität, die Phantasie, die Freude am Erreichen von Zielen immer schwächer werden.

Wirtschaft, Politik, sogar alles, was man im engeren Sinn als Kultur bezeichnet, Wissenschaft, Künste, Schulen, Universitäten, eigentlich jedes Gebiet unseres Alltags, geraten in eine immer strengere Kontrolle durch die Verwaltung. Schließlich kommt man zu dem Verdacht, daß diese Verwaltung sehr oft gar nicht mehr im Dienst der unmittelbaren Sachbezogenheit verwaltet, sondern ihre eigenen Ziele anstrebt, die mit jenen der wirtschaftlichen oder kulturellen Einheiten, die sie tragen, nur wenig zu tun haben, ja ihnen mitunter sogar widersprechen. Der Einzelne, der seine Kraft einsetzt, bleibt immer stärker im unklaren über den Sinn und den Ertrag seiner Tätigkeit, die Zusammenhänge werden ins Nebulose gehoben, wodurch die Identifikation mit dem, was er tut, sein Interesse an der Arbeit schwinden.

Zweifellos erhielten unzählige Menschen, die noch vor einem halben Jahrhundert in bitterer Armut Äcker bebaut, Holz geschlägert hätten, die zwölf Stunden in Werkstätten und Fabriken gestanden wären, ohne auch nur die Zeit gehabt zu haben, irgendwelche Fragen zu stellen, durch den höheren sozialen Standard überhaupt erst die Möglichkeit nachzudenken. Sowohl sie als auch jene, die von früh an zum Nachdenken erzogen wurden, nehmen das üppige Wachstum der Apparate wahr und beginnen zu erörtern, ob der relative Wohlstand mit dem Phänomen der Bürokratisierung zusammenhängt, oder ob dies nicht sein langsames oder baldiges Ende bedeutet. Man kann unwirtschaftliche Arbeit, schlicht Mißwirtschaft, sogar Arbeitslosigkeit längere Zeit hindurch mit um sich greifender Verstaatlichung und öffentlicher Institutionalisierung kaschieren. In einem kommunistischen Staat orthodoxer Ordnung wird es nie Arbeitslosigkeit geben, da dort eben auch der Arbeitslose Staatsbeamter ist und irgendwie, womit auch immer, beschäftigt wird. Daß die Gesamtwirtschaft dabei darniederliegt und tiefes Unbehagen entsteht, ergibt sich von selbst.

Geht auch der Westen insoweit einen ähnlichen Weg, als dort ebenfalls die Verwaltung oberflächliche Kosmetik betreibt und die eigentlichen Probleme verwischt? Wird auch im Westen die Konfrontation des Einzelnen mit den wirklichen Problemen ausgeschaltet, jede Herausforderung beiseite geschoben, während gleichzeitig eine allgemeine Abhängigkeit von Ämtern und Institutionen entsteht? Die Entwicklung in dieser Richtung ist oft schon so weit fortgeschritten, daß auch die stets abnehmende Anzahl von beruflich Selbständigen immer engere Bindungen an irgendwelche Institutionen sucht, soweit diese wenigen nicht zum Aufgeben gezwungen sind und selbst Angestellte werden.

Diese Entwicklung muß vor allem dann genau erkannt werden, wenn man sie ablehnt. Ein Schrumpfen der Apparate wird zwar vorerst kaum zu erreichen sein, ebensowenig wie eine Reprivatisierung im kommunistischen Bereich, selbst wenn es dort je wieder ein demokratisches Regime gäbe. Sehr rasch aber ließe sich eine weitere Kollektivierung, eine weitere Verstaatlichung in den westlichen Demokratien aufhalten. Dies vor allem dann, wenn die Menschen nicht schon weitgehend dem Gift der Passivität, der Bequemlichkeit, des von oben zugeteilten kleinen Wohlstands erlegen, wenn sie nicht ihrer Freiheit müde geworden sind. Ohne Risiko, ohne Konfrontation mit den Problemen der Gegenwart, ohne das Annehmen von Herausforderungen verkümmert man im Käfig, wenn auch vielleicht wohlgenährt, solange die Wärter noch Futter haben.

Die Situation ist nicht nur deshalb nicht hoffnungslos, weil es im Westen noch genügend Bereiche selbständigen Handelns gibt, sondern weil in den Bürokratien, den Apparaten, Institutionen selbst einige Einzelne, die sich Individualität, Persönlichkeit bewahrt haben, ja sie trotz aller Hemmnisse dort aufbauen konnten, diese Gefahren erkannten. Auch von ihnen her kommt es zu Versuchen, innerhalb der Apparate Räume für Persönlichkeiten, für Einzelne zu schaffen, die Phantasie und Kreativität entwikkeln können. Diese Versuche haben es schwer, da sie gegen die Netze der eingespielten und stets zur Erweiterung strebenden Bürokratie anlaufen. Es wäre aber immerhin möglich, daß die Anzahl solcher Individualitäten und Einzelner in den Apparaten zunimmt und ihre Aktionen durch das Freiheitsbewußtsein anderer unterstützt werden.

Wenn ich vom Einzelnen spreche, meine ich nicht den Einzelgänger, nicht den Egozentriker, dem die Umwelt gleichgültig ist. Unter dem Einzelnen verstehe ich eine Persönlichkeit mit Vorstellung von Sinn und Zielen, die den Nächsten und die Allgemeinheit einschließen. Der Samariter, der allein zwischen Jerusalem und Jericho dahinzog und den halbtoten Beraubten vom Boden aufhob, dessen Wunden versorgte und ihn auf seinem Lasttier in die Herberge brachte, war ein solcher Einzelner. Der Hirt, der für seine Schafe sorgt, der Fischer im Dorf, ebenso der Generaldirektor, der Arbeiter, der Philosoph, auch der Beamte, können Einzelne sein, wenn sie in ihrer Persönlichkeit die Freiheit und Selbstverwirklichung mit ihrer Verantwortung für den Nächsten und die Allgemeinheit in Übereinstimmung zu bringen imstande sind.

Dieses Buch ist in einer Stadt entstanden, wo nach den Worten Metternichs »Asien an der Landstraße«, einem Wiener Bezirk, der im Osten liegt, anfängt. Man hat hier Instinkt und Erfahrung mit orientalischen Bürokratien; nicht nur die Ämter, jegliches öffentliche Leben in Wirtschaft, Kultur und Geselligkeit sind sehr oft eine Hochschule der Intrige mit mehreren Fakultäten. Es ist kein bedeutungsloser Zufall, daß sich der byzantinische Doppeladler bis 1918 noch im Wappen des österreichischen Staates befand. Die Hofbürokratie hat sich dann republikanisiert, viele ihrer Eigenarten bewahrt, jedoch auch wieder verblüffende Bereiche von Toleranz geschaffen.

Gerade in Wien kann man die Organismen und Möglichkeiten

von Bürokratien, von Apparaten und Institutionen, ihre Wirkung auf Individualitäten – die es hier stets in großer Zahl gab – bestens studieren. Freud, Adler, Wilhelm Reich, aber auch Wittgenstein hatten eine Beamtengesellschaft, eine von Hierarchien geprägte Umgebung stets vor Augen, Mahler, Schönberg, Webern, im weiteren Bereich Kafka, Herzmanovsky-Orlando, in Wien wiederum Musil, Broch und viele andere, die hier gedacht und geschrieben haben, taten dies unter der Herausforderung dieser Hierarchien. Übrigens ist es vielleicht nicht ohne Zusammenhang, daß ein ehemaliger Außenminister aus Wien, Kurt Waldheim, mit dem Superapparat und der Großbürokratie der UNO geschickt umzugehen weiß.

Man braucht Karl Kraus' Satz, Österreich sei die Versuchsstation des Weltuntergangs, nicht beizustimmen – denn gerade wo man die Gefahr erkennt, gibt es noch Chancen. Tatsache ist, daß im Zusammenbruch der Donaumonarchie nach dem Ersten Weltkrieg viele Probleme und psychologische Situationen vorweggenommen waren, die später für England, Frankreich, Holland, Belgien, Portugal, den ganzen Westen bestimmend wurden. Man konnte an Österreich beobachten, wie man den Weltuntergang übersteht und, nach furchtbaren Katastrophen, sogar zu Wohlstand und Ausgewogenheit kommt, die es in solchem Ausmaß nie vorher gegeben hatte. Möglicherweise sind aber in diesem Bereich früher Erschütterungen auch manche Gefahren, die uns bedrohen, deutlich zu erkennen. Die Mentalität kommunistischer Regierungen etwa ist hier aus östlicher Erfahrung und Tradition bei aller Abwehr zutiefst vertraut.

Ich möchte noch eine Frage beantworten, die sich manchem Leser bei der Lektüre meines Buches stellen wird: wieso ich immer wieder konkrete Vorschläge zur Änderung der gegenwärtigen Situation in den westlichen Demokratien niederschreibe, obwohl die vorausgehende Analyse eben dieser Situation schweren Pessimismus nahelegt. Gewiß, ich beobachte das dem langsamen Selbstmord ähnliche Verhalten der überwältigenden Mehrheit in der demokratischen Gesellschaft und müßte die Lage als ausweglos bezeichnen, würde sich die Geschichte auf der Ebene berechenbarer menschlicher Logik bewegen. Die wenigen Prozent einer möglichen Wendung zum Besseren, die gerade bei einer realistischen Beurteilung immer noch vorhanden sind, rechtfertigten für mich aber überhaupt erst die Arbeit an diesem Buch.

Eine solche Wendung kann nur dann geschehen, wenn unerwartete und irrationale Ereignisse genützt werden, und dies erfordert gewisse Voraussetzungen. Ich versuche, diese Voraussetzungen zu stärken. Wäre es mir nicht möglich, an die wenigen Prozent einer Chance zur Rettung zu glauben, hätte ich meine Zeit nicht mit dem Schreiben dieser Kapitel verbracht.

Im Vergleich zum Gewicht eines Pessimismus, der durch meine Analyse bestätigt wird, mögen meine Vorschläge unbedeutend und vergeblich erscheinen, während verschiedene revolutionäre Ideologien leuchtende Zukunftsvisionen zu bieten haben. Ich beharre aber darauf, daß gerade die kleinen Schritte, die im Bereich des Einzelnen liegen, von grundlegender Wichtigkeit sind.

Eine einfache Geschichte kann die Lage und die Möglichkeiten verdeutlichen: zwei Frösche fallen in zwei Gläser voller Milch. Der eine empfindet die Lage als hoffnungslos, gibt auf und ertrinkt. Der andere kämpft und rudert verzweifelt bis zur äußersten Erschöpfung – und zu seinem Erstaunen verwandelt sich die Milch in Butter, er klettert mit letzter Kraft aus dem Glas.

Oft habe ich früher die Professoren der Universitäten um ihre Freisemester, ihre Forschungsaufträge beneidet, bis ich sah, daß der Preis, den sie an Sitzungen in Komitees durch das Anwachsen der Bürokratisierung aufzuwenden haben, zu hoch geworden ist. Keine Institution hat das Projekt dieses Buches gefördert, und weniger noch als bei meinen früheren Büchern, wo es sich genauso verhielt, wäre es diesmal zu verlangen oder wünschenswert gewesen. Den Freiraum schuf ich mir durch Tätigkeiten, die mir nicht nur die Unabhängigkeit des Schreibens sicherten, sondern auch reichlich Erfahrung über die hier behandelten Themen brachten. Die Zugehörigkeit zu Parteien oder Großvereinen habe ich stets vermieden. Das Buch selbst ist ein Schritt auf dem Weg zu persönlicher Freiheit, der Versuch, im richtig verstandenen Sinn ein Einzelner zu sein.

Der verwaltete Wohlstand

Lockende Illusionen der Geborgenheit

Sie sind Engel, man frage sie nur genau, bis in ihre Träume. Ihre bewußten und unbewußten Gesten zeigen jene Stilisierung, die höheren Wesen eignet. Ich meine die Beamten. Ihr Gesicht hat Würde, ihr Blick ist in die Ferne und nach oben gerichtet. Auf den bittstellenden Besucher senken sich ihre Augen nachsichtig, wenn er sie nicht gerade bei der Anbetung höhergestellter Engel stört. Die Worte der Beamten sind zwar nicht Spruchbänder, aber Erlässe, Weisungen, Vorladungen, Bescheide, die in knapper, fremdartiger Diktion nur ungern die Schranke zur gewöhnlichen Welt überschreiten.

Einst meinte man, daß alles Lebendige unter die Aufsicht von Engeln gestellt sei, die Erde, Wasser, Luft und Feuer, Tiere, Pflanzen, die Gestirne und natürlich die Menschen. Sie hatten ihre Schutzengel, sanfte oder strenge Aufpasser. Man konnte sich auch das Entstehen der Lebewesen nicht ohne Beteiligung von Engeln vorstellen. Es gab Strafengel, und die Engel brachten die Gebete der Menschen zu Gott. Seit damals hat sich nicht viel geändert: die Beamten wachen über Erde, Wasser, Luft und Feuer, die Tiere, die Pflanzen, sie ordnen und bewachen den Verkehr, sie registrieren jede Geburt und bringen die Ersuchen der Bürger zur höheren Instanz.

Ein Byzantiner teilte die Engel in drei Triaden und neun Chöre auf, sie standen in strenger Hierarchie bis hinauf zum großen Licht. Und Byzanz schuf eine raffinierte Beamtenhierarchie am Kaiserhof und in seiner staatlich gelenkten Wirtschaft, in der die Bevölkerung, bewacht und beschützt von seinen Beamten, tätig zu sein hatte. Dionysios Areopagita, der Erfinder der Engelordnungen – sein Hauptwerk heißt »De Caelestis Hierarchia« – dachte die gleichen Gedanken wie die Erbauer der Staatsordnung. Hat sich seit damals so viel geändert?

Gewiß wandelte sich die Welt so sehr, daß ein Zeitgenosse von damals sich heute nicht zurechtfinden würde – außer eben vor einem dieser Engel, der ihn heute wie damals mit strenger Huld auf seine devote Haltung hin prüft und ihm vielleicht gewährt, was er in wohlgesetzten, gefällig klingenden Worten erbittet. Der Beamte ist heute wie damals zum großen Verwalter des Gesetzes geworden, das nun mit einer damals nicht geahnten Perfektion unser aller Leben von der Geburt bis zum Tod erfaßt.

Der Standesbeamte, der Finanzbeamte, der Begräbnisbeamte, der Beamte der städtischen Müllabfuhr, der Postbeamte, der Polizeibeamte und so viele andere Beamte säumen unseren Weg, und viele von uns sind ja selbst Beamte, die ihrerseits die Wege anderer säumen, beeinflussen, bestimmen, auch die Wege anderer Beamter. Die enorme Zunahme der Bereiche des Staates und der öffentlichen Institutionen, die Ausgestaltung und Ausbreitung der technischen Zivilisation, hat gleichzeitig die Anzahl der Beamten in bisher nie dagewesenem Ausmaß gesteigert.

Handelt es sich bei unserem hochzivilisatorischen Verwaltungssystem um die merkwürdig deformierte Verwirklichung einer religiösen Vision? Hat sich das Schutzbedürfnis des Menschen, sein Verlangen nach Geborgenheit in einer umfassenden Ordnung auf solch tragische Weise erfüllt? Rilkes Vers »Wer, wenn ich schriee, hörte mich aus der Engel Ordnungen«, findet seine ironisch positive Antwort in der telefonischen Seelsorge und im ärztlichen Notruf.

Das Interesse an der jenseitigen Vorstellung der Engel, das einst in Konstantinopel politische Unruhen auslösen konnte, ist erloschen. Die Problematik des Beamten und der Bürokratie hingegen hat einen Grad erreicht, wo man beginnt, sie nicht mehr in der Öffentlichkeit erörtern zu wollen, sondern sie bloß zum Thema esoterischer Untersuchungen zu machen. Da die Anzahl der Beamten bereits einen derart hohen Prozentsatz an Wählern der politischen Parteien ausmacht, da längst auch die meisten Massenmedien stark bürokratisiert, oft sogar mit der staatlichen Beamtenschaft verflochten sind, werden in öffentlichen Diskussionen andere Bereiche bevorzugt.

Auf diese Weise fand langsam eine scheinbare Anpassung an die Tatsache der zunehmenden Macht und Anzahl der Beamten statt, die einem gefährlichen Verdrängungsvorgang entspricht.

Plötzlich entstehende Unruhen der Jugend, emotionsgeladene Revolutionen inmitten geordneten Wohlstands, anarchistische Symptome, epidemisch auftretende Terroranschläge geben Zeichen, daß die Lage keineswegs ausgewogen ist. Erkennt man den Beamten als jene Figur, deren Bedeutung in jüngster Zeit auf ungeahnte Weise angewachsen ist und weiter zunehmen wird, so kann niemand umhin, sich eingehend mit diesem bereits unheimlichen Phänomen zu beschäftigen.

Längst ist die Beamtenschaft so vielfältig geworden, daß sie Menschen mit verschiedensten Interessen aufnimmt. Sie braucht nicht nur Administratoren, sondern ebenso Spezialisten, technische Erfinder, Naturwissenschaftler, Psychologen, Manager, Allrounder, es gibt keine Tätigkeit, die sie nicht umfaßt. Das Beamtentum hat die Verbindung zu allen Berufen aufgenommen, viele von ihnen völlig absorbiert, die meisten zumindest in ihre beherrschende Lenkung gebracht. Immer mehr Nachwuchs wendet sich nicht den gut getarnten Filialen, sondern dem zentralen Geschehen selbst zu. So wächst die staatliche Macht, klug geflochten und nuanciert abgestuft, stets weiter an, und welche Partei immer an die Regierung kommt, auch die noch so Liberalen oder Konservativen, die von Einschränkung des Staates und Reprivatisierung reden, sie können diese Entwicklung nicht aufhalten.

Die technische Zivilisation ist so kompliziert, daß sie ohne alle private Möglichkeiten überschreitende Investitionen nicht mehr auskommt: Gesundheitswesen, Spitäler, Verkehr, Post und vor allem die für Verteidigung und Weltraumprojekte arbeitende Wissenschaft und Industrie sind nur mehr von Regierungen zu finanzieren. Die beiden Weltkriege und andere Kriege haben diesen Vorgang kraß beschleunigt, und die gefährliche Rivalität der Großmächte führt auch den Westen immer weiter diesen Weg. Sogar in den USA, wo das Beamtentum noch verhältnismäßig wenig in das tägliche Geschehen eingreift, nimmt dessen Einfluß in verblüffendem Umfang und doch mit logischer Folgerichtigkeit zu.

Versucht man, die wesentlichen Eigenschaften des psychologischen Typus Beamter darzustellen, so muß man zuerst festhalten, daß der Beamte ein Mensch ist, der dient und andere Dienende überwacht, je nach seiner Position in der Hierarchie. Im christlich-theologischen Zusammenhang bezog sich administrare, verwalten, auf das »göttliche Wort«, so daß sich, wie Karl Korn in seinem Buch »Sprache in der verwalteten Welt« nachweist, als Bedeutungsgrund von »verwalten« verhältnismäßig früh die »dienende Verfügung über die Heilsmittel« ergab. Zum Unterschied vom Angestellten befindet sich der Beamte in einer staatlichen oder staatsabhängigen Struktur, die ihre Abkunft von höfischer und kirchlicher Subordination noch lange nicht ganz verlieren wird.

Dieser Mechanismus des Empfangens von Anordnungen und ihrer Weitergabe ist ein Grundzug. Die Steuerungsfunktion und damit die Verantwortung wird dadurch automatisch so weit wie möglich nach oben geschoben. Der Staatspräsident, der große Minister, oder einst der Kaiser, gehören dann einer Sphäre an, in der nur mehr sehr große Fehler auffallen und wirksam zu kritisieren sind. Der einzelne Beamte handelt also nach außen hin weitgehend verantwortungsfrei, sofern er der Anordnung von oben gehorcht und diese Anordnung nicht dem Gesetz widerspricht.

Zu den archetypischen Situationen der Gesellschaft zählt, daß der geschickte Diener dem Herrn über den Kopf wächst: er macht was er will, schiebt aber dem Herrn die Verantwortung zu. Das geht um so leichter, wenn der Herr mit Geschäften überlastet ist und von der Sache weniger versteht als jener, der sie ausführen soll. Der Kampf der Herren mit ihren Dienern, der Kaiser, Präsidenten, Minister, mit ihren Beamten reicht so lang zurück, als es sie gibt. Ebenso die Beschwerde der Bevölkerung über die Beamten, die den Willen der Regierung übermitteln. Der enorme Beamtenapparat der Gegenwart mit seinen nicht einmal von Ministern mehr überblickbaren Kompetenzen hat eine Machtposition aufgebaut, die von oben kaum mehr zu verändern und von unten nicht mehr zu durchschauen ist.

Die einzelnen Fachprobleme sind derart schwierig geworden, daß nur langjährige und hochqualifizierte Experten sie verstehen und sinnvolle Lösungen vorschlagen können. Zudem gibt es zwischen allen Problemen ein äußerst feines Netz von Verflechtungen, und zwar im Weltmaßstab. Die Regierungen werden zunehmend von hochgebildeten Professoren und Fachleuten abhängig, die oft als Beamte tätig sind. Nichts ist leichter, als einem neuen Minister die Problemlage unverständlich oder in etwas entstellter Proportion vorzutragen.

Die Welt außerhalb der Apparate wird durch die gleiche Entwicklung für die Beamten mehr und mehr zum Material. Das Lenkungsgeschehen – ob es sich um Finanzfragen, Inflationsbekämpfung, Sozialprobleme, Arbeitslosenunterstützung, Großinvestitionen handelt – ist so kompliziert, daß kaum ein Außenstehender mitreden kann. Die an den Folgen auftretende öffentliche Kritik in den Massenmedien erweist sich für die Insider meist als völlig inkompetent. Sie ist ein Geschehen auf ganz anderer Ebene, gesteuert von den Emotionen der Bevölkerung, der politischen Parteien, der Opportunität von Auflagenziffern oder Hörer- und Zuschauerkapazitäten. Diese Tatsache vergrößert noch die Distanz zwischen dem Beamtenapparat und jenen, die seine Auswirkungen verspüren. Die Esoterik und das Elitegefühl der Beamten erreichten in unserer heutigen Zivilisation aufgrund der Aufgaben, die zu lösen sind, eine Intensität, wie sie in historischer Frühzeit Schamanen, Priester und später gelegentlich Astrologen erlebt haben mögen.

Da die Beamtenapparate der meisten Staaten seit langem, oft seit Jahrhunderten bestehen, eignet ihnen eine Starrheit, die zu den Forderungen der technischen und organisatorischen Entwicklung in verhängnisvolle Spannung gerät. Nicht nur die Beamtenschaft ist sowohl den Regierenden als auch der Bevölkerung über die Köpfe gewachsen, auch ihnen selbst ist dasselbe durch die zivilisatorischen Neuerungen geschehen. Der alte Apparat arbeitete rezeptiv, er reagierte auf Wünsche, Anfragen einzelner Personen oder Unternehmen, er war noch im vergangenen Jahrhundert des Westens eine Einrichtung, die entschied, ob man diesem oder jenem Ansuchen stattgeben, ob man diese oder jene Ehrung vornehmen sollte oder nicht, und wie man bei Gericht Recht zu sprechen hatte. Statik, langsames, den Dienstjahren entsprechendes Vorrücken der Beamten, Sicherung ihrer Position, Unkündbarkeit waren ihre Kennzeichen. Nicht die operative oder gar initiative Leistung, sondern Treue, Gehorsam und Unbestechlichkeit waren die wichtigsten Tugenden.

Seit jedoch staatliche Stellen zunehmend weittragende und in die gesamte Wirtschaft, in das kulturelle Geschehen einwirkende Aufgaben übernahmen, wandelten sich die Ansprüche an die Beamten: nun sollten sie Qualitäten einer Führung entwickeln, selbst Impulse geben, sie brauchten Phantasie, tätige Energie und standen vor der Notwendigkeit, erhebliches Risiko zu übernehmen, das sich nicht immer leicht nach oben abschieben ließ.

Diese neuen Notwendigkeiten kollidierten mit den starren Hierarchien, die nicht für organisatorische oder gar kreative Eigenleistungen eingerichtet waren. Die seit dem europäischen Mittelalter gepflegten Traditionen der Verwaltung erwiesen sich in erheblichem Maße als unbrauchbar, doch konnte man die durch Generationen festgefügten Beamtenstrukturen, die sich meist selbst gesetzlich vor jeder Veränderung abgesichert hatten, nicht in Bewegung bringen.

Unzählige Notlösungen wurden versucht: parallele Institutionen mit flexibleren Mitarbeitern, phantasievolle Neugründungen, die dazu bestimmt waren, die eigentlichen Aufgaben der Staatsapparate zu übernehmen, während die Beamten alten Stils als lebende Denkmäler in ihren feierlichen Büros weiterhin unbeweglich und würdevoll verharren konnten.

Der Zustand der heutigen Beamtenschaft ist gespalten und gegensätzlich: die alte statische, traditionsvolle und prestigeorientierte Gruppe befindet sich in Abwehr gegen die neuen Beamten, die als Manager, Techniker, Wissenschaftler auf produktive Leistung hin orientiert sind. Der Nachteil dieser Situation besteht aber nicht nur darin, daß der eine Teil den anderen aufs schärfste und bis zur Selbstzerstörung bekämpft, sondern daß sein eigenes neurotisch gewordenes Verhalten die Hinzukommenden ansteckt. Die neuen, vorerst initiativen Beamten verlieren einen gewaltigen Teil ihrer Kraft durch Reibungsverluste im Zurückweisen unzähliger Intrigen der statischen Gruppe, sie geraten in die Gefahr, ihre eigenen Methoden jenen der Gegner angleichen zu müssen und schließlich von deren Mentalität erfaßt zu werden.

In frühen Epochen war die Etablierung einer mehr oder weniger reich gegliederten Beamtenschaft ein Schritt zur Demokratie. Gegenüber dem Adel konnten nun auch andere Schichten, theoretisch jedermann, nach bestimmten Prüfungen ein Amt in der Verwaltung übernehmen. Zwar bildeten sich dafür bald Familien und eine eigene Schicht heraus, doch war die Aufnahme in die Ämter weiterhin an Studien und Examen gebunden. Gemessen am Geburtsadel, dessen Angehörigen auch bei totalem Versagen eine hohe Position zustand, war der Beamte ein Mann, der sich seine Stellung erst erwerben mußte. Die Bürokratie erstellte eine Leiter nach oben, auch wenn sie nicht sehr weit unten begann. Zur Zeit Josephs II. im alten Österreich, in den konstitutionellen Monarchien Deutschlands, Frankreichs und Englands bedeutete die damals sehr moderne Beamtenschaft einen demokratischen Fortschritt, der den Stolz dieser Staaten ausmachte. Nach dem Zurücktreten des Adels wurden jedoch die Beamten das starre Element.

Der starke Gegensatz zwischen versteinerter Tradition und von der Gegenwart geforderter Mobilität, zwischen unantastbarer Hierarchie und der notwendigen freien Bahn dem Tüchtigen, zwischen leistungsunabhängigem Avancement nach Dienstjahren und der Auslese nach aktiver Potenz brachte die Beamtenschaft überall in eine Phase aufreibender Widersprüche. Das alte System ist wie eine Pyramide in den Boden verankert und will den Jahrtausenden trotzen, die gewaltige Dynamik der technischen Zivilisation reißt einen Quader nach dem andern heraus und erzwingt ganz andere Methoden einer elastischen und variablen Ordnung. So mußte der Bereich der Beamtenschaft zu einem Kriegsschauplatz zwischen Gestern und Morgen werden, und da es sich nicht um eine offene Schlacht handelt, findet der Kampf mit den Waffen der Intrige, der Heimtücke und bürokratischen Strategie statt. Die Krise des Westens, mehr aber noch des kommunistischen Ostens, ist zu erheblichem Teil eine Krise seiner Apparate, deren Versagen und Hochmut eine katastrophale Wirkung nach außen hat.

Daß die Situation der Beamtenschaft Neurosen aller Art begünstigt, kann nicht verwundern. Die beharrende Struktur feudaler Epochen in Europa und die puritanische Fassade im anglo-amerikanischen Bereich, die sich in den Bürokratien teilweise immer noch halten, werden von den neuen Erfordernissen attackiert – und verwandeln sich in bizarre Turngeräte für Neurotiker. Dazu kommt die entstandene Eigengesetzlichkeit einer in sich geschlossenen Welt, die sich von der Realität gefährlich leicht entfernt: dies führt zu Bedingungen, die einem Treibhaus für Neurosen gleichkommen. Es ist kein Zufall, daß gerade ein Psychologe aus Wien, einer der Hauptstädte beamtischer Hierarchien, in seiner Lehre so viele Beobachtungen und Gedanken aufweist, die auf das typische Verhalten von Beamten zurückgehen, nämlich *Alfred Adler*.

Es ist auch nicht ohne Bedeutung, daß die gesamte Psychoanalyse, deren Entdeckung und Ausbau in Wien geschah, in der westlichen Sphäre und gerade in den USA so starke Verbreitung fand: die Probleme der damals von Bürokratie, von strenger Rangordnung und starren Vorurteilen beherrschten Donaumetropole wurden auf erstaunliche Weise bald jene von England, Frankreich und durch besonders starke Schübe jene der Vereinigten Staaten. Sie alle befinden sich auf dem Weg zum Beamtenstaat – ein Beamtenstaat war Österreich seit langem. Die typischen Probleme der Beamten, ihre Konflikte mit Hierarchien, Dogmen, mit Vorgesetzten als Vaterfiguren, ihre Verdrängungen, Minderwertigkeitsgefühle, ihr Machtstreben, ihre sexuellen Defizite und mangelnden Kompensationen wurden wichtige Probleme der ganzen zivilisierten Welt. In den letzten Jahren der Donaumonarchie und erst recht nach deren Zusammenbruch, nach der Reduktion auf einen kleinen Rumpfstaat, war sehr früh schon eine reale und psychologische Situation entstanden, wie sie erst mehrere Jahrzehnte später für große Teile des Westens typisch wurde.

Fast alle der von Alfred Adler beschriebenen neurotischen Komponenten sind besonders kennzeichnend für jene Menschen, die in Hierarchien leben. Gewiß treten sie in allen beruflichen Bereichen auf, doch ist die gewundene Art ihrer Wirkung das

Produkt einer von bürokratischen Systemen geprägten Lebensweise.

Nach Adler entsteht aus dem Minderwertigkeitsgefühl das Streben nach Macht, wobei die Tücke dort zum Vorschein kommt, wo alles nur indirekt geschieht: »Da die Neurose den Zweck hat, das Endziel der Überlegenheit erreichen zu helfen, wo doch im Gefühl der Minderwertigkeit eine *direkte* Aggression ausgeschlossen erscheint, sehen wir immer *Umwege* bevorzugt, die einen wenig aktiven, zuweilen masochistischen, immer selbstquälerischen Charakter tragen.« Im gleichen Werk »Praxis und Theorie der Individualpsychologie« kann man lesen: »Um sich dem Leben gewachsen zu erweisen, erwachsen dem Nervösen auch alle nötigen Arrangements und nervösen Symptome, als ein Notbehelf, als ein übergroß geratener Sicherungskoeffizient gegenüber den Gefahren, die er in seinem Minderwertigkeitsgefühl beim Ausbau seiner Zukunftspläne erwartet.« Auch die treffend bezeichnete »Entwertungstendenz«, die »Plusmacherei«, die »Prestigepolitik«, also das Bemühen, die eigene Überlegenheit durch hartnäckige und destruktive Abwertung möglichst vieler anderer zu erreichen, ergänzen das Bild.

In den Bereich der Kompensation des Minderwertigkeitsgefühls gehört unter anderem die künstliche Komplizierung jedes Problems, die von Beamten oft virtuos gehandhabt wird, um unerwünschte Vorgesetzte oder Kollegen an ihrer Arbeit zu hindern und damit die eigene Unersetzlichkeit deutlich zu machen. Zu den weniger häufigen, aber typischen Charakterfiguren dieser in sich selbst abgeschlossenen Beamtenwelt zählen jene Funktionäre, die in wichtigen Positionen eine hohe Virtuosität des Marionettenspiels und geradezu eine Ästhetik der Intrige entwickelt haben. Oft geht es bei diesen Schachmeisterschaften der Intrige nicht um äußere Ehrungen, nicht einmal um Anerkennung von oben, sondern um eine l'art pour l'art. Manche treten in entscheidenden Momenten ins volle Licht der Öffentlichkeit, andere sonnen sich in der besonderen Gunst des Vorgesetzten, wieder andere bleiben stets im Hintergrund und genießen bloß ihre heimliche Macht – soweit es sich nicht um das neurotische Verlangen nach reiner Negation anderer Initiativen, um die zweifelhafte

Befriedigung der Entwertungstendenz handelt. Der Wirklichkeitsverlust kann nicht nur brutale Zerstörungsmechanismen in Massendimension in Bewegung setzen, sondern auch – oft unbewußt – jene dünne Luft eines zynischen Nihilismus erreichen, die für eine Phase des Verfalls kennzeichnend ist.

Folgende Schilderung Alfred Adlers trifft in verblüffender Weise auf viele Beamte zu: »Die Lebensfrage des Nervösen lautet nicht: ›Was muß ich tun, um mich den Forderungen der Gemeinschaft einzufügen, um daraus ein harmonisches Dasein zu gewinnen?‹ sondern: ›Wie muß ich mein Leben ausgestalten, um meine Überlegenheitstendenz zu befriedigen, mein unabänderliches Minderwertigkeitsgefühl in ein Gefühl der Gottähnlichkeit zu verwandeln?‹« Adler spricht in diesem Zusammenhang sogar von einer »ideellen Rente«, die »erkämpft« wird. Die »zögernde oder ausweichende Attitüde«, das Vermeiden von Entscheidung und Verantwortung, der Versuch, den Minderwertigkeitskomplex durch einen Überlegenheitskomplex zu verdecken, Empfindlichkeit, Angst, Neid, Streben nach Prestige – Alfred Adler schildert hier typische Beamtenneurosen.

Bei *Sigmund Freud* sind Hinweise in diese Richtung nicht so deutlich. Er bezeichnete die verdrängte Sexualität als Ursache der meisten neurotischen Symptome, doch kann man auch hier feststellen, daß die Diskrepanz von untadeligem Schein und ganz anderem Sein dort am größten ist, wo in einer von oben her etablierten Hierarchie dieser Schein am wenigsten beeinträchtigt werden darf. Die Wiener Gesellschaft war stets von einer auf den Hof zulaufenden Hierarchie geprägt, und sowohl die reichen bürgerlichen Kreise als auch die kleinen Leute waren in ihrem Prestigedenken davon psychisch abhängig.

Es mag allzu gewagt sein, die Spitze der Beamtenhierarchie – und Sigmund Freud lebte bis zu seinem zweiundsechzigsten Lebensjahr in einer Monarchie – mit dem von ihm erkannten »Über-Ich« zu assoziieren. Der damals schon legendäre und total bürokratisierte Kaiser Franz Joseph, der pedantische, realitätsfremde erste Beamte seines Staates als zensurfreudiges »Über-Ich« zumindest der Beamtengesellschaft, die unter den strengen Moralvorschriften und Förmlichkeiten des Kaisers in üppige

Neurosen ausbricht: dies war zumindest ein Erlebnis, das bei der Entdeckung einer solchen psychischen Instanz mitgeholfen haben kann.

Man braucht nur nachzulesen, wie sehr Freud selbst darunter gelitten hat, daß ihm als Außenseiter, als Jude und den Beamten höchst verdächtigen Neuerer lange Zeit die Professur an der Universität unerreichbar war und ihm, solange er lebte, von Österreich nie eine offizielle Ehrung zuteil wurde. Freud erfuhr dieses Denken in Hierarchien und Dogmen aus nächster Nähe und teilweise auch an sich selbst – aber er hob es ins Bewußtsein, und seine Psychoanalyse war ein Feldzug dagegen.

Ein Versicherungsangestellter, ein Jurist, der viel mit Gerichten und der staatlichen Bürokratie zu tun hatte, verfaßte Werke, in denen die Beziehung des Einzelnen zur Beamtenschaft eines der Hauptmotive wurde. *Franz Kafka* war im großen Beamtenstaat der k. k. Monarchie geboren und herangewachsen. Sowohl im »Prozeß« als auch im »Schloß« zeigt er einen psychologisch sehr wichtigen Zug: nämlich nicht nur die äußere, sondern die innere Abhängigkeit des Bürgers von den Beamten. Herr K. könnte sich leicht der Verhaftung, den Verhören, dem Gericht entziehen, die Beamten legen es ihm geradezu nahe. Doch Herrn K. treibt es in das bedrohliche und doch irgendwie auch entlastende System des Gerichts – als er einmal nicht vorgeladen wird, sucht er selbst den Saal des Untersuchungsrichters auf. Mit Alfred Adler könnte man sagen, »er läuft seinen Ohrfeigen nach«.

Im »Schloß« schildert Kafka ein bürokratisches System mit seinen Kanzleien und riesigen Archiven von Akten, von dem es heißt: »Nirgends noch hatte K. Amt und Leben so verflochten gesehen wie hier, so verflochten, daß es manchmal scheinen konnte, Amt und Leben hätten ihre Plätze gewechselt.« Sehr genau wird die dem Zeitablauf trotzende Statik des Beamtenapparats dargestellt, deren gewaltiges Bemühen letztlich in die Aufhebung jeglicher Aktivität mündet. Ein Vorsteher der Schloßverwaltung erklärt Herrn K.: »Vertausendfachen Sie Ihre Strenge, und sie wird noch immer nichts sein, verglichen mit der Strenge, welche die Behörde gegen sich selbst anwendet. Nur ein völlig Fremder kann Ihre Frage stellen. Ob es Kontrollbehörden gibt? Es gibt nur Kontrollbehörden.« Damit charakterisiert Kafka den Grundzug des traditionellen Apparats. Wie soll er heute Aufgaben des Managements übernehmen? Und wenn er für diese Aufgaben umgestellt werden soll, wie können die Beamten alten Stils auf die neuen Beamten ohne heftige Feindschaft reagieren?

Gleichzeitig hat der Beamtenapparat im »Schloß« viel von der hierarchischen Ordnung einer nach unerforschlicher Weisheit aufgebauten Welt, die sich nach oben hin im Unendlichen verliert und sich nach unten hin durch ihre Rituale und Komplikationen den Anschein von Allwissenheit und Allmacht gibt. Sie übt auf die Suchenden, die Verlorenen und Heimatlosen, und nicht nur auf sie, die magische Anziehung eines in göttlicher Gnade geborgenen Lebens aus.

Im »Schloß« wünscht Herr K. selbst hartnäckig Einlaß, niemand zwingt ihn dazu. Auch hier deckt Kafka auf, daß sich der Einzelne allzugern dem System, dem Beamtenapparat unterwirft, sogar unter Gefahr für das eigene Leben, weil er auf diese Weise die eigene Verantwortung los wird, weil er sich einer monströsen Vaterfigur oder dessen Beauftragten unterordnen kann. Damit zeigt Kafka, daß es zu der Übermacht der Beamtenschaft, deren Präsenz heute auf der ganzen Welt immer deutlicher wird, überhaupt nicht kommen könnte, bestünde nicht, über die sachliche Notwendigkeit hinaus, ein psychisches Verlangen, sich ihr zu unterwerfen.

Ein Mechanismus, der von einer nach möglichst verringerter persönlicher Verantwortung drängenden Bevölkerung in Bewegung gesetzt wird, die sorglos und hedonistisch in den Tag hineinleben will und sich dafür einer sie verwaltenden Beamtenschaft ausliefert, erzeugt und vergrößert natürlich einen Apparat, der diese Funktion ausübt. Das Abschieben eigener Initiativen und Risiken auf ein System stärkt jenen Typ von Beamten, der stets schon den Petenten als devoten Gnadenempfänger aufgefaßt hat. Der feinmaschige Beamtenapparat Metternichs mit seinen Verboten, seiner Zensur, seiner Scheinmoral fand die Entsprechung im Phäakentum des idyllisch lebenden Biedermeiers mit seinen

Landpartien und Picknicks im Wienerwald. Die berühmten Worte in der »Fledermaus« von Johann Strauß: »Glücklich ist, wer vergißt, was doch nicht zu ändern ist«, lassen im Hintergrund den großen vaterhaften Beamtenapparat erkennen, dem ja auch einige der handelnden Personen dieser Operette angehören.

Seit einiger Zeit ist in den westlichen Demokratien eine Müdigkeit zu erkennen, die zu einem dort bisher sehr untypischen Verhalten führte. Während für die westliche Kultur der Individualismus, das kritische Denken, die Verwirklichung der eigenen Persönlichkeit kennzeichnend waren, machen sich jetzt Tendenzen bemerkbar, die zum Aufgeben alles dessen beitragen. Seit den Vorsokratikern, der griechischen und römischen Antike über die Renaissance bis nahe an die Gegenwart war das individuelle Denken und Leben das wesentliche Element der westlichen Kultur. Anders sind die Traditionen Nordafrikas, des Orients und Asiens.

Die jüngste Entwicklung im Westen ähnelt auf bedrohliche Weise einer psychologischen Regression: das Verlangen nach Schutz, Geborgenheit, nach einem merkwürdig abstrahierten Vater macht sich bemerkbar. Der Begriff »Vater Staat« ist aufschlußreich, und es erhebt sich die Frage, ob nicht der Wunsch nach dem schützenden »Vater Staat« eine Ersatzhandlung für den Verlust des Vaterbildes, der Vaterfigur in der Familie, ja der Familie überhaupt, ist. Auch der Glaube an Gott, an den allmächtigen »Vater unser, der Du bist«, ist weitgehend geschwunden. Der von Alexander Mitscherlich beobachtete »Weg zur vaterlosen Gesellschaft« könnte in einem Verlangen nach dem großen Kollektiv seine gefährliche Kompensation finden.

Solche psychologische Symptome machen sich in der westlichen Gesellschaft immer deutlicher bemerkbar. Ein Grundelement der Demokratie, die Selbständigkeit des Individuums, gerät in Gefahr, freiwillig zugunsten bequemen Konsums und passiver schlaraffenländischer Illusionen aufgegeben zu werden. Immer mehr wird die lebenslange Rente von Geburt an zum Hauptwunsch, um damit, möglichst nach allen Seiten abgesichert, ohne Risiko und vergnüglich die Zeit verbringen zu können – ein Verlangen, das unerfüllbar ist und in den Ruin führt.

Die herrschenden Diener

Fünftausend Jahre Beamtentum und heutige Aktualität

Die einseitige Hervorhebung der griechischen und römischen Antike als Grundlage unserer Vergangenheit hat während der letzten beiden Jahrhunderte auch die Beurteilung unserer Bürokratie erschwert. Vor allem zwei bedeutende kulturelle Großkapitel der Weltgeschichte wurden aus allerlei merkwürdigen, teils unbewußten Gründen aus der europäischen Selbstreflexion verdrängt: Ägypten und Byzanz. Von der Renaissance über die Aufklärung, über die französischen und deutschen Klassiker, über das Humboldtsche Universitätsideal bis zum Faschismus und Kommunismus standen stets die Griechen und Römer im Blickfeld, während der Orient, Nordafrika und Konstantinopel, ebenso China, meist nur Orchideenfächer einiger Gelehrter blieben. Gerade für das Entstehen der Bürokratien sind jedoch diese Bereiche von ausschlaggebender Bedeutung. Erst wenn man die dort liegenden Wurzeln kennt, wird man die spätere Entwicklung leichter durchschauen können.

Karl A. Wittfogel weist in seinem Buch »Die orientalische Despotie« ebenso wie später Lewis Mumford in seinem »Mythos der Maschine« darauf hin, daß mit dem Bau der Pyramiden in *Ägypten,* mit der gigantischen Organisation aller dazu notwendigen Arbeiten, der Architekten, der Heere von Handwerkern, mit deren Unterbringung und Verpflegung die moderne Großorganisation begann – eine Struktur, die Mumford als »Megamaschine« bezeichnet. Wenn man bedenkt, daß der Bau der Cheopspyramide sogar mit heutigen Hilfsmitteln größte Schwierigkeiten bereiten würde, läßt sich ermessen, welch ein organisatorischer Apparat vor viereinhalbtausend Jahren nötig war, diese Leistung zu erbringen. Seine Heranbildung läßt sich bereits mehrere Jahrhunderte vorher nachweisen.

Gerade für eine aktuelle Analyse der Bürokratie ist es nützlich, einen kurzen historischen Vergleich zu versuchen:

Schon in der frühen Phase der ägyptischen Geschichte war der

Schreiber ein Symbol dieser Kultur. Die regelmäßigen Nilüberflutungen, die Notwendigkeit des Dammbaus, der Errichtung von Kanälen ließen bereits in den ersten Anfängen eine staatlich zentralisierte, weitplanende Wirtschaft entstehen. Die Landwirtschaft, das Handwerk, jede menschliche Tätigkeit waren im Pharaonenreich staatlich geregelt. In der Gräberstadt Theben bei Luxor kann man die verschieden reichhaltig ausgestatteten Gräber der höheren Beamten betrachten, in den Museen die Statuen und Porträts der Schreiber.

Die Anpreisungen des Beamtenberufs, die uns erhalten sind, füllen viele Seiten. In der »Lehre des Achthoes« heißt es: »Kaum hat ein Schriftkundiger angefangen heranzuwachsen, wird man ihn grüßen und als Boten senden ... Siehe, es gibt keinen Beruf, in dem einem nicht befohlen wird, außer dem des Beamten; da ist er es, der befiehlt. Wenn du schreiben kannst, wird dir das mehr Nutzen bringen als alle Berufe ... Nützlich ist schon ein Tag in der Schule, und eine Ewigkeit hält die in ihr geleistete Arbeit vor, wie Berge.« In der »Lehre des Schreibers Iniy« steht: »Man tut alles, was du sagst, wenn du in den Schriften erfahren bist.«

Anderseits gibt es unzählige erschütternde Klagen über die Ungerechtigkeit, Bestechlichkeit und Willkür der Beamten: »Plünderer, Räuber und Diebe sind die Beamten,/ die man eingesetzt hat, um dem Unheil zu wehren,/ Zuflucht sind sie für den Unverschämten, die Beamten,/ die man eingesetzt hat, um der Lüge Einhalt zu gebieten«, heißt es im »Redekundigen Oasenmann« um 2000 vor Christus. In den »Lehren für das Leben«, etwa 2200 vor Christus entstanden, liest man den aufschlußreichen Rat: »Krümme deinen Rücken vor deinem Vorgesetzten,/ der dir vorsteht im Staatsdienst.«

Die Beamten hatten damals eine bedeutende Position, denn weder die Bevölkerung noch die Pharaonen verstanden etwas von den komplizierten Verrechnungen, von den Büchern und Kalendern. Auch heute fällt es dem Staatsbürger schwer, die Notwendigkeit von Steuersätzen, städtebaulichen Maßnahmen, Rüstungsinvestitionen und vielen administrativen Entscheidungen, für die von der Bevölkerung aufgekommen werden muß, zu beurteilen. Wie einst die Pharaonen sind heute die Staatspräsidenten und Minister auf ihre Fachleute angewiesen, wenn es um Inflationsbekämpfung, Atomenergie, Nuklearwaffen und Weltraumfahrt geht.

Im *babylonischen Reich* umfaßte die zentrale Administration alle nur erdenklichen Bereiche des damaligen Lebens: den religiösen Kult, die Gerichte, die Finanz und Steuer, öffentliche Arbeiten, Handel und Landwirtschaft. Vor allem von Hammurabi und seinen Beamten – aus der Zeit von 1728 bis 1686 vor Christus – zeigen hundertfünfzig erhaltene Briefe ein verblüffendes Bild der damaligen Verwaltungstätigkeit. Von Fachministerien über Kanzleien verschiedenster Art gab es die erforderlichen Ämter, um für den Bau von Kanälen, Flußregulierungen, das Anlegen von Speichern, für Nachrichtenvermittlung, Post und Transport zu sorgen. Volkszählungen, Vermögensaufnahmen, Grundbücher, ein umfangreicher Karteiapparat, Stammrollen sorgten für die organisatorischen Voraussetzungen.

Die in unserem Bewußtsein so lebendige Kultur der *griechischen Antike* hatte hingegen mit zivilisatorischen Großorganisationen nichts zu tun. Die Stadtstaaten begnügten sich mit sehr einfachen und personenarmen Einrichtungen, das Interesse richtete sich auf die individuelle Entfaltung. Dabei kam es auch zur Erfindung einer Art Demokratie, die sich freilich nicht auf die Sklaven erstreckte. Erst als nach dem Tod Alexanders des Großen riesige Staatenkomplexe übrigblieben, noch dazu solche, in denen die ägyptische Tradition noch lebendig war, kamen die Griechen in die Lage, in den dortigen Bereichen die Praxis staatlicher Beamtenapparate zu übernehmen.

Im *Römischen Reich* war das Beamtensystem niemals so dicht und genau wie in den orientalischen Staaten – mit Ausnahme der letzten Phase seit Diokletian, die knapp vor dem Jahr 300 begann. Damals wurde eine gigantische Verstaatlichung als letzte Rettung aus dem erschreckenden Niedergang von Moral, Arbeitsleistung und Disziplin unternommen. Luxus, Korruption, Resignation, begleitet von außenpolitischen Schwierigkeiten, vom Aufkommen fremder Völker im Heer des eigenen Landes, alles das veranlaßte den Kaiser zu einer immer strengeren Verbeamtung, die zur Einschränkung des Einzelnen bis zum massenweisen Absinken in die Leibeigenschaft führte. Rostovtzeff wies in seiner »Geschichte der alten Welt« darauf hin, daß sowohl Griechenland als auch Rom niemals despotische Untertanenstaaten waren, außer in der Epoche vor dem Untergang.

Das vom neugegründeten Konstantinopel aus weitergeführte Reich war bereits eine orientalische Despotie. Trotzdem wurde das berühmte Römische Recht nicht in Rom, sondern von den Gelehrten und Beamten des Justinian am Bosporus ausgearbeitet und niedergeschrieben. Die Tatsache, daß das *byzantinische Reich* von 395 bis 1453, also mehr als tausendfünfzig Jahre erhalten blieb und katastrophale Invasionen überstand, war vor allem das Verdienst eines mit großer Erfahrung aufgebauten Beamtenapparats, der von der Verwaltung bis in die Diplomatie ebenso kunstvoll wie erfolgreich funktionierte. Nach Diokletian verdichtete Konstantin mit Sorgfalt eine umfassende Zentralverwaltung nach dem Modell Ägyptens. Mit allen damals zur Verfügung stehenden Mitteln wurde eine staatliche Planwirtschaft aufgebaut, die für den Zusammenhalt eines so vielgliedrigen Reiches besser geeignet erschien als die einstige eher liberale Verwaltung des weströmischen Staates.

Obwohl das Christentum Staatsreligion geworden war, glich der Regent fast einem pharaonischen Sonnengott, zu dem man nur in der großen Proskynesis, auf dem Bauch liegend, sprechen konnte, und dessen Erscheinen in feierlich abgestuftem Zeremoniell geschah. Er war aber nur die oberste Spitze einer bis in alle Sparten des Alltags hineinreichenden Staatsorganisation, die den Ackerbau, das Handwerk, die Industrie, den Handel, den Verkehr und natürlich die Rüstung umfaßte. Staatsmonopole und staatliche Großkombinate sicherten die Verpflegung der Städte, den Reichtum des Landes, die Prachtentfaltung Konstantinopels und seines Hofes.

Planmäßig, wie alles in diesem Staat, wurde die Stadt am Bosporus zum glanzvollen Symbol irdischer Macht hinaufstilisiert. Die zahlreichen herrlichen Kirchen, in ihrer Mitte die unvergleichliche Hagia Sophia, die Paläste und Straßen, waren ebenso wie der Prunk des Hofes dazu bestimmt, der Welt die Einzigartigkeit und Unvergänglichkeit des byzantinischen Reiches zu beweisen. Ein erfinderisch gegliedertes System von Beamten erstreckte sich vom »Kabinett« des Kaisers bis in die entfernteste Provinz. Nicht Rom, das nur mehr in Ruinen zu erahnen war, sondern Byzanz wurde zum Idol des langsam aufstrebenden Abendlandes und der slawischen Staaten.

Ein aufschlußreiches Zeitdokument aus dem elften Jahrhundert, das sogenannte »Strategikon« des Kekaumenos, vermutlich eines byzantinischen Generals, gibt Einblick in die damalige Situation und Psychologie des Beamtenapparats. Das Raffinement der Politik, das Konstruieren von geradezu dekorativen Kombinationen an Intrigen, die Virtuosität des diplomatischen Schachspiels, die damals in diesen Kreisen üblich waren, lassen sich daraus erkennen. Verwaltung, Diplomatie, Politik und die Psychologie der machtvollen Repräsentanz hatten einen Grad von durchdachter Perfektion erreicht, der ermöglichte, das gefährdete Reich immer wieder aus verzweifelten Situationen zu retten, bis zur endgültigen Eroberung durch die Türken.

Byzanz formte die Träume der deutschen Kaiser, der französischen Könige und der russischen Zaren, Kirchen und Schlösser wurden nach dessen geistigem Vorbild gebaut, ob es sich um die Pfalzkapelle Karls des Großen in Aachen, um den Kreml oder, dem Ehrgeiz der Prachtentfaltung nach, um das Versailles Ludwigs XIV. handelte. Und von Byzanz übernahmen sie – soweit sie dazu imstande waren – die Struktur einer Staatsbürokratie von den Hofkanzleien bis zu den Zöllen.

Als die Französische Revolution und die Aufklärung sich nach der Geschichte Roms, vor allem nach dessen republikanischen Epochen orientierten, als man die Erinnerung an die Stadt am Tiber auferstehen ließ, war dies mehr oder weniger unbewußt auch eine Auflehnung gegen das imperiale Vorbild Byzanz, das bis damals die Phantasie der Könige, Fürsten und Staatsmänner bestimmt hatte. Spätere politische, literarische, philosophische Bewegungen schlossen sich der neuen Denkweise an und machten das republikanische Rom und das demokratische Griechenland in etwas einseitiger und idealistischer Beleuchtung zu den Hauptthemen des neuen Geschichtsbildes. Das ohnehin längst an die Türken verlorene Byzanz aber wurde um so leichter aus dem

Bewußtsein verdrängt, als dieses einst glanzvollste Symbol des Christentums gerade durch die Habgier, Kurzsichtigkeit und den eng denkenden Egoismus westlicher Regierungen so kläglich geopfert worden war.

Die Idealvorstellung des Beamtentums habe sich in *China* verwirklicht – so könnte man meinen, wenn man sich mehr mit den Regeln als ihren Auswirkungen beschäftigt. Schon bald nach dem Tod Konfutses bemühten sich die Angehörigen seiner Schule, Aufgaben der Verwaltung zu übernehmen, wobei diese Beamtenschaft die Bedeutung des Adels einschränkte. In Jahrhunderten wurde ein System der Beamtenauslese geschaffen, das ermöglichen sollte, eine Administration von höchster geistiger und menschlicher Befähigung dem Feudalismus gegenüberzustellen. Eine Stufenfolge strenger Prüfungen, die in den Dörfern begann und über Städte bis nach Peking führte, war ein jedem offenstehender Weg, der zu wichtigsten Ämtern führte.

Sonderbar klingen heute die Prüfungsaufgaben, die niemals dem Fachwissen, sondern Themen gewidmet waren wie »Das Echo der Ruder und das Grün der Hügel und des Wassers«. Aus solchen Abhandlungen sollten die Persönlichkeit, die Weisheit und Urteilsfähigkeit des Kandidaten erkannt werden, und sie allein galten als ausschlaggebend. Diese Beamten wurden in sehr konkreten Ämtern eingesetzt, in der Gerichtsbarkeit, der Finanz, der Verwaltung der Landwirtschaft, im Verkehrswesen.

Fast eineinhalb Jahrtausende waren Beamte dieser Art für die Regierung und Kultur Chinas von größter Bedeutung. Wenn schon nicht die Könige Philosophen wurden und die Philosophen nicht Könige werden konnten, so sollten wenigstens die Beamten Philosophen sein. Dies ist gemeint, wenn in der Geschichte Chinas von einer Herrschaft der »Literaten« gesprochen wird. Niemand kann leugnen, daß dieser Gedanke einem Ideal nahekommt, und die Tatsache der überaus langen Kontinuität der chinesischen Kultur – die bis in unsere Gegenwart reicht – läßt sich nicht zuletzt auf die besondere Art dieser Beamtentradition zurückführen.

Neben den Vorzügen gab es aber auch arge, unvermeidliche Nachteile: die scheinbar für jeden offenen Prüfungen schufen bald einen eigenen Stand, dessen Familien das nötige Wissen, die Voraussetzungen weitervererbten und denen natürlich auch die Prüfer angehörten. Die Prüfungsfragen und Antworten wurden zunehmend ritualisiert und formalisiert, der Hochmut der Beamten, die Erstarrung ihrer Arbeitsweise, schließlich die Korruption unerträglich. Als nach dem Jahr 1000 unter Wang An-shih Reformen einsetzten, konnten sie auf die Dauer nur wenig bessern.

Manche Ähnlichkeiten mit der Situation im alten Ägypten hatte das Beamtensystem der *Inkas*. Auch hier waren schwierige Bewässerungsanlagen der Anlaß für eine genaue Organisation, die vom Staat und seinen Beamten geschaffen wurde. Wie in Ägypten entstanden im Reich der Inkas riesige Pyramiden und zudem Städte, meist in großer Höhe, oft auf beinahe unerreichbaren Gipfeln der Berge. Gewaltige Steinblöcke wurden bearbeitet, Gebirgspfade hinaufgeschleppt, wobei Menschenmassen wohlüberlegt zum Einsatz kamen.

Privates Eigentum gab es nicht, die Bevölkerung trug einheitlich vorgeschriebene Kleidung und robotete unter der Leitung einer Beamtenkaste in umfassender und rücksichtsloser Staatswirtschaft. Die Despotie war noch strenger und raffinierter als bei den Pharaonen, aber sie blieb – obwohl sie bis zur Zerstörung durch die spanischen Eroberer unter Pizarro bestand – ohne Wirkung für die europäische Entwicklung. Die Vorgänge in Ägypten, Babylon, Byzanz hingegen gingen unmittelbar in die europäische Tradition ein, sogar China gab manche Impulse, der Staat der Inkas jedoch hatte auf europäische Gesellschaftsformen keinerlei Einfluß – was mit einer gewissen Erleichterung festgestellt werden kann.

Was machte nun die Ordnung, die von den Beamten in manchen Großstaaten errichtet wurde, so erstrebenswert? Handelte es sich dabei um Phasen des Friedens und des Wohlstands oder eher um den Zustand einer schreckenerregenden, unmenschlichen Despotie?

Eine Despotie ist ohne Militär und ein bis in den Alltag eingreifendes Beamtensystem nicht denkbar. Das deutsche Naziregime und die kommunistischen Staaten sind Beispiele dafür. Weder die Vernichtung der Juden unter Hitler noch die Massendeportationen in den Archipel Gulag unter Stalin wären ohne den funktionierenden Monsterapparat einer deformierten Beamtenschaft möglich gewesen. Eichmann und andere, die Menschen nicht mehr als Menschen, sondern als Aktenvermerke ansahen, waren das extreme Produkt eines zum bloßen Ausführungsorgan gewordenen Apparats von Militär, Polizei und Beamten. Stalins Beamtensystem wurde nicht weniger zur überall einsetzbaren Zerstörungsmaschine, die jeder Wahnsinnsidee des großen Parteiführers willenlos gehorchte.

In diesen grauenvoll gesteigerten Verzerrungen erkennt man deutlich, wie leicht der Beamtenapparat den Zusammenhang mit der menschlichen Realität überhaupt verliert. Die darin Beschäftigten verdrängen um der Funktion willen deren Wirklichkeitsdimension; über der Tatsache, daß sie weisungsgerecht und scheinbar pflichtgemäß handeln, kommt ihnen abhanden, was sie tun. Menschen werden Nummern auf dem Papier, Objekte, die zu verwalten und mitunter zu beseitigen sind. Es ist kein Zufall, daß H. G. Adlers fundamentales Buch über das System der Nazi-KZ »Der verwaltete Mensch« heißt.

Genügen aber nicht auch subtilere Methoden, um Situationen zu schaffen, die despotische Züge und Zeichen eines bedrohlichen menschlichen Realitätsverlusts enthalten? Das Pharaonenreich etwa kannte keine Polizei, und die militärischen Einsätze beschränkten sich auf auswärtige Kriege – der damalige Beamtenapparat, der große Mythos des Pharao und die bis ins kleinste geordneten und wohl auch erträglichen Lebensverhältnisse genügten, um Stabilität entstehen zu lassen. Trotzdem erscheint uns heute der damalige Staat mit den gigantischen Arbeitsverpflichtungen der Bevölkerung zu Ehren der Pharaonengräber und Pyramiden als geradezu überdimensional despotisches Regime.

Könnten nicht, etwa aus dem Blickwinkel eines Stadtstaates der griechischen Antike, der römischen Republik oder etwa der Epoche des englischen Liberalismus vor dem Ersten Weltkrieg, auch manche Beamtendemokratien unserer Gegenwart mit ihrem Steuersystem, ihren starken planwirtschaftlichen Zügen, ihren Finanzkontrollen erschreckend nach Staatszentralismus aussehen? Sind wir nicht der Stimmung von Kafkas »Prozeß« und den Verhältnissen von Huxleys »Schöne neue Welt« – so verschieden beide Visionen auch sind – auf beklemmende Weise nähergerückt?

In allen westlichen Demokratien haben die Beamtenapparate enorm an Ausmaß und Macht gewonnen, sie werden weiter ausgebaut. Gleichzeitig wachsen die Privilegien und Absicherungen der Beamten. Durch ihren zunehmenden Einfluß verstärken sie sich selbst auch rechtlich ihre Position, so daß sie in vielen Staaten unkündbar, ja unversetzbar geworden sind, wenn sie einmal den anerkannten Beamtenstatus erreicht haben. Wird nun eine bestimmte Grenze an Sicherheiten und Privilegien überschritten, fällt es immer schwerer, das Unheil des perfekten Beamtenstaates, der keineswegs perfekt für die Bevölkerung sorgt, zu verhindern. Man kann kaum darüber hinwegsehen, daß in manchen Demokratien des Westens diese Grenze überschritten wurde.

Erfindungen wie Computer, besondere statistische Erhebungen, geradezu erschreckend vollständige Karteien erlauben Systeme von einer Geschlossenheit, wie dies bisher noch nie der Fall war. Trotz perfektionierter Methoden gibt es groteske Fehler. Zwar ermöglichen Wissenschaft und Organisation Weltraumflüge, Nachrichtensatelliten, ein gigantisches Flugverkehrsnetz von angsterregender Dichte – doch der Verkehr auf der Straße vor dem Fenster der zuständigen Beamten bricht immer wieder zusammen. Parkplätze sind in hochorganisierten Großstädten oft kaum zu finden, und in New York wie in anderen Wundermetropolen der USA versagt fallweise nicht nur die Stromversorgung, sondern kommt auch der gesamte Straßenverkehr zum Stehen, wenn drei Zentimeter Schnee vom Himmel schwebten.

Aufstände der Jugend, bürgerkriegsähnliche Situationen, Terrorketten, Bandenunwesen sind schärfstens zu verurteilen, doch bedeuten sie schwere Symptome einer Staatserkrankung, die nicht rechtzeitig geheilt wurde. Sie dürfen nicht ohne Zusammenhang mit dem moralischen Verfall, der Korruption, dem Machtmißbrauch und dem oft erschreckenden Realitätsverlust eines übergroßen Beamtenapparats gesehen werden. Die Verhältnisse in Italien, die jahrzehntelang auf den heutigen Zustand hintrieben, können dem übrigen Westen ein lehrreiches Beispiel sein. Die desolate Moral einer gehobenen Bürgerschicht, die Bestechlichkeit von Beamtenschaft und Polizei bis zum kleinsten Beamten mußten geradezu eine Demoralisierung weiter Kreise der Bevölkerung und eine Zerrüttung der Jugend herbeiführen.

Auch wenn heute von der Notwendigkeit einer Entbürokratisierung und von der Einschränkung eines übergroßen Beamtenapparats die Rede ist, weiß niemand, wie dies wirklich geschehen soll. Meist werden für die nächsten Wahlen durch geschickte Verschleierung günstige Einsparungen vorgespiegelt, die den Tatsachen nicht entsprechen. Die Verringerung der Bürokratie versucht man durch eine neue Kommission neuer Beamter zu erreichen. Meist wird bloß mit der Neueinführung zusätzlicher Kontrollen der Beamten durch weitere Beamte eine Verbesserung angestrebt, weil dies der einzige in der Politik noch gangbare Weg zu sein scheint: die Macht der Beamten ist bereits zu groß geworden. Niemand kann mehr gegen sie regieren.

Für den ungewöhnlichen Schutz der Beamten finden die politischen Parteien gern das Argument, daß ein Apparat geschaffen werden soll, der vom Wechsel in der Mehrheit unbeeinflußt bleibt und sich nur nach sachlichen Gesichtspunkten orientiert. Geht man dieser Begründung nach, so stellt sich heraus, daß sie meist von jener Partei in der Periode ihrer eigenen Regierung ersonnen wurde, die das Beamtensystem optimal mit eigenen Leuten ausstatten konnte. Absetzen lassen sich die öffentlichen Beamten nicht, und auch ihre Nachfolger können, wenn alles so bleibt, um diese Rechte niemals mehr verkürzt werden. Gewiß ist, daß durch die abnormen Sicherungen die Leistungsfähigkeit des Apparats auf merkbare Weise zurückgeht, weil der Anreiz zur qualifizierten Tätigkeit wegfällt und die Versuchung zu passivem Verhalten ansteigt. Manche westliche Demokratien befinden sich bereits tief in dieser Sackgasse.

Natürlich wird die gesetzliche Absicherung von den meisten Beamten selbst massiv verteidigt, da sie eine Art Bestandteil des eher nicht sehr hohen Gehalts ist, ähnlich wie die in der Regel wiederum ziemlich ausgiebige Pension. In Wahrheit aber wird durch die hervorgerufene Statik gerade den tüchtigen, den mobilen und tatkräftigen Beamten die Arbeit erschwert, da sie sehr oft den erforderlichen Freiraum durch unfähige Kollegen jahrelang und mitunter für immer verstellt finden.

Fragwürdig ist auch die theoretisch richtige Behauptung, daß es einem restlos gesicherten Beamten leichter fällt, dem irregehenden Wunsch eines Vorgesetzten zu widersprechen. Tatsächlich aber gedeiht bei öffentlichen und derart geschützten Beamten die Gefügigkeit nach oben besser als in der freien Wirtschaft, wo die Positionen unerbittlich auf die reale Leistung aufgebaut sind. Ein schärferer Wind in den Ämtern würde auch dort bald zeigen, wer mehr Haltung, Zivilcourage, Engagement und bessere Leistung aufbringt und damit beweisen, daß in richtigem Sinn der beste Schutz Tüchtigkeit und Persönlichkeit sind. Die praktische Wirklichkeit widerlegt die schön klingende Theorie von der Notwendigkeit des totalen Schutzes der Beamten: er wird vor allem von den schwächlichen Versagern und Drückebergern genützt, während die fähigen Beamten ihre Sicherheit aus ihrer Leistung beziehen können.

Auch in der Beamtenschaft müßte also auf Kündbarkeit, Versetzbarkeit, auf zeitlich begrenzte Verträge, auf den Abbau der Privilegien, auf die Beseitigung des beamtischen Rituals, des Formalismus, auf die Abschaffung der einherstelzenden beamtischen Sprache Wert gelegt werden. Nicht durch eine Totalisierung der Kontrolle von Beamten durch andere Beamte ist Übergriffen und Mißbrauch beizukommen, sondern nur durch Eigenverantwortlichkeit, die insoweit einlösbar zu sein hat, als der Beamte seinen Posten verlieren kann. Ist dies nicht möglich, entsteht jene häufig zu beobachtende Groteske, daß Unfähigkeit mit einem Avancement und einer ehrenden Auszeichnung belohnt wird, weil man den versagenden Beamten nur auf diese Weise von seiner wichtigen Stellung auf eine andere weglocken kann.

Besondere Sorge kommt auf, wenn man die Bürokratie der internationalen Organisationen betrachtet: dort sind Beamtenapparate entstanden, die mit ihren über das nationale Niveau gehobenen Aufgaben noch gesteigerte Benefizien verbinden.

Auch diese Beamten sind unkündbar, da bei einer zwar theoretisch möglichen Kündbarkeit derart hohe Abfindungen bezahlt werden müssen, daß keine Institution sie durchführen kann. Vor allem die UNO vereinigt beinahe alle Schwächen nationaler Bürokratien in potenzierter Form. Kaum je entscheidet die Leistung über den Aufstieg eines Beamten, sondern fast ausnahmslos die politische Macht, die er vertritt oder der Kompromiß von Mächten, die sich gelegentlich auf einen Außenseiter einigen.

Man könnte den Gedanken riskieren, daß sich in den großen Apparaten unserer Zeit die Erben von Byzanz wohler fühlen als jene des demokratischen Westens, auch in solchen, deren Gründung vom Westen ausgegangen ist. Im Kreml hat man die Tradition der komplizierten Bürokratien vom Zarentum und dadurch von Byzanz übernommen. Wie begabt die Russen für komplizierte Taktik sind, mag aus der nicht ganz zufälligen Tatsache zu erkennen sein, daß dort wie nirgends anders das Schachspiel populär ist – die Russen sind ein Volk der Schachspieler. Man könnte also gut annehmen, daß der Großapparat einer internationalen Institution wie der UNO einem Taktiker des Apparats aus dem Kreml besser gelegen ist als einem Demokraten aus England oder den USA.

Ich erwähnte es schon, will es aber wiederholen: vielleicht ist es kein Zufall, daß ein Mann aus dem zweiten Land, das byzantinisches Erbe reichlich aufgenommen hat und über einen komplizierten bürokratischen Apparat verfügt – wie Rußland einst, trug es bis 1918 in seinem Staatswappen den byzantinischen Doppeladler –, eine erhebliche Zeit die UNO geschickt steuert, nämlich der Österreicher Kurt Waldheim. Auch in Österreich bewegt man sich seit langem in solch byzantinischen Bürokratien.

Günstiger steht es um kleinere internationale Organisationen, vor allem wenn sie sich mit wissenschaftlichen Aufgaben beschäftigen wie CERN in Genf oder IASA in Wien. Bei ihnen liegen die Aufgaben deutlicher innerhalb real umgrenzter Gebiete. Hier geht es um Forschung und um Wissenschaftler, die sich mehr Mobilität bewahrt haben und denen es besser gelingt, den Versuchungen der totalen Bürokratisierung zu widerstehen.

Folgt man der geschichtlichen Vergangenheit bis in die frühen Epochen, so ergibt sich die Feststellung, daß der große Beamtenstaat mit der starren Struktur und der hoheitsvollen zentralen Herrscherfigur eine Gesellschaftsform des Orients ist. Für West-Rom bedeutete die Übernahme dieses Systems knapp vor dem Zusammenbruch keine Hilfe, sondern das Ende. Das christliche Byzanz aber war in staatlicher Hinsicht mehr dem Orient als dem Westen zugehörig, von dem es freilich manche Züge ererbt hat. Kann man den Gedanken ausschließen, daß die zunehmende Verbeamtung und Verstaatlichung in den westlichen Demokratien eine Art Orientalisierung bedeutet? Daß bisher typisch orientalische Verhaltensweisen immer deutlicher im Westen auftreten? Man steht dabei vor der Wahl zu glauben, daß diese Tatsache unseren Staaten eine ähnlich lange Lebensdauer verleihen könnte wie manchen Kulturen des Ostens, oder daß sie der gewaltsamen Anstrengung der Schlußepoche Westroms gleicht, als man vergeblich versuchte, den Untergang abzuwenden.

Wie aber sieht die Alternative zu diesen riesigen Beamtenapparaten aus? Gibt es überhaupt eine Alternative?

Noch müßte es möglich sein, den Beamtenstaat so stark wie möglich westlich zu modifizieren. Eine der Organisationen aus dem Umkreis des Völkerbundes hieß Coopération Intellectuelle. Tatsächlich müßte die Beamtenschaft eine Kooperation von verantwortungsvollen Intellektuellen sein, will man einen sinnvollen Einfluß erwarten. Die Regierungen des alten China hatten schon richtig überlegt, wenn sie vor allem die Persönlichkeit, die menschliche Substanz der Kandidaten prüften, was freilich heute nicht ausreichen könnte. Die Kenntnis schwieriger Fachbereiche wurde unerläßlich. Da aber schon das Kennzeichen von Persönlichkeit selten genug anzutreffen ist, läßt sich erahnen, um wieviel seltener eine Verbindung von Persönlichkeit und hervorragender Fachkenntnis gefunden werden kann. Trotzdem wäre es falsch, die Bestrebungen in dieser Hinsicht aufzugeben. Allerdings müßte dafür gesorgt werden, daß jener reale und psychologische Raum offensteht, der für das Wirken von Intellektuellen in Beamtenapparaten Voraussetzung ist: Mobilität, die Möglichkeit direkter Aktion und Eigenverantwortlichkeit.

Bezeichnet man als Intellektuelle in vorbildlichem Sinn nur jene, die mit organisatorischer oder technischer Intelligenz unerläßlich die humanistische Intelligenz vereinigen, so würde durch das Einbeziehen dieser Intellektuellen in die Beamtenschaft die Möglichkeit entstehen, eine Änderung herbeizuführen. Auf diese Weise wäre eine Humanisierung in kleinen Schritten eines bereits erschreckend dehumanisierten Apparats immerhin denkbar. Gibt es einmal Ansätze in dieser Richtung, dann geht vielleicht auch von ihnen eine ansteigende Bewegung aus, die keineswegs vergeblich sein muß.

Wie könnte nun die Öffnung dieses geschlossenen Systems der Beamtenapparate, das Aufbrechen der verfestigten Strukturen praktisch erreicht werden?

Die meisten Regierungen sind sich der Notwendigkeit dieser Öffnung bewußt. Den Staatspräsidenten, Kanzlern, Ministern wird es nicht erspart bleiben, mit Zivilcourage über ihre Kabinette, ihre Ministerverantwortung in ihrem Bereich »unkonventionelle Lösungen« zu schaffen. Die Orthodoxie der Beamtenschaft kann am ehesten dort gelockert werden, wo in den höchsten Positionen persönlicher Mut aufgebracht wird, für Erneuerung zu sorgen. Das erfordert die Auslagerung von Aktionen zu nichtstaatlichen Stellen, das Einbeziehen nichtbeamteter Helfer, das Hinwegsetzen über bisher geheiligte Beamtenregeln. Wichtig ist allerdings, daß dabei keine Parteikarrieristen, sondern bedeutende Fachleute und Persönlichkeiten herangezogen werden.

Wesentlich für die Veränderung und Lockerung der Bürokratien im Sinne größerer Flexibilität ist die Dezentralisation. Das Delegieren der Verantwortung von oben nach unten in kleinere, weitgehend selbständige Aktionseinheiten gibt dort den einzelnen Menschen mehr Bewegungsfreiheit und Ansporn zu eigener Leistung. Auch damit wird zwar die Kraft privater Initiative nicht erreicht, aber die Persönlichkeit des Einzelnen hat mehr Möglichkeit, sich zu verwirklichen und mit dem eigenen Tätigkeitsbereich zu identifizieren.

Es ist wirklichkeitsfremd zu meinen, daß die bestehenden Beamtensysteme drastisch verringert werden könnten, während die Ansprüche der Bevölkerung an den Staat weiter ansteigen und anderseits die technische Entwicklung unserer Zivilisation zunehmend Investitionen erfordert, die nur mehr vom Staat zu leisten sind. Eine langsame Veränderung der Haltung des Einzelnen in der Bevölkerung durch Erkenntnis der bestehenden Gefahr könnte manches verhüten, indem eben auch vom Bürger mehr Eigenverantwortung übernommen wird. Denn erst die Sucht nach Totalversorgung, nach dem Loswerden jeder eigenen Vorsorge, der Versuch, möglichst viel Risiko auf den Staat abzuwälzen, schufen die allgemeine Rechtfertigung für den Aufbau der heutigen überdimensionalen Beamtenstrukturen. Eine solche Entwicklung aber läßt von innen her die Gefahr der Einschränkung demokratischer Möglichkeiten eines Landes immer erschreckender anwachsen.

Die Armee in Zivil

Bürokratie und Kommunismus

Für die Bevölkerung der kommunistischen Staaten wurde Bürokratie die zweite Bezeichnung für Kommunismus. Formulare, Gesuche, Vorladungen, stundenlanges Warten vor Bürotüren, Monate der Ungewißheit von Erledigungen, Ausschüsse, Sitzungen, die Abhängigkeit des Einzelnen von einem unüberschaubaren Apparat kennzeichnen dort den Alltag. So revolutionär im Oktober 1917 der Kommunismus in Rußland begonnen hatte, kurz darauf entstand ein Beamtensystem, dessen Umfang, Härte und Schwerfälligkeit von keinem anderen Land erreicht wurde.

Zwar gab es immer wieder Idealisten, die meinten, im Namen des eigentlichen Kommunismus gegen die zunehmende Macht der Bürokratie vorgehen zu können, doch wurden sie bisher vom Apparat des eigenen Staates oder der Sowjetunion niedergeworfen. Gewiß hatte Marx selbst scharfe Worte gegen die Beamten geschrieben: »Die Bürokratie gilt sich selbst als letzter Endzweck des Staats. Da die Bürokratie ihre ›formellen‹ Zwecke zu ihrem Inhalt macht, so gerät sie überall in Konflikt mit den ›reellen‹ Zwecken. Sie ist daher genötigt, das Formelle für den Inhalt und den Inhalt für das Formelle auszugeben. Die Staatszwecke verwandeln sich in Bürozwecke oder die Bürozwecke in Staatszwecke«, so liest man in der »Kritik der Hegelschen Rechtsphilosophie«. Auch Lenin sah die Gefahr deutlich und schrieb: »Die Teilnahme der Gewerkschaften an der Wirtschaftsführung und die Heranziehung der breiten Massen zu dieser Arbeit durch sie ist zugleich das Hauptmittel des Kampfes gegen die Bürokratisierung des Wirtschaftsapparates der Sowjetmacht...« Und: »Um den Bürokratismus niederzuringen, braucht man Hunderte von Maßnahmen, braucht man allgemeine Bildung, allgemeine Kultur, allgemeine Teilnahme an der Arbeiter- und Bauerninspektion.« Alle diese Worte blieben Illusion: der bürokratische Apparat wurde ein gigantisches System, das wie in keiner anderen Staatsform das Leben des Einzelnen bestimmt.

Man kann heute nur staunen, wie genau Bakunin, der als Anarchist von Lenin heftig bekämpft wurde, die Entwicklung vorausgesehen hatte. Er erkannte sehr früh in der Lehre von Marx und Engels: »Die Einrichtung einer universellen Diktatur ... einer Diktatur, die in gewisser Weise das Werk eines Chefingenieurs der Weltrevolution wäre ... die Einrichtung einer solchen Diktatur würde genug sein, die Revolution zu töten ...« Dieser Staat werde »um so eigenmächtiger sein, als sein Despotismus sich sorgfältig unter dem Anschein eines unterwürfigen Respekts ... für den Volkswillen verbirgt«. Man müsse sich, sei es einmal so weit, »mit der schändlichsten und fürchterlichsten Lüge, die unser Zeitalter hervorgebracht hat ... versöhnen: der roten Bürokratie«.

Nicht zu vergessen ist, daß die Anarchisten bei der kommunistischen Revolution in Rußland eine wichtige Rolle spielten, daß sie von Lenin klug benützt wurden: noch 1921 ließ man eine der Hauptgestalten des Anarchismus, den einstigen Fürsten Peter Kropotkin, feierlich in Moskau begraben. Dem Leichenzug voran flatterte die schwarze Fahne der Anarchisten. Zwei Wochen später gab es den Aufstand der Matrosen von Kronstadt, und die anarchistische Armee Nestor Machnos, die einst der Revolution geholfen hatte, wurde von Staatstruppen eben dieser siegreichen Revolution in der Ukraine aufgerieben.

Auch von anderen, die sich in der Partei auskannten, gab es sogar schon sehr früh heftige Kritik an der sich ankündigenden Bürokratie. So schrieb Rosa Luxemburg bereits 1904 in der »Neuen Zeit« den erstaunlichen Satz: »Der von Lenin selbst befürwortete Ultrazentrismus scheint uns aber in seinem ganzen Wesen nicht vom positiven schöpferischen, sondern vom sterilen Nachtwächtergeist getragen zu sein.«

Zwar erkannte Lenin selbst die eigenständige Macht des aufkommenden bürokratischen Apparats, der ebenso unmenschlich wie unvermeidbar war, und warnte auf seinem Sterbebett sogar vor Stalin – aber ohne Erfolg. Denn Stalin handelte als Realist im Sinn seiner größten Zukunftschance, er förderte eben diesen Apparat, baute ihn aus und herrschte mit seiner Hilfe. Sobald Trotzki, der einst selbst die Anarchisten bekämpft hatte, sich gegen die Bürokratie wandte, wurde er von Stalin ausgebürgert und später ermordet. Millionen weitere Opfer folgten.

Die Beamtenschaft entwickelte zudem – vorerst mit Stalins Hilfe, aber auch später ungehemmt bis heute – entgegen allen einst verkündeten kommunistischen Idealen eine deutliche Hierarchie, wobei Begriffe wie »Nomenklatura« und »Neue Klasse« die oberen Ränge bezeichnen. So sehr sie durch Privilegien bevorzugt sind, bilden sie mit den anderen Beamten eine Einheit.

Als Tito von einer Politik des »Mehrgruppensystems« und der »Selbstverwaltung«, außerdem vom »eigenen nationalen Weg« zu reden begann, wurde Jugoslawien 1948 aus dem Kominform ausgeschlossen und der Freundschaftspakt von Moskau aus gekündigt. Die zentrale Macht der Bürokratie durfte nicht angezweifelt werden. Auch nach Stalins Tod duldete der Zentralismus keine Abweichung: 1956 wurde der ungarische Aufstand niedergeschlagen, und als Chruschtschow, der selbst den Befehl dazu gegeben hatte, später manche Privilegien der Beamtenschaft abzubauen versuchte, stürzte er. Ihm folgte Breschnjew, ein Mann des Apparats. Die tschechischen Reformkommunisten des »Prager Frühlings«, die eine Demokratisierung, eine Entbürokratisierung des Kommunismus anstrebten, hatten 1968 dem Einmarsch der Truppen des Warschauer Pakts zu weichen. Später begannen die »Eurokommunisten« in Italien, Spanien und Frankreich von demokratischem Kommunismus, von einem Kommunismus ohne Bürokratie zu reden – und das fiel ihnen leicht unter dem Schutz demokratischer Regierungen.

Die Frage, ob ein Kommunismus ohne die drückende Macht eines zentralistischen Apparats möglich sei, erregt die Emotionen und Spekulationen mancher kommunistischer Idealisten: man kann sie leicht solange bejahen, als die kommunistische Partei nicht an der Regierung ist. Allerdings fällt es schwer, auf ermutigende Realitäten hinzuweisen, denn auch das gemilderte Regime Jugoslawiens ist kein positives Beispiel: es lebt vom Schutz durch den demokratischen Westen. Erweist sich dieser Schutz als zu schwach, würde die UdSSR den häretischen Lockerungen ein Ende bereiten.

Der Zentralismus hat die klar erkennbare logische Tendenz,

andere Zentren auszuschalten. So fällt es derart gebauten Regimen aus psychologischer Veranlagung heraus auch schwerer als pluralistischen Ländern, ohne zwingende Unvermeidbarkeit außerhalb ihrer Grenzen andere politische Einheiten zu dulden. Demokratien bestehen aus pluralistischen Phänomenen, sind also anderen politischen Kräften gegenüber eher tolerant, wie dies etwa an der Haltung der demokratischen Regierungen gegenüber Anarchisten, Eurokommunisten und stalinistischen Gruppen im eigenen Land deutlich zu erkennen ist. Allerdings, die Bereitwilligkeit des Westens, kommunistische Staaten mit Lebensmitteln, die zudem teilweise durch westliche Steuergelder hoch subventioniert und im Preis billig gehalten werden, mit Weizen, Industrieeinrichtungen, Computern, ja Waffen zu versorgen, gehört bereits zur Eigenschaft fahrlässiger Selbstschädigung. Die zynische Bemerkung Lenins über den Westen: »Sie werden uns noch den Strick verkaufen, mit dem wir sie aufhängen«, erfährt hier eine tragische Steigerung – denn er wird ihnen sehr oft halb geschenkt.

Ein totalitäres Einparteiensystem, das im eigenen Bereich Opposition nicht duldet, neigt trotz Koexistenz-Erklärungen, trotz Entspannungspropaganda und Friedensbeteuerungen aufgrund seiner psychologischen Struktur zu aggressivem Verhalten nach außen, sobald sich Gelgenheit bietet. Intoleranz und autoritäre Führung prädestinieren dazu, auch außerhalb der eigenen Grenzen letztlich nichts anderes als sich selbst zu dulden – und je näher den Grenzen, um so härter und heftiger kann die potentielle Aggression ausbrechen, wie etwa im Fall Afghanistan festzustellen war. Die totalitäre Haltung einer Diktatur trägt die unbegrenzte Expansion psychologisch in sich, die nur durch die Gefahr eines zu großen Risikos, durch Widerstand und Gegenkräfte zurückzudämmen ist.

In den kommunistischen Staaten wurde das gesamte Land in ein Amt verwandelt, das, wie alle Ämter, den Drang hat, sich auszudehnen. Was früher und anderswo nur Situation und Merkmal einer bestimmten Menschengruppe, der Beamten war, gilt dort für fast alle. Die bescheidenen Privatanteile im Handwerk und in der Landwirtschaft (nur in Polen gibt es erheblich mehr) sind zwar enorm produktiv, haben aber wenig Einfluß auf den Charakter des Alltags. Maßgebend ist der Beamte, der Funktionär, und zwar der jeweils höherstehende, da die meisten ja selbst Beamte und Funktionäre sind.

Bedenkt man die extreme Rüstung verschiedener Staaten, vor allem der Sowjetunion, die geringen Konsumgelegenheiten, die lange Arbeitszeit, die Reisebeschränkungen, die sonst noch zahlreichen Hindernisse für die persönliche Freiheit, so liegt der Vergleich mit einer großen Kaserne oder einem riesigen Arbeitslager fast noch näher. Damit wäre auch die gesteigerte Möglichkeit der Aggression gekennzeichnet, die durch solch eine strenge Disziplin stets verhältnismäßig leicht realisiert werden kann. Nicht nur kommunistische Staaten, ebenso das Deutschland Hitlers waren dafür ein Beispiel.

Die Annahme, große Apparate und Bürokratien seien ihrem Wesen nach jeder Neuerung feindlich gesinnt, also im Grunde konservativ, trifft nur für interne und überschaubare Veränderungen zu. Gewiß werden Reformen von allen jenen, die auf sicheren Plätzen sitzen, ungern gesehen. Der totale Ausbruch aus den bisherigen Verhältnissen kann jedoch durch aufgestautes Unbehagen an der lähmenden Statik des Alltags, durch einen oft unbewußten Widerstand gegen kleinliche administrative Fesseln eine gewaltige Schubkraft erhalten. Wenn dazu noch von oben her die entsprechende psychologische Vorbereitung getroffen und die Aggression als nötige und in höchstem Maß ehrende Unternehmung verkündet wird, setzt sich die gigantische Staatsmaschine mühelos in Bewegung.

Die geschlossene Welt von Bürokratien in autoritären Ländern macht die psychologische und organisatorische Umschaltung leicht. Eine Propagandaoffensive, klare Weisungen und Befehle genügen, um innerhalb weniger Wochen, wenn nicht Tagen, einen Angriff durchführen zu können. Der im Alltag so deutlich spürbare Konservativismus der großen Apparate kippt sofort in die Mobilität der Aggression um und kann erhebliche Dynamik entwickeln, wenn der Befehl klar und hart ist. Die Aktionen in Ungarn 1956, in der CSSR 1968 und Afghanistan 1980 sind deutliche Beispiele.

Gerade der übergroße Konservativismus riesiger Bürokratien drängt mitunter zu einer Aktivität nach außen, wenn die Versteinerungen und Komplikationen immer ärger werden. Dann kann die Führung dem Entschluß näherrücken, einer katastrophalen inneren Krise durch den Befehl zu entgehen: »Dort draußen ist der Feind, er muß niedergeworfen werden!« Die Zerfallserscheinungen innerhalb des enorm ausgebreiteten Apparats der totalitären Staaten sind durchaus imstande, einen Krieg nach außen als notwendig erscheinen zu lassen, um den inneren Zusammenbruch zu vermeiden.

Schwere Schäden erfährt das Wirtschaftsleben in totalitären Staaten, da durch die bürokratische Ausschaltung aller marktwirtschaftlichen Elemente weder Produktion noch Verkauf funktionieren. Die Militarisierung der Wirtschaft, die unter Lenin und Trotzki begann, führte zu einer hoffnungslosen Entfernung von der Realität. Die Beseitigung aller Kontrollmechanismen des Marktes, also der Käufer und Konsumenten, hatte eine endlose Krise zur Folge, da die Planungsstäbe die ungemein komplizierten Regelungsaufgaben niemals zu übernehmen imstande sind. Zudem wurde auf die Privatinitiative des Einzelnen verzichtet, was sich ebenfalls katastrophal auswirkte.

Immer wichtiger wurde das Beamtensystem, das bald jede Bewegung im Staat umfaßte. Ota Šik, einst stellvertretender Ministerpräsident der Regierung Dubček in Prag, erklärt in seinem Werk »Das kommunistische Machtsystem«: »Je mehr die Eigenentwicklung zum Selbstzweck wird, desto wichtiger werden Akten, Formulare, die gesamten Papieragenda. Damit entsteht jene gefürchtete Kleinlichkeit und Schreibstubenwirtschaft, in der Formulare zum realen Leben und das reale Leben zur Reflexion der Formulare wird.«

Die Dimension des Beamtenapparats in Moskau ist gigantisch, neben den in jedem Staat üblichen Ministerien gibt es allein einundvierzig Wirtschaftsministerien, wobei sich eine ähnliche Konstruktion in allen Sowjetrepubliken wiederholt. Der Verwaltungsaufwand erreicht im Verhältnis zur Produktion absurde Dimensionen. Wie unrationell die sowjetische Wirtschaft arbeitet, ist aus den zahlreichen Defekten zu ermessen, die durch große

Importe aus dem Westen ausgeglichen werden müssen, obwohl das Gebiet der UdSSR und der Satellitenstaaten fruchtbar und an Bodenschätzen unermeßlich reich ist. Gewiß belastet die gewaltige Rüstung, trotzdem sind die immer wieder auftretenden grotesken Mängel an Nahrungsmitteln und Konsumgütern nur unter dem Aspekt einer starren, falsch disponierenden Verwaltung und des Ausbleibens der Privatinitiative verständlich.

Der Apparat wächst auf Grund seiner Eigengesetzlichkeit immer weiter, jeder Beamte strebt danach, immer mehr Untergebene, immer mehr Macht zu haben, und dieses Streben setzt sich fort. Die Bürokratien selbst sind an demokratischen Entwicklungen nicht interessiert, da eben diese ihren Einfluß zugunsten einzelner Menschen einschränken würden. Gerade die Pluralität der Kräfte gefährdet die Autorität des monolithischen Apparats, dem es schließlich nicht mehr um irgendwelche politischen Gedanken, sondern nur um die eigene Macht geht. Die politische Ideologie und ihre Ideale werden als Maske verwendet: mit ihrer Hilfe schafft man ein Alibi für den Machtzuwachs und versucht, durch große Phrasen emotional vom wahren Sachverhalt abzulenken. Während nach außen hin die große Polit-Oper der edelsten Ideale in Dauerinszenierung abläuft, wird tatsächlich die Administration zunehmend härter und umfangreicher.

Eine interessante Frage ist, was nun die immer wichtiger werdende Intelligenz, die ja ebenfalls in diesem Apparat arbeitet, unternimmt. Die Verwandlung der Intellektuellen in Beamte hat natürlich zur Folge, daß manche Beamte Bestrebungen zeigen, die über die bloßen Beamteninteressen hinausgehen. Zumindest in ihrer Anfangsphase, bevor sie durch Privilegien und Einfluß korrumpiert werden, bilden sie innerhalb des Apparats ein Element der Unruhe. Diese Tatsache weist auf eine gewisse Möglichkeit von Veränderungen hin, die allerdings die Führungsspitze zu radikalen Gegenmaßnahmen drängt. Gerade die Unzufriedenheit der Intellektuellen in den großen Bürokratien kann zum harten Gegenschlag von oben Anlaß geben, wobei außenpolitische Probleme und angeblich notwendige Verteidigungsaktionen, wie etwa in Afghanistan, als Motiv für scharfes Durchgreifen im eigenen Machtbereich willkommen sind.

Weil die Opposition im Innern des Apparats oder doch in wichtigen Bereichen des Apparats auftritt, ist sie für die kommunistischen Regierungen so gefährlich. Wie sollte sie nicht auch dort entstehen, wenn doch ein derart erheblicher Anteil der Bevölkerung diesen Apparat bildet und der Rest von ihm beherrscht wird?

Trotz dieser Überlegungen muß man immer wieder die gewaltige Kraft der Eigengesetzlichkeit eines Riesenapparats berücksichtigen. Die Organisationsmaschine formt jene, die ihr Teil werden, mit schwer abweisbarem psychologischem Einfluß, der bis tief ins Unbewußte reicht. Der Anpassungszwang, der durch das tägliche Milieu dieses Apparats ausgeübt wird, ist kaum zu überwinden – oder eben nur für sehr wenige Einzelne, die im Vergleich zur überwiegenden Mehrheit zu schwach bleiben.

Auch jene Mächtigen in den Politbüros, die sich vielleicht an die Seite der Reformer schlagen wollen, sind meist allzusehr selbst die Gefangenen der Macht, die sie ausüben. Die Macht hat ihre Gesetzlichkeit, und durch sie werden sogar jene gelenkt, die es besser wissen und anders wünschen. Sobald die Einschränkung, die Liberalisierung und Demokratisierung des Apparats den Auseinanderfall eines Staates bedeuten, werden auch jene Regierenden auf den Weg der weiteren Zentralisierung gezwungen, die diesen Weg eigentlich für schlecht halten. Gerade wenn die Gefahr einer Pluralisierung besteht, wenn etwa auch nationale Kräfte in einem Völkerverband wie der UdSSR und deren Satellitenbereich stärker werden, wenn Bestrebungen nach intellektueller Meinungsfreiheit und individueller Bewegungsfreiheit immer deutlicher auftreten, kommt die Logik der Macht härter zur Geltung: jedes Nachgeben führt zur politischen Katastrophe – gesehen vom Blickpunkt des Apparats. Daher wird mit entsprechenden Gegenmaßnahmen vorgesorgt.

Im Machtbereich des sowjetischen Kommunismus gibt es je nach historischer Tradition des jeweiligen Landes und je nach Volkscharakter verschiedene Varianten der Bürokratie. Am umständlichsten und schwerfälligsten ist der Beamtenapparat der Sowjetunion, dem das feudale Erbe des Zarenregimes deutlich anzumerken ist. Stalin hat dieses Erbe – so sieht man aus geschichtlicher Distanz sehr klar – nachdrücklich restauriert und seine Nachteile aufs ärgste gesteigert.

In der Sowjetunion etwa kann man heute noch von einem Vorgesetzten mit »Du« angesprochen werden, ohne mit »Du« antworten zu dürfen. Trotz des nun auch schon wieder lang zurückliegenden »Tauwetters« unter Chruschtschow stehen dem sowjetischen Vorgesetzten Machtmittel zur Verfügung, die jene der einstigen zaristischen Beamten übertreffen. Als letzte Drohung stellen die »Gulags« die einstigen Deportationsmethoden an Grausamkeit tief in den Schatten, und die strafweise Internierung in psychiatrische Kliniken ist eine Erfindung der kommunistischen Regime. In anderen kommunistischen Staaten, in Ungarn, Polen, sogar der DDR und der CSSR haben westliche Traditionen für einen höheren Aufklärungsgrad der Bürokratie gesorgt, die allerdings grundsätzlich dem Aufbau der Sowjetunion ähnlich ist.

Das Benehmen der Beamten in kommunistischen Staaten, wo Erinnerungen an eine demokratische Lebensweise noch lebendig sind, in der DDR, der CSSR, Ungarn, Polen, Rumänien, Bulgarien, wo teilweise durch das Fernsehen aus dem Westen ständig Vergleichsmöglichkeiten bestehen, sieht etwas anders aus als in der Sowjetunion. Aber jeder, der die Verhältnisse kennt, wird Beobachtungen machen, die an die geschilderten sowjetischen Gewohnheiten denken lassen. Entscheidend sind nicht die Abstufungen der offenkundigen Grobheit oder Verfeinerung. Ob es sich um »aufgeklärte« oder »unaufgeklärte«, also dem Feudalismus noch sehr nahestehende Bürokratien handelt: stets sind die psychologischen Grundlagen der Bürokratie wirksam.

Natürlich kann man mit einem ins Unendliche wachsenden Staatsapparat das im Westen oft akute Problem der Arbeitslosigkeit durch eine Scheinlösung ausschalten. Der riesenhafte kommunistische Staat wirkt durch die erschreckend geringe Leistung der meisten seiner Funktionäre, Angestellten und Arbeiter mitunter wie eine gespenstische, aber organisierte Arbeitslosigkeit. Die produktive, ordnungsgemäße Tätigkeit sinkt oft auf Null, der Verdienst beträgt mitunter nicht mehr oder sogar weniger als die

Arbeitslosenunterstützung in westlichen Staaten, während die Schwarzarbeit zunimmt und zur Hauptbeschäftigung wird.

Durch künstliches Aufblähen der Verwaltung, die dann entweder nichts oder nur Hindernisse und Störungen der Produktion zu verwalten hat, ist Vollbeschäftigung leicht zu erzielen – auf Kosten der gesamten Bevölkerung. Da diese Bevölkerung in kommunistischen Staaten ihre Kritik und ihre Unzufriedenheit nicht äußern kann, läßt sich ein solcher Zustand lange erstrecken. Kommt es zu gefährlichen inneren Spannungen, wird von der Führung früh genug ein Feindbild aufgebaut und durch Aggressionen nach außen von den eigentlichen Fehlern abgelenkt.

Das Bestreben der kommunistischen Staaten, die Vollbeschäftigung durch hemmungslosen Ausbau der Verwaltung zu sichern, kann den Blick für manche ähnliche Vorgänge in einigen Staaten der westlichen Demokratien schärfen. Auch hier gibt es solche Strategien, die sich auf die Dauer als überaus unheilvoll erweisen werden, da die Verwaltung über das notwendige Maß hinaus zum erdrückenden Ballast für die Produktion anwächst.

Diese Entwicklungen im Westen sind subtiler in ihrer Psychologie, weniger massiv, daher nicht immer deutlich erkennbar – aber gerade durch ihre scheinbare Harmlosigkeit und demokratische Kostümierung besonders gefährlich. Der polnische, in Warschau lebende Essayist und Publizist Stefan Kisielewski befaßt sich in einigen Abschnitten seines im Westen erschienenen Buches »Polen – oder die Herrschaft der Dilettanten« eingehend mit der Blindheit der westlichen Bürger, Wissenschaftler und Massenmedien gegenüber solchen Symptomen, deren volle Entfaltung man in den kommunistischen Staaten so anschaulich vor sich sieht. In fast verzweifelter Emotion schreibt er den Satz: »Muß es denn unbedingt die Sache des Westens sein, niemals und nichts zu verstehen?«

Bei all diesen Überlegungen ist nicht zu vergessen, daß die Perspektive Moskaus keineswegs nur die europäischen Gebiete der Sowjetunion und die von ihr beherrschten europäischen Länder einschließt. Am wenigsten wird von westlichen Beobachtern in der Regel die Situation im »unterentwickelten Bereich« der Sowjetunion bedacht oder in jenen ihrer Teile, die bis vor kurzem unterentwickelt waren. Die nichtrussischen Provinzen, welche die Ausdehnung westeuropäischer Großstaaten haben, lernten nie eine andere Verwaltung als jene des Zaren und der Sowjets kennen. Die totale Bürokratie der Kommunisten ist für sie mit dem Flugverkehr, mit der Einführung der Post, mit der Schulpflicht, mit Spitälern und ärztlicher Fürsorge, mit Industrialisierung, Telefon, Radio und Fernsehen verbunden. Reformimpulse aus den Kreisen der Intellektuellen gibt es dort entweder überhaupt nicht, oder sie bleiben im Vergleich zu der Masse der anderen, die mit den primitivsten Alltagsproblemen voll ausgelastet sind und überhaupt keine sonstigen Entwicklungsmöglichkeiten kennen, zumeist unerheblich.

Im weit überwiegenden Bereich der Sowjetunion hat die politische Bürokratie ihre Ziele erreicht: die relative Steigerung der Produktion, die Technifizierung der Agrarwirtschaft, die Errichtung von Staudämmen, von Industrien und gleichzeitig die totale Absperrung dieser riesigen Gebiete von allen Informationen über die Außenwelt. Daß von den 265 Millionen Einwohnern der UdSSR nach Einschätzung von Fachleuten bestenfalls 10 Millionen eine ungefähre Vorstellung von den wahren Verhältnissen in den westlichen Demokratien haben, wird im Westen zu wenig zur Kenntnis genommen. Diese 10 Millionen sind größtenteils jene Russen, Ukrainer, Balten, Esten und andere Völker – das heißt nur die geistig Interessierten unter ihnen –, die in der Nähe westlicher Rundfunksender leben.

Für die anderen 255 Millionen vegetieren die Bundesrepublik Deutschland, die USA und die anderen westlichen Staaten in drückender Arbeitslosigkeit, bedroht von Hunger und Energiemangel dahin. Die darbende Bevölkerung wird dort zudem von ihren Regierungen, so meint die überwiegende Mehrheit in der UdSSR, mit Kriegsgedanken verführt. Die Sowjetunion liefere Öl und Gas, um im Westen die ärgste Not zu vermeiden, außerdem sei sie unermüdlich tätig, um die Kriegsgefahr durch die westlichen Aggressoren, und zwar in der ganzen Welt, zu vermindern.

Wie sollte Unzufriedenheit aufkommen in riesigen Gebieten,

die noch vor wenigen Jahrzehnten Wüste waren? Wo die Menschen archaisch und in bitterster Armut gelebt hatten, während jetzt dort immerhin moderne Städte stehen und niemand mehr Hunger leidet? Der Beamtenapparat benützt den unleugbaren sozialen Fortschritt und eine geschickte Propaganda, die an den Idealismus und die Opferbereitschaft dieser unverbrauchten Völker appelliert, um eintretende Rückschläge erklärlich zu machen. Zudem sind diese Gebiete, was schon durch die geographische Lage erleichtert wird, von der westlichen Welt abgeschlossen. Eine reale und psychologische Situation, die im Westen als unaushaltbar zu bezeichnen wäre, gilt der Bevölkerung in Usbekistan als überaus günstig.

Ist also die Bürokratie ein gutes Instrument, Länder von archaischen Lebensumständen oder Notsituationen in die moderne Zivilisation zu bringen? Eine zweite Frage schließt sich an: funktioniert diese Bürokratie nur dann einigermaßen, wenn sie von einer Ideologie geprägt ist, einer feudalen, kommunistischen oder sonst autoritären? Auch die Bürokratie des Hitler-Regimes war in der Wirtschaft, der Aufrüstung, der Propaganda, später im militärischen Bereich außerordentlich erfolgreich. Der Faschismus Mussolinis schuf in einem zurückgebliebenen Italien erhebliche Besserungen.

Sicher ist, daß ein Beamtenapparat nur dann halbwegs richtig arbeitet, wenn er von einem überpersönlichen Streben erfüllt ist. Die Beamten sind theoretisch auf eine nicht-egoistische, also idealistische Haltung (für das Volk, für den Kaiser, für Gott oder sie alle) verpflichtet. Sie bringen erhebliche Leistungen zustande, wenn sie, wie etwa einst in der Donaumonarchie, diese Verpflichtungen ernst nehmen. Geschieht dies nicht mehr, handeln sie hemmungslos nach dem Prinzip des unmittelbaren eigenen Vorteils.

Man kann zudem feststellen, daß Beamtensysteme meist dort entstehen, wo ein niedriger Lebensstandard der Bevölkerung dies erleichtert. Ob im historischen Ägypten durch die Wasserverteilung Landwirtschaft mit Hilfe armer Fellachen ermöglicht wurde, ob im byzantinischen Reich eine archaisch lebende Bevölkerung verwaltet werden mußte oder ob in der Sowjetunion zurückgebliebene Gebiete technifiziert wurden – stets war ein großer Unterschied zwischen dem Tiefstand einer breiten Masse der Bevölkerung und dem Intelligenzgrad und Lebensniveau einiger weniger vorhanden. Die stärkste Disposition für riesige Bürokratien hatten von historischen Zeiten an große Teile Nordafrikas, des Orients und Asiens.

Heute bestehen die größten Beamtensysteme in den kommunistischen Staaten, vor allem in der Sowjetunion und in China. In China hatte Mao Tse-tung versucht, durch die keineswegs liberale, sondern extrem radikale Kulturrevolution die Bürokratien abzuschaffen, und auch dies blieb ohne Erfolg. Nach wie vor ist der umfassende Beamtenapparat eine Haupteigenschaft des Kommunismus.

Mit dem Aufkommen der internationalen Diskussion über die Menschenrechte, zu der die von Breschnjew so nachdrücklich betriebene Helsinki-Konferenz unfreiwillig den kräftigen Anstoß gegeben hatte, entstand für die kommunistische Bürokratie eine sonderbare Problematik. Einerseits entsprach die formalistische Darlegung der Menschenrechte in den Schlußakten durchaus dem Denken der Beamten, deren einige daran auch mitgearbeitet hatten. Anderseits gewährleisteten sie dem einzelnen Staatsbürger Freiheiten, die mit der angestrebten Allmacht der Apparate unvereinbar waren. Nachdem nun die Schlußakte durch die Unterzeichnung zumindest als Absichtserklärung und Empfehlung in Geltung kamen, wurden sie vom bürokratischen Apparat auf eine besondere Weise ernstgenommen: man setzte viel Aufwand und Geschick daran, die einzelnen Punkte mit erheblicher scholastischer Kunst so zu interpretieren, daß die Sowjetunion sogar bei den spektakulärsten Verletzungen geradezu als Musterbeispiel ihrer Verwirklichung dazustehen scheint.

Der neutrale Beobachter kommt aus dem Staunen nicht heraus, wenn er den Angriffen der Sowjets auf die Gesellschaft der USA und anderer westlicher Demokratien entnehmen muß, wie rücksichtslos dort die Menschenrechte verletzt werden, während in der UdSSR alles zum besten steht. Nicht nur die Deklassierung der Farbigen, auch die Lage der Arbeitslosen im Westen, eine

Zensur durch Kapitalismus und Geheimdienste, eine Unterdrükkung von Kommunisten, ihrer Bücher und Zeitschriften werden anklagend kritisiert. Durch unaufhörlich heftige propagandistische Offensiven versuchen die kommunistischen Staaten, nicht zuletzt mit Hilfe ihrer hochbezahlten Aktionsgruppen im Westen, die Initiative der Diskussion an sich zu ziehen, also die Demokratien in die Verteidigung zu treiben.

Der Apparat der kommunistischen Staaten entwickelt eine beachtliche Virtuosität, der Öffentlichkeit in Ost und West durch pausenlose Entstellungen ein Meinungsbild in genehmer Weise einzuhämmern, wobei die Unterstützung »subversiver« Kräfte in den Demokratien dazu beiträgt, auch nach außen hin die »Revolte der Entrechteten und Hungernden« deutlich zu machen. Der scholastischen Umdeutung entspricht auf anderer Ebene die organisatorische und finanzielle Hilfe für »Widerstandsgruppen«, Zeitungen, Zeitschriften, Flugschriften, Aufmärsche, Versammlungen, Protestaktionen und Terroranschläge, wobei durch raffinierte Umwege und Zwischenfiguren die Aktivisten meist über die Herkunft der Gelder, der strategischen Pläne und Waffen im unklaren gelassen werden.

Die demokratischen Regierungen und auch die westliche Öffentlichkeit ahnen in ihrer Arglosigkeit und Naivität nicht einmal annähernd die mögliche Kapazität eines riesigen byzantinischen Staatsapparats, dessen führende Persönlichkeiten dieses Spiel bravourös beherrschen. So gelingt es den Sowjets, den westlichen Staaten, und vor allem den USA, von innen her schwerste Schläge zu versetzen: der einstige Widerstand gegen den Krieg in Vietnam, die Schwächung westlicher Geheimdienste, die Schädigung der westlichen Wirtschaft durch maßlose Streiks, die Chaotisierung der demokratischen Gesellschaft durch Gewaltakte, Terror, Geiselnahmen, die Agitation für einen bürgerkriegsähnlichen Zustand in Italien und, wo immer es nur geht, die Lieferung von Waffen und Geld dorthin, die Hilfe für die Verschärfung des Bürgerkriegs in Irland und im Libanon haben in den Akten der sowjetischen Bürokratie und ihrer Geheimdienste gewaltige Budgetposten.

Eigens im Westen gegründete Banken, die dortigen kommunistischen Parteien, aber auch Schaltstellen in Palästina und Libyen leisten sehr erfolgreiche Arbeit. Erst die spätere Geschichtsschreibung wird das volle Ausmaß dieser Aktivitäten aufdecken – wenn überhaupt noch Gelegenheit zu solchen Aufdeckungen bleibt.

So unbrauchbar sich also die riesigen Staatsapparate für die Wirtschaft erweisen, so verwendbar sind einige Zentralstellen, die gerade in solchen Staatsapparaten ihre Hochform erleben, für internationale Strategien, von denen der Westen sich kaum eine Vorstellung macht. Dennoch ist es nicht schwer, eine Einführung in diese Praxis zu studieren. Man muß sich nur mit der Politik und Diplomatie, mehr noch mit der Geheimpolitik und Geheimdiplomatie des byzantinischen Reiches beschäftigen, die es meisterhaft verstanden, mit den Spannungen unter ihren Gegnern zu operieren, militärische Aktionen durch stellvertretende Länder ausführen zu lassen, oppositionelle Tendenzen auf der anderen Seite wachzurufen und zu stärken, also Kriege erst einmal im Bereich der Gegner von innen her zu führen.

Die Publizistik des Westens und vieler dorthin zwangsemigrierter Bürger aus den kommunistischen Staaten wird vom Osten her geschickt desavouiert. Tendenzen, die dabei mithelfen, können Unterstützung von verblüffendem Ausmaß und rätselhafter Herkunft erhalten. Sogar die Eurokommunisten, die offiziell Kritik aus Moskau hörten, bekamen durch zwischengeschaltete Stellen fallweise die Hilfe der Sowjets, da sie in ihrer Unruhefunktion dem Westen oft gefährlicher waren als dem kommunistischen Bereich.

Durch alle diese Aktivitäten werden die grundlegenden Verletzungen der Menschenrechte im kommunistischen Bereich vernebelt: ganz abgesehen von groben Völkerrechtsbrüchen wie im Fall Afghanistan, die Zwangsemigrationen ins Ausland, die Zwangsverschickungen innerhalb der eigenen Grenzen ohne Prozeß, ebenso die Tatsache, daß der sowjetische Bürger nicht einmal im eigenen Land seinen Aufenthalt nach Belieben wechseln kann, sondern von einer Erlaubnis des Innenministeriums abhängig ist. Millionen von Kolchosbauern leben auf diese Weise an ihrem Ort festgehalten wie einst die Leibeigenen. Ebensowenig gibt es gleiches Recht für Schulbildung oder Ausübung eines frei zu wählenden Berufes. Während die Propaganda der UdSSR die Telefonabhörung von Terrorverdächtigen im Westen lautstark anklagt, ist die Telefonüberwachung in kommunistischen Staaten selbstverständlicher Alltag, die Briefe werden geöffnet, viele Empfänger erhalten überhaupt keine Post. Die Zensur über Verlage, Zeitungen, Fernsehen und Hörfunk gehört zu den Voraussetzungen der heutigen kommunistischen Regime. In den Gulags der Sowjetunion leben nach vorsichtiger Schätzung eineinhalb Millionen Menschen unter unvorstellbaren Verhältnissen, und das Verschwindenlassen von unruhigen Intellektuellen in psychiatrischen Kliniken ist polizeiliche Routine. Die UdSSR versucht mit reichlichem Erfolg, diese Tatsachen durch den Lärm ihrer eigenen propagandistischen Angriffe auf den Westen und die Unterstützung antidemokratischer Kräfte dort – die sich freilich als besonders demokratisch maskieren – zu übertönen.

Längst weiß man, daß sogar die Untergrundpublikationen im sowjetischen Bereich, der Samisdat, vom Geheimdienst benützt wird, um gewünschte Artikel zu veröffentlichen, damit sie als scheinbar oppositionelle Stimme kräftig unter die Leute kommen und von ihnen geglaubt werden. Im Westen sollte man daher sehr genau überlegen, zu welch raffinierten Kombinationen die russischen Schachmeister im Kreml fähig sind. Die byzantinische Staatskunst war einst berühmt und gefürchtet. Moskau, das schon von dem Mönch Philotheos als das »Dritte Rom« bezeichnet wurde, ist ihr Erbe.

Die individualistische Tradition des Westens widerstand mit rückläufigem Erfolg der Ausbreitung staatlich-zentralistischer Beamtensysteme. Der freie Markt, die Konkurrenz einzelner Persönlichkeiten oder kleiner, veränderbarer Einheiten, die offenen Grenzen, die lebhafte Mobilität von Menschen und Waren, dies alles war mit einer zentralen Bürokratie unvereinbar. Nicht nur der Staat wurde zu einer möglichst praktischen und dienstbaren Einrichtung mit bescheidenem Eigenwert, auch sonst waren umfangreiche Wirtschaftsgruppen mit bürokratischen Organisationen verdächtig, so daß entsprechende Antitrust-Gesetze geschaffen wurden. Trotzdem muß man feststellen, daß in den westlichen Demokratien seit einiger Zeit die Bedeutung der Beamtenapparate auf erschreckende Weise anwächst.

Nach der Vergegenwärtigung der Situation im kommunistischen Bereich komme ich nun mit dieser Erfahrung auf einige mir wichtige Gedanken zurück:

Die enorme Technifizierung, der aus einer hochspezialisierten Zivilisation gewonnene Luxus, die immer größer werdenden organisatorischen Voraussetzungen des modernen Lebens und die zunehmenden sozialen Absicherungen ließen von *zwei* Seiten her eine schwere Bedrohung der individuellen Eigenständigkeit in den westlichen Demokratien aufkommen. Die *eine* Seite: die technischen Grundlagen unserer Zivilisation und unseres Wohlstands haben einen ähnlichen Unterschied zwischen jenen, die diese Technik und die Macht darüber besitzen, und allen anderen geschaffen, wie er einst im alten Ägypten zwischen den Pharaonen mit ihren Beamten und dem übrigen Volk bestand. Wieder gibt es eine Schicht, der die anderen ausgeliefert sind. Die technischen und organisatorischen Bedingungen des Wohlstands benötigen ihrerseits große Apparate, die weitgehend zentralistische Tendenzen haben.

Die Bedrohung von der *zweiten* Seite ist noch gefährlicher: sie kommt aus der Müdigkeit und luxuriösen Verwöhntheit der meisten Bewohner westlicher Demokratien. Das Verlangen nach weiterer Erhöhung des Wohlstands, nach stets raffinierteren Bequemlichkeiten, nach der Erfüllung auch der absurdesten Wünsche und Launen, sie bringen die Bevölkerung allzu leicht zu einem Verzicht auf jede individuelle Eigenständigkeit, die mitunter auch Härte gegen die eigenen Wünsche voraussetzt. Der Mangel an existentieller Herausforderung innerhalb der hedonistischen Wohlstandswelt des Westens läßt den Willen zur eigenen Persönlichkeit, zur Selbstverwirklichung in Freiheit verkümmern. Man beginnt, einverstanden damit zu sein, daß riesige Beamtenapparate – des Staates, der Krankenkassen, der Pensionsversicherungen, Gewerkschaften, aber auch großer Industriekonzerne mit ihren sozialen Fürsorgen – eine scheinbare Schutzverpflichtung übernehmen, für die man die individuelle Eigenständigkeit leichthin aufgibt.

Kommen die westlichen Demokratien auf dem Weg ihrer hochentwickelten Zivilisation aus anderer Richtung zu einer ähnlich totalen bürokratischen Situation wie die Kommunisten in ihren Staaten? Führt die Verbindung von Technokratie, ohne die unser Wohlstand nicht mehr möglich ist, und der sozialen Leistungen des Staates (oder der Fabriken, Firmen, sonstigen Wirtschaftseinheiten) zu einer beamtlichen Großversorgung, wie sie in der kommunistischen Gesellschaft üblich ist – nur vielleicht in westlicher Luxusaufführung?

Eine Entwicklung dorthin kann im Westen vorerst harmlos aussehen und muß keineswegs mit politischem Kommunismus zu tun haben. Im Gegenteil, sie mag sogar unter ständiger Beteuerung, daß dies alles den Kommunismus verhindere, geschehen. Sie bewegt sich bloß auf eine umfassende Bürokratisierung zu. Die Bürokratisierung ist aber auch jener Charakterzug, der in den kommunistischen Staaten auf drückende Weise deutlich wird. Wenn die Entwicklung im Westen weitergeht wie bisher, kann sie in dieser Hinsicht zu einem ähnlichen Ergebnis führen: auch im Westen herrscht dann ein mächtiger Beamtenapparat. Dieser Apparat mag den Schlagworten nach unermüdlich für die ideale Demokratie tätig sein – wie es ja auch in den kollektiven Oststaaten heißt, die Bürokratie arbeite Tag und Nacht für die Verwirklichung des Kommunismus, der übrigens in östlicher Auffassung die ideale Demokratie ist.

Noch kann im Westen bis zu solchem Zustand einige Zeit vergehen, und es gibt manche Chance, ihn zu vermeiden. Bedrohliche Ansätze sind jedoch vorhanden, und die größte Gefahr bringen alle jene Geschehnisse, die dem Staat, über ein unbedingt notwendiges Maß hinaus, immer mehr Einfluß zubilligen, ja ihm freiwillig überantworten. Die Müdigkeit des Einzelnen zu eigenen Unternehmungen, die Unlust am eigenen Risiko, der Rückzug auf ein sicheres Altenteil schon in der Jugend, die Haltung des Pensionärs bereits in frühen Jahren – sie fordern den Staat geradezu heraus, die Rolle des großen Versorgers zu übernehmen. Auf diese Weise wird genau jene Lage herbeigeführt, die jeden Einzelnen zum versorgten, aber auch von oben gelenkten Angestellten im großen Amt macht, zu dem das Land dann insgesamt geworden ist. Und vom Amt zur Kaserne gibt es nur mehr eine kurze Phase der Verwandlung, unter welchem politischen Programm das auch geschehen mag.

Die übergroße Ausdehnung von wirtschaftlichen und industriellen Superkonzernen ist eine weitere bürokratische, aber geringere Gefahr. Immerhin wird es stets deren mehrere geben, die zueinander in Konkurrenz stehen. Außerdem sind diese Konzerne auf effiziente Leistung angewiesen. Während der Staat ohne weiteres die Produktionsresultate nicht so ernst zu nehmen braucht, da ja nicht nur ein Teil, sondern die ganze Bevölkerung davon betroffen wird und schließlich auch Militär und Polizei zum Staat gehören, um eventuelle Unzufriedenheit niederzuhalten, sind Konzerne auf Profit eingestellt. Dies hat den Vorteil, daß zumindest organisatorisch im großen Konzern unzählige kleine und möglichst selbständige Einheiten gebildet werden. Die kleineren Einheiten stehen zueinander in Konkurrenz, also der Konzern ist genötigt, um der effizienten Produktion willen, das Konkurrenzverhältnis in seinem eigenen Bereich ähnlich wie zwischen einander fremden kleineren Betrieben wieder in Gang zu setzen. Verantwortung wird delegiert, neue, weitgehend selbständige Firmen mit lediglich geringem Mehrheitsanteil werden gegründet, da sonst eben jene verhängnisvolle psychologische Situation eintritt, die in kommunistischen Kombinaten die Effizienz so erschreckend niedrig hält. Das Nachlassen der Arbeitslust und Arbeitsleistung, wodurch der Staat nur wenig gestört wird, ist für einen noch so großen Konzern tödlich.

Ein wesentlicher Unterschied also besteht zwischen den Bürokratien im Osten und Westen: jene im Westen gedeiht vor allem aus dem Wunsch nach bequemem Wohlstand, nach Versorgung und Sicherheit. Die Bürokratie im kommunistischen Osten hingegen ist das Ergebnis einer autoritären Führung, die nach einer utopistischen Revolution die Macht übernommen hat und den bürokratischen Apparat als eine karge und diktatorische, allgemeine Lebensform bewußt einsetzt.

In den kommunistischen Staaten wächst der Apparat, soweit

er überhaupt noch wachsen kann, nicht durch das oft freiwillige Aufgeben von Einzelinitiativen wie in den Demokratien, sondern durch politisches Gebot, das eine enorme militärische Rüstung und die internationale Agitation für die Ausbreitung des Kommunismus zum Ziel hat. Aus diesem Grund fehlt der westlichen Bürokratisierung zumeist der von Anfang an geplante paramilitärische Charakter, die von vornherein eingebaute Verflechtung mit dem äußersten Anheben des militärischen und politischen Potentials. So wenig also die zentralistische Totalbürokratie der kommunistischen Oststaaten für ein Gedeihen der Wirtschaft und einen freien und angenehmen Alltag der Bevölkerung geeignet ist, zeigt sie fatale Qualitäten für den Aufbau einer gigantischen Rüstung, für die Möglichkeit rascher militärischer Aggressionen und für eine internationale Agitation zur Schwächung des westlichen demokratischen Bereichs von innen.

Im demokratischen Westen entspricht der Drang nach kollektiver Versorgung auch um hohen Preis, wie man ihn seit einiger Zeit hier beobachten kann, psychologisch der freiwilligen Regression zum Kleinkind und der künstlichen Etablierung eines Vaterersatzes. Wenn Alexander Mitscherlich unsere Zivilisation, wie schon früher erwähnt, auf dem »Weg zur vaterlosen Gesellschaft« sieht, zu Verhältnissen, in denen Gott als Vater weitgehend verschwunden und in denen die lebendige Figur des Vaters immer weniger gegenwärtig ist, in denen die Familie unwichtig zu werden scheint, dann läßt sich nun eine Gegenbewegung erkennen: man strebt wieder dem Vater zu, aber einem neuen, synthetischen Vater, einer konstruierten Familie, die Schutzfunktionen, die sie ausübten, fallen jetzt dem Staat zu. »Vater Staat«, wie es so aufschlußreich heißt, soll die Aufgaben des verlorengegangenen individuellen Vaters, der aufgelösten Familie und Gottvaters übernehmen.

Eine solche Entwicklung bedeutet den Verzicht auf jene Tradition der individuellen Persönlichkeit, der Kritik und Selbstverwirklichung des Einzelnen, die bei den Vorsokratikern begann und, über die griechische und römische Antike, über die Renaissance bis in unser Jahrhundert reichend, die Besonderheit der westlichen Kultur ausmacht. Im Osten gab es die großen Kollektive, die Ameisenstaaten, die gewaltigen und alles beherrschenden Beamtenapparate, angefangen vom pharaonischen Ägypten, von den Babyloniern über die Chinesen bis nach Byzanz – und es gibt sie heute noch im kommunistischen Osteuropa und im kommunistischen China. Es wäre falsch zu sagen, diese Gesellschaften seien kulturell jenen des individuellen Westens unterlegen, man braucht nur an die Kulturen Ägyptens und Chinas zu denken. Die westliche Kultur entwickelte jedoch, und auf diese Feststellung sollte es uns ankommen, ihre eigene Haltung, die das Christentum, den Humanismus und auch – ob man dies begrüßt oder nicht – die gesamte heutige Zivilisation geschaffen hat. Ist es richtig, diese Haltung freiwillig aufzugeben?

Ob ein Erkenntnisprozeß die Gefahr abwendet, daß in den westlichen Demokratien von selbst das Feld geräumt wird und dort kollektive und autoritäre Systeme entstehen können, ist abzuwarten. Überall und auch in den kleinsten Entscheidungen wäre aber die ruinöse Versuchung dieses freiwilligen Rückzugs zu bedenken. Die Müdigkeit an der eigenen Persönlichkeit, am individuellen Leben mit seinem Risiko und seinen Freuden, führt in die Selbstaufgabe unserer kulturellen Grundlagen und – so verlockend die Zwischenphasen aussehen mögen – in das total verwaltete Dasein orientalischer Despotien.

Masken der Angst

Von der täuschenden Flucht in den Erfolg

Der Wohlstand in den westlichen Demokratien scheint trotz allen seinen Vorzügen dem Geist zu schaden. Mit dem Haus auf dem Lande, der Zweitwohnung, dem Zweitauto, meist jedoch schon mit dem ersten Motorrad, der Ferienreise ins Ausland, der soliden Wohnung mit Farbfernsehen beginnt – so könnte man meinen – ein Mechanismus der materiellen Progression, der kaum jemanden freiläßt. Sind nicht mehr Not, Hunger, erzwungene Überarbeitung durchzustehen, schaffen sich die meisten aus eigenem Entschluß eine Tyrannis sinnloser Ziele, der sie sich mit erschöpfender Totalität unterwerfen. Sie haben ihr gutes Auskommen, es gibt endlich Freizeit zur Entfaltung eigener Interessen, genügend Geld, Bücher zu erwerben, Theater, Museen, fremde Kulturen anzusehen, doch was früher unvermeidlich war, wird jetzt freiwillig und mit um so stärkerer Intensität praktiziert: der Sklavenblick auf Geld und alles Materielle, das man damit erwerben kann.

Mit Schrecken muß man so lange nach der Katastrophe des Zweiten Weltkriegs feststellen, daß nach der friedlichen Konsolidierung der Verhältnisse eine auf geistige Werte orientierte Haltung unter den Menschen keineswegs größere Verbreitung gefunden hat, sondern eher in eine beängstigende Defensive geraten ist. Dies kann um so mehr überraschen, als die Menschen, die von den Fronten des Zweiten Weltkriegs zurückgekehrt waren oder die Schrecken der Bombennächte in den Städten überlebt hatten, damals ganz andere Vorsätze faßten: sie strebten nach Wohnung und Familie, einem bescheidenen Auskommen und Frieden, nach Natur, Bildung, Kunst, Kultur, Gesprächen mit Freunden, sie hatten sich vorgenommen, das Leben erfreulich und sinnvoll zu gestalten, dem Nachbarn zu helfen – man war dem Tod knapp entgangen und für die geschenkte Frist dankbar.

Aus den Zerstörungen und Massakern noch einmal davongekommen, konnte sich niemand vorstellen, daß einer in der Zukunft so idiotisch sein werde, materielle Gewißheiten anzusammeln, die so leicht zu zertrümmern waren, daß einer jemals wieder in den Wahnsinn verfallen könne, angesichts der Millionen Gräber und der Ruinenfelder seine Zeit und seine Kräfte mit dem Errichten von Prestigefassaden, mit dem Erwerben von Reichtum und Machtpositionen zu vergeuden. Was aber geschah? Und es war nicht die erst nach dem Krieg geborene neue Generation, die mit dem Wettlauf ins Gegenteil dessen, was sich so viele in den Schreckensjahren vorgenommen hatten, begann, sondern eben jene, die einst ganz anders geredet hatte und von der Katastrophe halb vernichtet worden war.

Ein Mechanismus der Verdrängung brachte nicht nur das Engagement so vieler für den Nationalsozialismus, für den Faschismus, für den Stalinismus oder, unter den Siegerstaaten, die Sympathie für einen dieser Totalitarismen zum Verschwinden, sondern gleichzeitig auch alle Stadien der Erkenntnis, der Besinnung auf wesentliche Elemente im Leben, die durch die grauenvollen Erfahrungen gewonnen worden waren. Man hat heute den Eindruck, daß eben die Kriegsgeneration nach einer kurzen Schockphase nach Kriegsende sich mit geradezu gepanzerter Naivität in die neue Schlacht um den Wohlstand und das materielle Prestige gestürzt hatte.

Die falsche Marschrichtung wurde dann von den nachfolgenden Generationen zumeist weiterverfolgt. Wie man weiß, weigerten sich zwar zeitweise ganze Bewegungen von Jugendlichen, den Wettlauf nach Wohlstand und wirtschaftlicher Progression mitzumachen, allerdings sehr oft mit reichlich verworrenen und politisch radikalen Parolen, so daß manche richtigen Motive durch extreme Emotionen verzerrt wurden. Ihr Scheitern hinterließ zwar einige sinnvolle Impulse zu neuen Überlegungen, wurde aber vom immer mächtiger anschwellenden Drang nach Macht, Reichtum und Prestige überschwemmt.

Nichts gegen Wohlstand, sozialen Ausgleich, gegen das Auto und die Zweitwohnung, sie tragen dazu bei, das Leben angenehmer und frei zu machen – wenn die darin enthaltenen Möglichkeiten genützt werden. Die Möglichkeiten aber bestehen darin, das Parterre der materiellen Erwerbungen zu verlassen und einen

Stock höher zu steigen. Wird das versäumt, dann gibt es ein unendliches Parterre und sonst nichts. Auch die noch so heftige materielle Progression bleibt auf dieser Tiefebene, und das höchste Hochhaus verharrt mit dem letzten Stockwerk auf dem Niveau des sich am Boden hinschleichenden Unkrauts, wenn nicht die innere Wandlung zum Geistigen erfolgt, durch die man Höhen auch in der Hütte erreicht. Das beste Flugzeug ist sinnlos, wenn es mit dreihundert Stundenkilometern auf dem Flugplatz dahinsaust und nicht abhebt, und ähnlich ergeht es der Menschheit des westlichen Wohlstands, die über den Boden rast und die bestehenden Voraussetzungen nicht nützt, den Flug zu beginnen.

Wurde nach dem Krieg die Möglichkeit versäumt, die Städte, die Gesellschaft, den Alltag, das Leben sogleich in sinnvollen Proportionen und in geistiger Orientierung aufzubauen – eine Tatsache, die auch für die sogenannten Siegerstaaten gilt –, so geschah auch später, als die Wirtschaft längst enorm leistungsfähig war und neue Generationen führende Stellen einzunehmen begannen, nichts, um die Prioritäten zu verändern. Die Hypnose durch den Wohlstand, die zunehmende Freizeit, durch die Erweiterung aller materiellen Aspekte des Daseins wurde nicht vermindert, im Gegenteil. Politischer Radikalismus, Terror, Kriminalität und Streikwellen mischten die Langeweile auf und brachten in ein ungefährdetes Leben fragwürdige Dramatik.

Statt auf Abenteuer in Versuchen auszugehen, notleidenden Völkern, kranken Menschen zu helfen, oder auf Abenteuer im Geistigen, auf Visionen von Kunstphantasien, auf Probleme des Erkennens im Bereich der Wahrheit, ließen sich – abgesehen vom Konsumwahn – erschreckend viele auf Erfindungen im Tachinieren, auf das Hineinlegen der Krankenkasse, der Versicherungen und der Vorgesetzten ein. Damit kein Mißverständnis entsteht: ich erliege nicht der Illusion, daß die Menschheit der westlichen Demokratien nach erreichtem Wohlstand sich vollkommen der Menschenliebe und Nächstenhilfe, der Kunst und Philosophie ergeben könnte. Aber es wäre immerhin möglich, daß zumindest recht viele, die sich derzeit im Wettlauf nach Zweitwohnungen, Häusern, Autos und Zweitautos ruinieren, endlich die Möglichkeit erkennen, eine zweite Etage zu besteigen.

Man kann lange herumrätseln, ob diese Wettläufer in ihrer Atemlosigkeit glücklich sind – ich meine, es sprechen viele Indizien dafür, daß ihr Glück wie eine Fata Morgana unerreichbar vor ihren Augen bleibt. Hinter jedem erworbenen Objekt taucht ein nächstes auf, das der Nachbar schon besitzt, und die Linie der Progression geht ins Unendliche. Immer noch gibt es beängstigend viele andere, die sehr erheblich mehr von dem haben, was man selbst an Materiellem anstrebt. Man muß feststellen, daß der Appetit mit dem Essen wächst, daß ein psychologischer Automatismus, eine Art Hörigkeit entsteht, wenn man sich einmal auf diesen Weg einläßt.

Der Faktor der Gewöhnung an alles und jedes wirkt sich gerade im Wohlstand gefährlich aus: dem Superreichen bedeuten seine Dutzend Villen in den schönsten Teilen der Welt, seine fünf Rolls Royce, sein Privatjet nicht mehr als dem kleinen Mann die Wohnung mit Blick auf die Straße. Das psychische Unglück der Reichen ist keine Legende, die man Armen nur demagogisch vorspiegelt, sondern entspricht der Wahrheit. Schon die Werke Sigmund Freuds zeigen die bis zur seelischen Selbstzerstörung und zum Selbstmord fortschreitende innere Leere von Menschen, die alles an Materiellem erreicht haben, wonach sich die meisten anderen verzehren. Die Meldungen von Selbstmorden der Milliardäre, von Filmstars, die auf den sogenannten Höhen des Lebens schweben, fehlen in keiner Zeitung. Das Leben auf diesen materiellen Höhen ist nicht befriedigender als weiter unten, solange dieses Unten einigermaßen ausreichende Grundlagen bietet – was öfter der Fall ist, als die meisten meinen.

Gewiß sind christliche und stoische Ideale sehr oft vielen von uns auf der Schulbank durch schlechte Lehrer verekelt worden. Wenn manche auch die Aufrichtigkeit der Ermahnungen zur Einfachheit und Genügsamkeit eines Seneca bezweifeln, der viele Jahre als Prätor und Erzieher Neros an dessen Stelle das Römische Reich regierte und daher der mächtigste Mann und einer der Reichsten im Staat war, und wenn man ähnliche Ratschläge Marc Aurels belächelt, der als Kaiser des damaligen Weltreiches an der Spitze aller materiellen Erfüllbarkeiten stand, so muß man doch erwägen, ob sie nicht vielleicht gerade deshalb die Wahrheit sagten.

Sie wußten aus eigener Erfahrung, was eine solche Machtposition und ein solcher Reichtum wert sind. Sie waren authentische Zeugen. Es gibt zudem unzählige andere, die ähnliche Erkenntnisse mitteilten und in Armut lebten: Buddha, der den Reichtum zurückwies, Lao-tse, der Sklave Diogenes, Sokrates, der Sklave Epiktet. Und natürlich Jesus Christus und seine Apostel.

Jeder von uns kann die banale Tatsache leicht überprüfen, daß ab einem sehr frühen Grad der zunehmende Besitz erstaunlich unangenehme Sorgen bereitet. Läßt man sich darauf ein, diese anwachsenden Sorgen durch noch größeren Besitz bekämpfen zu wollen, gerät man in eine tückische Eigengesetzlichkeit, die zu schlaflosen Nächten führt. Geschieht nicht eine innere Mutation in den Bereich geistig orientierten Handelns, dann entsteht gerade durch die materielle Progression eine Unfreiheit, deren Netz immer enger wird. Auf diese Mutation wäre daher die größte Aufmerksamkeit zu richten.

Die Gier nach Besitz, der Konsumwahnsinn und das übersteigerte Streben nach Macht, gerade nach dem Zweiten Weltkrieg besonders ausgiebig zu beobachten, hatten damals einleuchtende Ursachen. Zwar sind dies Eigenschaften, die stets die Menschen bewegt haben, doch traten sie nach der Beendigung des Krieges nicht zufällig derart kraß auf. Die erste Ursache ist naheliegend: der Besitz, die Wohnungen, die wirtschaftlichen Grundlagen der meisten Menschen in den besiegten Staaten waren zerstört. Davon ging als natürliche vitale Reaktion ein enormer Wille zur Wiederherstellung des Vernichteten aus. Man brauchte Häuser, Wohnungen, Schulen, Industrien, Straßen, eine funktionierende Wirtschaft, und mit äußerstem Einsatz wurde an deren Wiedererrichtung gearbeitet. Der sichtbare Erfolg war verblüffend, es stellte sich zudem heraus, daß die neuerbauten Industrien, Häuser, Straßen, Wohnungen besser und moderner gerieten als die früheren, alle Erwartungen wurden übertroffen, man sprach nicht zufällig vom Wirtschaftswunder. Daher war die Versuchung groß, hier weiterzumachen. Man konnte von der Erfolgslinie einfach nicht mehr lassen, auch der Einzelne häufte Autos, Wohnungen, Häuser, Besitz an, weit über die für ihn noch sinnvolle Grenze. Der Erfolg wirkte als psychische »Verstärkung« einer

Gangart, die aber nur bis zu einem gewissen Punkt vernünftig war.

Auch bei den Siegerstaaten hatten sich durch den Zweiten Weltkrieg tiefgreifende Veränderungen ergeben. Die Konjunktur der Kriegswirtschaft brachte gewaltige Leistungen hervor, und die Maschinen liefen weiter. Der Wiederaufbau Mittel- und Westeuropas, die Umschichtungen durch die bald folgende Entkolonialisierung der europäischen Imperien, deren Weltherrschaft dahinschwand, veranlaßte die Bevölkerung, im unmittelbar eigenen Bereich zu psychologischer und wirtschaftlicher Selbstbestätigung zu kommen, was nicht ohne schwere Konflikte vor sich gehen konnte. Das Ergebnis war der hektische Drang nach Lebensgenuß, und zwar sofort.

Die zweite Ursache ist die Einfallslosigkeit der Menschen. Die Wirtschaft war nach dem Krieg unerwartet produktiv angelaufen, der persönliche Einsatz lohnte weithin sichtbar – und zu anderen phantasievolleren Ideen waren die meisten nicht imstande. Der Aufstieg vom VW-Käfer zum Mercedes war dem Dümmsten deutlich, die Verbesserung der Zweizimmerwohnung durch ein Haus, später durch ein zweites auf dem Land und womöglich eines im Tessin oder auf Mallorca, vielleicht sogar durch deren mehrere, alle diese persönlichen Erwerbungen folgten dem simpelsten Gesichtspunkt und der täglichen Überredung durch die Reklame.

Das Fernsehen als neuer Nürnberger Trichter wirkte in der Richtung eben dieser Ansammlung von Besitz und der Steigerung von Konsum bis zur totalen Sinnlosigkeit. Sinnlosigkeit deshalb, weil man bekanntlich nicht gleichzeitig auf mehreren Kirtagen tanzen, in mehreren Häusern wohnen und mehreren Autos fahren kann. Auch goldene Knödel sind immer noch nicht genießbar. Gewiß bringen Lebensfreude und das freie Spiel mit den angenehmen Attributen des Lebens eine wohltuende Regeneration von der Ermüdung durch die Arbeit, sie stärken den Optimismus – doch kommt, wie man überall beobachten kann, ziemlich bald der Moment, wo ein solches Spiel in psychischen Zwang, in Strapaze und Depressionen übergeht.

Die dritte Ursache ist die mächtigste, nämlich die tiefe innere

Unsicherheit, in die der Einzelne durch die Erschütterungen des Zweiten Weltkrieges geworfen wurde. Die besiegten Länder standen unter dem ungeheuren Schock durch Hitler und die Erkenntnis einer historisch wohl einzigartigen Verführung, deren Folge 55 Millionen Tote waren. Die Aufklärung über 10 Millionen unter furchtbarsten Umständen ermordete Juden, die Konfrontation mit den Konzentrationslagern, die entsetzlichen Tragödien von Stalingrad bis Nordafrika und Narvik, die fast jede Familie betrafen, hatten schwere psychische Folgen – ganz abgesehen davon, daß jene, die in solche Schreckenstaten verwickelt waren, irreparable innere Schäden davontrugen. Der Zusammenbruch von Illusionen, die von luziferischen Demagogen gerade durch den Appell an die höchsten Eigenschaften der Menschen erweckt worden waren, all dies bewirkte eine Neurose von Ausmaßen, über die man sich bis heute noch längst nicht ausreichend klar ist. Das innere Gleichgewicht der Männer, die an die Front geschickt worden waren und in ihre zerstörten Häuser und Städte zurückkehrten, das der verwitweten Frauen und verwaisten Kinder war verloren.

Wie seit Sigmund Freud für schwere Traumata nachgewiesen ist, können gewaltige Verdrängungsenergien einen Strich ziehen und die Vergangenheit gegen die Zukunft abgrenzen. Ähnliches geschieht bei schweren Unglücksfällen etwa mit dem Auto: das Gehirn stößt die Erinnerung des eigentlichen Vorgangs ab, ein Loch im Leben entsteht, und es gelingt dem Betroffenen nachher kaum, aus der Katastrophe die richtige Lehre zu ziehen. Die Katastrophe Hitler fiel in den besiegten Staaten weitgehend dieser psychischen Verdrängung zum Opfer, und, wie ebenfalls Freud schon feststellte, eben diese Verdrängung verursacht die nun folgenden, bis zur Selbstzerstörung reichenden seelischen Konflikte.

Hinter der Verdrängung finden wir den Verlust des Selbstvertrauens, der Wertorientierung, die Existenzangst, die Unsicherheit und das nagende Minderwertigkeitsgefühl. Es ist aufschlußreich, einigen Hinweisen Alfred Adlers in seinem Werk »Über den nervösen Charakter« zu folgen, der meinte: »Man kann die Sucht des Neurotikers, *alles haben zu wollen,* nicht stark genug, seine Gier, *der erste sein zu wollen,* unmöglich übertrieben darstellen.« Gleichzeitig beginnt sein »Arrangement von Symptomen nach vermehrtem Besitz, nach Vergrößerung seiner Macht und seines Einflusses, nach Herabsetzung anderer Personen und Verkürzung derselben«. Adler führt aus, daß »alle *Begehrensvorstellungen* einen ungeheuren Grad erreichen können, ebenso wie das Erreichte selten Befriedigung gewährt«. Es geht dem Neurotiker um »eine Konkretisierung des Zieles der Überlegenheit, um das Leben erträglich zu machen«, und dazu verwendet er »Hilfskonstruktionen und Schablonen im Denken, Handeln und Wollen«. Eben dort befinden wir uns. Das Trauma des Zweiten Weltkriegs und Hitlers hat bizarre Neurosen ausgelöst, die wir noch keineswegs überwunden haben.

Viele Bücher über Massenneurosen und Massenhysterien wurden geschrieben, doch sei vor einer mystifizierenden Betrachtung gewarnt. Man schiebt allzu leicht eigene Defekte auf die Masse und die eigenen Neurosen auf die schwer faßbare Dimension des Kollektivs. Nicht die »Masse« ließ sich verführen und schoß an der Front, es waren schon die vielen Einzelnen, die Kanonen und Gewehre bedienten, die Hitler zujubelten und die tönenden Phrasen glaubten, die er in effektvoller Rhetorik verkündete. Auch jetzt geht es nicht um die Massenneurose, die als Konsummanie, als Besitzgier, als Prestigewahn in Erscheinung tritt, sondern um die Neurosen der vielen Einzelnen, die nicht imstande sind, sich von der Verdrängung ihrer Existenzangst, ihrer Unsicherheit, ihres Minderwertigkeitsgefühls zu lösen.

Gewiß kann man einwenden, daß etwa England, Frankreich und die USA, bei denen ja ähnliche Symptome zu finden sind, keineswegs einen solchen Schock wie die besiegten Staaten erfahren haben. Doch dürfen zwei Tatsachen nicht übersehen werden: einmal die ansteckende Wirkung einer Neurose, die einen großen Teil Europas befallen hat, auf die Nachbarstaaten, die sich im Netz der engen Kommunikation nicht einfach isolieren können. Die Neurotisierung in solchem Ausmaß greift über und ist kaum abzuwehren. Sie ist um so schwerer abzuhalten, wenn in den eigenen Staaten andere schwere Erschütterungen stattfinden, die zu einer ähnlichen Disposition führen: England verlor sein Imperium, seine Kolonien, und schrumpfte von einer weltbeherrschenden Großmacht zur nebligen, feuchten Insel. Auch Frankreich kann nur mehr krampfhaft seiner »Gloire« nachträumen und war zudem nach dem Krieg tief in den Konflikt der Kollaboration mit Deutschland verstrickt. Die labilen politischen Verhältnisse im heutigen Frankreich und übrigens auch im heutigen Italien sind in erheblichem Maß das Resultat der hektischen Bemühungen, sich durch Jubel für den Kommunismus oder radikale Linkstendenzen von den Flecken des Faschismus und der Kollaboration reinzuwaschen.

In den USA liegen die Ursachen der Neurose in ihrer Geschichte, die durch die Mischung krasser Gegensätze aus allen Teilen Europas und der Welt eine brodelnde Substanz als Bevölkerung entstehen ließ, die zwischen dem Puritanismus der Pilgrimfathers, der Ekstase des Neger-Jazz, der Kriminalität der sizilianischen Mafia und dem harten Wirtschaftstalent der Manchesterindustrie nicht zum Ausgleich kommen kann. Radikalismen in Sex und Sekten, Hippiekulte, die technische Megalomanie von Wolkenkratzern bis zu Flügen auf den Mond gehören zu den Zeichen einer seelischen Krise, die freilich nicht eine von verlorenen Kriegen oder Imperien, sondern jene der Pubertät eines entstehenden Volkes ist. Sie reicht allerdings vollständig aus, um psychische Fehlhaltungen zu erklären. Immerhin stehen dieser psychischen Krise in den USA auch soziale Großtaten und erhebliche Leistungen der Kulturverbreitung gegenüber, die Ansätze für eine günstigere Zukunft zeigen.

Eine besondere Problemdichte ist in der österreichischen Entwicklung zu finden, weil sich dort zwei Schockphasen überlagerten: zuerst trat dort jener Zusammenbruch eines Imperiums ein, der vier Jahrzehnte später England und Frankreich traf. Ein Fünfzig-Millionen-Reich, das mehrere Sprachkulturen umfaßte, ging in Zersplitterungen auf, Österreich wurde zum Kleinstaat mit überdimensionaler Metropole. Die Bevölkerung von Wien, vor allem Oberschicht und Bürgertum, bewahrten Lebensstil und Ansprüche der Hauptstadt eines Großreiches, während wirtschaftliche Not, Niederlage und politische Bedeutungslosigkeit die eigentliche Realität waren.

In dieser Situation, die sich im Zerfall der Donaumonarchie durch extreme zentrifugale Kräfte schon lange vorher angekündigt hatte, fanden Sigmund Freud, Alfred Adler, Otto Rank, Wilhelm Reich, Theodor Reik, Paul Federn und viele andere die unzähligen Neurosen für ihre Beobachtungen. Es ist kein Zufall, daß gerade die Freudsche Psychoanalyse mit ihrer Erforschung des Unbewußten, die Lehre Adlers vom Minderwertigkeitsgefühl und vom Machtstreben in Österreich entstanden. Durch den Nationalsozialismus und die Einbeziehung in das Deutsche Reich Hitlers geriet Österreich nun in den zweiten Problemschub: in die politische Verführung, in den Krieg, die Massenvernichtungen und in das Entsetzen nach der großen Illusion.

Natürlich liegt die Frage nahe, welches Land denn eigentlich nicht einer Neurose verfallen sei. Die Beantwortung würde ein eigenes Buch erfordern. Man kann aber feststellen, daß große Bereiche der westlichen Demokratien erhebliche Symptome einer Neurose zeigen. Anderseits ist ebenso evident, daß die kommunistischen Oststaaten keineswegs Beispiele von heilen Ländern bieten, wenn man sich vergegenwärtigt, daß die kommunistischen Staaten ihre Bevölkerung mit allen psychologischen und realen Mitteln in einem chronischen Ausnahmezustand halten, daß dort stets ein alarmierendes Feindbild projiziert wird und die knappe Versorgung, die Ausreiseschwierigkeiten die Stimmung ständiger Kriegsbedrohung hervorrufen. Akute tägliche Bedarfsprobleme und lebensgefährdende Grenzsituationen schlagen individuelle Neurosen nieder – aber natürlich ist die Tatsache, daß es in Zeiten des Krieges oder im KZ kaum Neurosen gibt, kein Argument *für* den Krieg oder das KZ.

Die gewaltige Rüstung hat für den Kommunismus zwei Vorteile: sie stärkt die Macht der Sowjets und ihrer Satelliten und schiebt gleichzeitig die Bewußtwerdung mancher Probleme in der Bevölkerung hinaus. Solange man sich viele Stunden für Lebensmittel anstellen, Jahre auf Wohnungen, ebenso lang auf ein Auto warten muß, solange die Arbeitszeit wesentlich länger ist als im Westen und die freien Stunden durch »freiwillige« Einsätze oder Versammlungen erheblich verringert werden, hat man weder Zeit noch Kraft, die Probleme einer verdrängten Vergangenheit zu verspüren. Die im Stich gelassenen Polen während des Zweiten Weltkriegs, die Völkerverschiebungen nachher, die Millionen Toten in den Gulags, der Pakt mit Hitler, der Stalinismus, der gigantische Opportunismus einer Unzahl von hohen Politikern, die Mitschuld vieler Millionen Einzelner – dies alles geht unter im immer noch währenden Kampf um die unmittelbaren Notwendigkeiten des alltäglichen Lebens. Eine vorbeugende Gewalttherapie für eine Bevölkerung, die auf keine unerwünschten Gedanken kommen soll.

Die jungen Generationen sind freilich von der Verdrängung der Katastrophe des Zweiten Weltkriegs nicht unmittelbar betroffen. Sie sind jedoch in die Verdrängungsfolgen miteinbezogen. Die Familien sind davon beherrscht, die Beispielrolle der Eltern ist geschädigt, das Kindheitsklima der neuen Generationen weitgehend das der traumatisierten Väter.

In den Siegerstaaten erweisen sich die aus der Glanzzeit der Imperien stammenden Erwartungen und Orientierungen als inkompetent. Zweifellos haben die jüngeren Generationen, je weiter sie sich vom Trauma des Zweiten Weltkriegs oder des Zusammenbruchs alter Imperien zeitlich entfernen, günstigere Voraussetzungen, mit den Problemen der technischen Konsumwelt fertigzuwerden, da sie nicht mit derart massiven Verdrängungen zu leben haben.

Die wichtigste Kraft zur Beherrschung der heutigen Fehlhaltungen würde wohl aus der aufgelösten Verdrängung, der klaren Aufhellung der erlebten Vergangenheit mit allen ihren Schrekken und der eigenen Schuld entstehen, doch wie viele aus der betroffenen Generation haben an sich selbst diesen Vorgang vollzogen? Wäre dies geschehen, hätte eine Erfahrung wirksam werden können, die gegen weitere Versuchungen durch Illusionen immunisiert: gegen Luxus, Prestige, Macht und politischen Utopismus.

Man belausche die Gespräche der wartenden Patienten in einer Klinik, in einer Kuranstalt, der Fahrgäste in einem Autobus, im Bahnabteil, der Zuschauer auf einem Sportplatz, der Urlauber im Sommer oder Winter in Skihütten und Gasthäusern, und kann sich ein Bild davon machen, was die Menschen bewegt.

Man beobachte die Autofahrer im Stoßverkehr auf dem Weg durch eine Innenstadt oder bei der Ausfahrt ins Wochenende und kann Schlüsse auf ihren Charakter ziehen: Rücksichtslosigkeit, Überholwahn, Aggression, Gereiztheit, Schimpforgien, Haßgefühle, Bosheit und Dummheit. Dies gilt ebenso für die Fahrer eines alten Klapperkastens wie eines Mercedes, ja fast für jene der Luxuswagen noch mehr. Sehr oft ist die Prestigelimousine nur die Kompensation gerade jenes Minderwertigkeitsgefühls, das beim Überholen oder bei Beleidigungen über heruntergekurbeltem Fenster um so deutlicher wird.

Die Feldwebelhaltung von einst, sichtbar auch bei solchen, die nie Feldwebel waren, ist die gleiche geblieben, der Spieß trägt bloß heute einen eleganten Anzug, die Krawatte ist von Dior, und er sitzt im spiegelnden Nobelauto. Gerät er in eine unbehagliche Situation, die er womöglich noch selbst verursacht hat, zeigt er sich, wie er ist. Und fühlen sich deren mehrere untereinander, dann werden die alten oder neuen Phrasen hörbar, die primitiven Klischees aus den Vulgärspalten der Massenpresse, aus den banalsten Programmen des Fernsehens oder überhaupt der Jargon des Kasernenhofs. Der Wohlstand ist nur die dünne Tünche, die bei der geringsten Berührung verlorengeht.

Die Hauptgesprächsthemen, öffnet man die Ohren im Gasthaus oder in irgendeinem Wartezimmer und sieht man vom Tiefstand der Militärrüpeleien ab, sind die Vorzüge und Nachteile der Automarken, die neue Zentralheizung des Eigenheimes, Badezimmer, Fernsehapparate, Selbstberühmungen eigener Erfolge aller Art und Dialoge über Ferien oder Ferienpläne im Stil von Helmut Qualtinger, variiert in allen Dialekten und Sprachen. Der besondere Effekt liegt darin, daß Vermittler solchen Stumpfsinns tadellos herausgeputzt sind, schwere goldene Chronometer an ihren Armen, goldene Ketten und Taschencomputer tragen, mit Filmkameras von Superbauart behängt und durch keinerlei äußere Zeichen – außer eben durch diese – als Angehörige einer Primitivschicht erkennbar sind.

Erschreckenderweise erstreckt sich ein solches Niveau bis in den Bereich von Ärzten und Juristen, die möglicherweise mit geringerer Lautstärke ganz ähnliche Themen endlos abhandeln oder sich in unendliche Tischspiele mit Karten und krampfhafte Erfindungen der Unterhaltungsindustrie stundenlang verlieren, um die Totalleere der ohnedies meist geringen Freizeit auszufüllen. In ihrer Freizeit werden sie von sich selbst einfach im Stich gelassen, und es offenbart sich, was hinter all den Attributen des Erfolgs und Wohlstands tatsächlich steckt.

Der auf rein materielle Momente gerichtete Versuch, sich zu profilieren, die eigene Überlegenheit herauszustreichen, wird gerade heute zu einem vergeblichen und tragischen Vorhaben. Die Attribute materiellen Wohlstands sind derart zahlreich verbreitet und werden immer zahlreicher, daß sie als Statussymbole durch eine Inflation von einzigartigem Tempo jede Bedeutung verlieren. Die Bemühungen, auf diesem Weg seinen Erfolg, sein Prestige, sein Ichgefühl auszuweisen, führen zum genauen Gegenteil, nämlich zum Aufgehen im großen Eintopf kollektiven Daseins. Wer sich von den Reklamen der Massenmedien, der Majorität der Nachbarn und dem allgemeinen Völkerstrom lenken läßt, fällt eben jener Unauffälligkeit zum Opfer, der er eigentlich durch besondere Signale entgehen wollte. Nicht wer drei Häuser und zwei Wagen hat, wer nach Mallorca oder auf die Seychellen fliegt, macht sich heute in irgendeiner Weise bemerkbar, viel eher einer, der sich für Bildung, Wissen und Kultur interessiert. Nur dort sind heute und in der Zukunft die Zeichen der Besonderheit und der Persönlichkeit überhaupt noch möglich.

Dies gilt auch für leitende Positionen in der Wirtschaft, in der Industrie und im Staat. Die rein technische und taktische Perfektion wird zunehmend weit verbreitet, es gibt immer mehr vortreffliche Routiniers, denen es nicht an Intelligenz und Tüchtigkeit, jedoch an Charakter und Persönlichkeit fehlt. Auch hier macht sich der Mangel an Bildung, an Phantasie, an Kreativität und Kultur verhängnisvoll bemerkbar, der weiterhin verstärkt wird, wenn sich kaum jemand der konformen und irreführenden Automatik materieller Anhäufung entzieht.

Immerhin ist nicht zu übersehen, daß sich in diesem Drang nach materieller Überlegenheit, nach Besitz und Prestige ein Funke des Strebens nach Selbstverwirklichung verbirgt. Dabei handelt es sich allerdings um ein unartikuliertes, fehlgehendes und völlig unzureichendes Verlangen nach Individualität, das den falschen Weg gewählt hat, nämlich jenen, der auch bei stets beschleunigtem Tempo im Kreis führt.

Weder die Schulen noch die Massenmedien sind mit den enormen Aufgaben, die ihnen mit dem anwachsenden Wohlstand und der größeren Freizeit der Bevölkerung zugefallen sind, mitgekommen. Die Schulen sollten sich rasch auf leicht anwendbare Ausbildung umstellen, konnten aber zur Praxis das nötige menschliche Verhalten nicht mehr vermitteln. Das Bildungsniveau, das für Phantasie, Ideen, für Information über die Möglichkeiten individuellen Lebens sorgte, sank zusehends. Zwar gab es materiell zunehmend Gelegenheiten zur Entfaltung eigener Persönlichkeit, aber kaum jemand lehrte mehr, wie man sie nützen könne.

Einige Spezialisten zogen in Höhenbereichen der Philosophie, Psychologie und der Kunst ihre esoterischen Schleifen, viele andere Intellektuelle verfielen irgendwelchen politischen Radikalismen und waren aus jedem dieser Gründe nicht imstande, Anleitung für die eigenständige Entwicklung einer Persönlichkeit ohne bereits hochgebildetes Elternhaus zu geben. Die Massenblätter multiplizieren weiterhin umsatzsteigernd den Appell an die primitiven Klatschinstinkte ihrer Leser und das Fernsehen verbannt sinngebende und intelligente Sendungen oft ins Nachtprogramm, wo sie bestimmt jene nicht erreichen, die am Tag darauf sehr früh in der Fabrik stehen müssen. Die Programmspiegel der TV-Anstalten (im Hörfunk sieht es besser aus) sind meist offene Bekenntnisse ihrer leitenden Direktoren, daß sie an die Bildungsmöglichkeit und Weiterführung ihrer Zuschauer und Zuhörer zu geistiger Selbstverwirklichung nicht glauben.

Wenn aber die meisten Massenmedien die Bildung und die Beantwortung der Sinnfrage nur als lästiges Alibi auffassen, das man einschiebt, wenn die Einschaltziffer nachmittags durch die Arbeitszeit der Zuschauer oder nachts durch deren Übermüdung ohnedies auf ein Minimum absinkt – was kann man sich von der näheren Zukunft erwarten? Oder sollen die Schulen alles retten, wo sehr oft Lehrer tätig sind, die selbst nicht wissen, wie man Persönlichkeit entwickelt?

Die neurotische Situation, wie ich sie vorher dargelegt habe, wird durch die Tatsache des anwachsenden Menschenzustroms zur Möglichkeit der persönlichen Selbstverwirklichung zumindest vorläufig verstärkt. Es war leichter, eine geringe Anzahl von Schülern, die meist noch von zu Hause gute Grundlagen mitbrachten, zu einem Leben in Erkenntnis sinnvoller Grenzen und Inhalte heranzubilden, als jene Menschenmenge, die nun weit über die Elementarklassen hinaus in die höheren Schulen und Universitäten strebt. Die Unsicherheit, Ratlosigkeit, das Minderwertigkeitsgefühl mit allen seinen Kompensationen durch Machtwillen, Entwertung der anderen, Neid und Egoismus übertragen sich von den älteren Generationen auf die jüngeren Jahrgänge, die nachkommen und am Wohlstand und der erweiterten Freizeit teilnehmen. Anstatt sinngebender Vorbilder finden sie meist schwer geschädigte Neurotiker, ein Verhängnis, das dadurch nicht gemildert wird, daß diese Neurotiker oft durch Machtpositionen und Erfolg eindrucksvoll maskiert sind.

Selbstverwirklichung als zu erlebende Sinnhaftigkeit, als glückvoller Lebensinhalt wird kaum jemandem als fertiges Können geschenkt, sie ist lernbar und bedarf langdauernder Übung, bis die Fähigkeit dazu herangebildet ist und fruchtbar wird. Sie erfordert das jeweils persönlich abgestimmte Einhalten von Proportionen zwischen eigener Kreativität und dem hilfreichen Verhalten anderen gegenüber. Die Kreativität muß keineswegs künstlerisch orientiert sein, auch ein Arbeiter, Handwerker oder Jurist kann schöpferisch in seinem Tun und seinen Entscheidungen vorgehen.

Da es allerdings für diese Selbstverwirklichung in den Schulen und Universitäten kaum mehr Lehrer gibt, da die Fächer in Spezialistentum abgesunken sind, da auch in den Massenmedien nur selten und bestenfalls in entlegenen Bereichen Hinweise dafür auftauchen, ist der Einzelne meist gezwungen, sich diese Lehre selbst zusammenzusuchen und selbst beizubringen. Die Suche nach den Elementen einer solchen Lehre erfordert ebensoviel Mühe und Beharrlichkeit wie ihr Einüben. Auge und Ohr, sowie eine ständige Reflexion, ein unermüdliches Vergleichenmüssen für die Entdeckung ihrer Spuren und für die praktische Erfahrung beim Anwenden geschärft werden. Es ist keine allseits bekannte Wahrheit mehr, daß solche Spuren sich am ehesten in Büchern, in Religionen, in der Philosophie, der Psychologie, in Kunstwerken finden lassen, soweit man eben nicht durch einen günstigen Zufall von Eltern, einem Freund, von einem Lehrer auf sie hingewiesen wird. Gewiß ist die Lehre der Selbstverwirklichung auch aus dem Leben selbst abzulesen – was aber wurde aus den grauenvollen Erlebnissen des Zweiten Weltkriegs gewonnen?

Das unmittelbare, naturhafte Leben, so furchtbar oder euphorisch es verlaufen mag, reicht ohne die Erfahrung der Kultur und der Reflexion, die sie uns ermöglicht, nicht aus. Der Einzelne muß sich seine Lehre von der Proportion in seinem Leben zusammenbauen und jene Dokumente heranziehen, die uns die Ergebnisse anderer Versuche erschließen. Glaubt man, auf solche Vergleiche verzichten zu können, gerät man allzu leicht in jene krampfhaften Kompensationen der eigenen Unsicherheit, die sich mit dem Schein äußerer und effektvoller Erfolge begnügen. Ohne den Blick für die Transparenz der Realität und den hinter ihr aufgehenden geistigen Bereich ist die Formel für die Proportion nicht zu finden. Ich möchte nicht beschuldigt werden, Menschen, die mit ihrem Beruf, ihrer Familie, ihrem Eigenheim, ihrem Auto, ihrem Landhaus und Farbfernsehen glücklich sind, dieses Glück zu verleiden. Sie gehören vielleicht zu den Glücklichen. Aber sicher nur dann, wenn sie nicht nur im Schein, sondern in ihrem Wesen tatsächlich die erwähnte Proportion gefunden haben.

Der vergessene Mensch

Scheitern und Möglichkeiten der humanistischen Haltung

Humanisierung des Arbeitsplatzes, Humanisierung der technischen Welt, in diesem Zusammenhang, so meint man, sei das Wort noch zu verwenden. Aber Humanismus – das ist doch Gips und bestenfalls Marmor, das sind die Büsten und Köpfe in den Schulen und Universitäten, aufgestellt in Nischen oder auf Schränken, verstaubt und abschreckend, und mit ihnen alles, wofür sie stehen: Cicero, Seneca und Epiktet, vor ihnen Platon, Aristoteles, Herodot, verdorben durch die Pedanterie und die Überheblichkeit so vieler Schulmeister, durch die trockene Langweiligkeit der Gelehrten, durch die Schrecken mancher Prüfungen.

Dazu der deutsche Humanismus, »edel sei der Mensch, hilfreich und gut«, Goethe und Schiller, die »schöne Seele«, von der »ästhetischen Erziehung des Menschengeschlechts«, das sind Alpträume eingesperrter Stunden der Pubertät, Gitter vor einer ersehnten Freiheit. Dann noch die gelehrte Bildung Humboldts, die Wissensforderung im neunzehnten Jahrhundert, das mag ja sehr lobenswert gewesen sein, ein Vorteil fürs ganze Leben, wenn man die Lernerei einmal hinter sich hatte. Aber jetzt – so heißt es oft – soll das noch Bedeutung haben, in einer Zeit der gewaltigen Wandlung der Welt durch Physik, Chemie und Technik, der Phase der Auflösung der einstigen Regeln der Gesellschaft, der früheren Maße des Verhaltens, jetzt, da man auf diese Veränderungen sofort zu reagieren hat, da sich unglaubliche Möglichkeiten des Lebensgenusses zu öffnen scheinen und die Zukunft ohnedies in den Laboratorien der Forscher gemacht wird?

Die Zerstörung der humanistischen Haltung und Bildung ist ein großes Kapitel der europäischen Geschichte, dessen Bedeutung trotz mancher Kritik an Lehrern und Schulsystemen deshalb noch nicht annähernd erkannt ist, weil diese Kritik gerade dort, wo sie am lärmendsten und erfolgreichsten war, von politisch radikaler Seite kam. Die in manchen Ländern und in fast allen

Schulsystemen merkbaren Auswirkungen dieser einerseits politisch revolutionären, anderseits aber auch von Technik und Naturwissenschaft ausgehenden Kritik richteten sich gegen die humanistische Haltung und Bildung selbst, nicht nur gegen die Art, in der sie meist sehr unvollkommen und oft ruinös gelehrt wurde.

Die Stundenzahl für Philosophie, Sprachen, Geschichte, Künste in den Schulen wurde daraufhin eingeschränkt, mitunter schaffte man einige dieser Fächer überhaupt ab und ordnete sie anderen, praktischen, sozusagen unmittelbar verwendbaren Stoffen unter. Ohne Funktionalisierung des Wissens über Vergangenheit in der Richtung politisch revolutionärer oder industrieller Ziele sei das Wissen nur Ballast – dies ließ ein Wort wie »humanistisch« als hoffnungslos überholt und im heutigen gesellschaftlichen und technischen Umbruch lächerlich erscheinen.

Die paradoxe Pointe trat ein, daß manche Gruppen der extremen Linken und der industriellen Rechten (wenn man diese Bezeichnungen verwenden will) hier uneingestanden das gleiche Interesse hatten: nämlich das scheinbare Hemmnis der humanistischen Bildung mit ihrem großen Anteil an den Stundenplänen in den Schulen abzuschaffen. Den politischen Revolutionären war die zu genaue Kenntnis der möglichen Pluralität von Meinungen, die damit geforderte Toleranz zu gefährlich, weil das Wissen über die Jahrtausende zur Relativierung und Kontrolle dieses angeblich so revolutionär Neuen herausforderte.

Auch aus der Sicht des bürgerlich wirtschaftlichen Standpunkts sollten die Absolventen eher »reale Fächer« lernen, damit sie besser taugen für das Leben nachher, und das Leben nachher war vor allem der Beruf. Sie sollten rascher einsetzbar sein im Arbeitsprozeß, nicht aber als Schöngeister und allgemein humanistisch gebildete Intellektuelle Schule und Universität verlassen, dafür in der Fabrik, der Wirtschaft, den Büros der Managements grüne Neulinge sein, womöglich gehemmt durch die Moral der Philosophen, durch unzeitgemäße Ideale der Platoniker und Stoiker. Wozu sollten Forscher und Techniker Aristoteles, Descartes und Pascal nicht nur von der Mathematik, sondern auch von der Philosophie und Religion her kennen und ihre geistigen Grundsätze ernstnehmen?

Im Erfolgsbereich dieser beiden Tendenzen leben wir jetzt, in ihrer Jugend, in der ihnen gemäßen Art des Forschens und der Organisation unserer westlichen Welt. Auf ihre Weise werden die Kräfte der Natur verwertet, die Möglichkeiten des Alltags genützt, sehr oft die Lebensziele und Werte gewählt. Was nach dem Verschwinden der humanistischen Haltung und Bildung herauskam, waren Inhumanität, totale Hemmungslosigkeit des Hedonismus und des Machtstrebens.

Eben die Abschaffung des geschichtlichen Wissens und zumindest die Fragmentierung der Kulturgeschichte läßt in Unkenntnis, daß die gesamte Entwicklung der heutigen westlichen Welt aus den jetzt so oft lächerlich gemachten Grundsätzen der humanistischen Haltung erfolgte. Nicht nur die griechischen Väter der Physik und Mathematik, natürlich jene der Demokratie, stammen aus diesem kulturellen Denken, auch die römischen Organisatoren eines Weltreichs, die Begründer der justinianischen Rechtsordnung, ebenso Kopernikus, Galilei, die späteren großen Physiker bis zum Göttinger Kreis, nicht zu reden von so vielen unter jenen Philosophen, die das Streben der Menschen beeinflußt haben, sie lebten und bildeten dessen Grundsätze. Daß sie sich als zu schwach erwiesen, ihre Grundsätze stärker durchzusetzen, die bestimmenden Persönlichkeiten der Politik mehr zu verpflichten, als die Geschichte dies ausweist, und ihre Gedanken und Ideale weiter zu popularisieren, als wir es feststellen können – dies gehört zum Grundmotiv der Tragödie der Menschheit.

Die Gegenwart mit ihren ungeheuren Möglichkeiten durch Technik und Liberalität, aber auch die gefängnishafte Abgeschlossenheit und Ordnung der autoritären Staaten, Konsumwahnsinn, Genußsucht, scheinbar ohne Grenzen, und die Tatsache von mehr als fünfzigtausend gelagerten Atombomben sind das absurde Ergebnis eines von der griechischen Antike ausgehenden humanistischen Anfangs, vieler Abirrungen und Deformationen. Einige Komponenten des humanistischen Strebens – Naturwissenschaften, Technik, Politik – haben sich selbständig gemacht, ihre Bindung an die anderen abgestoßen, sie wucherten krebsartig unter der Zerstörung der anderen Kräfte und Bereiche beinahe zur Allmacht, und das äußerste geschah, damit ihre Herkunft und einstmals sinnvolle Dimensionierung und Unterordnung in Vergessenheit geriet.

Der Sog dieser einseitigen Hypertrophie ist so stark, daß sogar jede konstruktive Kritik am System der Schulen und Universitäten umgemünzt wird und eben dieser Hypertrophie zugute kommt. Georg Pichts Kritik der »Bildungskatastrophe« an den bundesdeutschen Universitäten der sechziger Jahre, geäußert von christlich-evangelischer Position, wurde ungewollt zu einem der Impulse der revolutionären Veränderungen an den Universitäten und gab Zündstoff für die Studentenrevolten. Die geistigen und organisatorischen Umstellungen dort waren ziemlich das Gegenteil dessen, was Georg Picht gewollt hatte. Trotzdem ist das letzte Wort über diese Veränderungen noch nicht gesprochen, denn im Verlauf einer dialektischen Entwicklung könnten die linksradikalen Bewegungen manchen Staub und Schutt weggebracht haben, der tatsächlich die humanistische Bildung so unwirksam hatte werden lassen.

Gewiß wäre es zu begrüßen gewesen, wenn die Kritik an einer in mancher Hinsicht zur Lehrroutine und Phrase gewordenen humanistischen Bildung von ihr selbst nicht nur initiiert, sondern auch weitergetragen worden wäre. Das falsche Autoritätsgefühl unzähliger Lehrer, das professorale Ritual an Universitäten, die aus Studenten oft bittstellige Untertanen machten, haben sehr dazu beigetragen, daß mit dem Wort »humanistisch« ein schulisches Schreckbild und die Karikatur von Lehrern und Gipsbüsten assoziiert wurden.

Obwohl also anfangs die Kritik an humanistischer Haltung und Bildung zugunsten ihrer Erneuerung gemeint war, erweist es sich vielleicht doch noch als Vorteil, daß manche verhängnisvolle Patina durch politische Rebellen ebenso wie von nüchternen Technokraten kräftig beseitigt wurde, daß es radikale Herausforderungen von extremen Gegensätzen her gab und nicht nur ernste Versuche der Erneuerung von innen her. Der geschilderte Vorgang war riskant durch seine Radikalität und ist es noch. Er besorgte aber notwendige stürmische Durchlüftung, notwendige Verstörungen, notwendiges Entsetzen. Viel rascher und heftiger werden jene, die humanistisch denken wollen, gezwungen, genau und grundsätzlich zu denken und nach diesem Denken zu handeln. Noch ist nicht klar, ob der Rammstoß der politischen Revolte nicht zu stark ausfiel, um eine Erneuerung der humanistischen Haltung hervorzurufen – denn, wie bereits gesagt, er traf auf ein Gebäude, das durch die technische und industrielle Revolution, eine durchaus bürgerliche und kapitalistische Bewegung, bereits schwer untergraben und geschädigt worden war.

Es ist zu verstehen, daß eine Haltung, die den Menschen als Individualität sieht, als einzelne Persönlichkeit, in einem Zeitalter der »Massen« als gegenwartsfremd verschrien wird. Das Phänomen der beinahe unendlich vielen, die in so kurzer Frist als fordernde Staatsbürger, als Öffentlichkeit auftraten, mußte eine Weltanschauung, die sich zuerst mit dem Einzelnen und dann erst mit dem Zusammenleben dieser Einzelnen beschäftigte, als überholt erscheinen lassen. Fast zeigte sich nun die Masse als Person, das Kollektiv als neue Einheit, auf die es ankam, und die man nun zu studieren, auf die sich alles zu beziehen hatte. Verteidiger der humanistischen Haltung in der ersten Hälfte unseres Jahrhunderts wie Ortega y Gasset polemisierten in düsterem Pessimismus gegen den »Aufstand der Massen« und sahen mit Schrecken die Apokalypse der europäischen Welt vor sich.

Man hat sich inzwischen an diese »Massen« gewöhnt, es ist längst Alltag geworden, in ihnen zu leben. Der Reiseverkehr ist ein Massenverkehr geworden, Auto, Flugzeug, Bahn sind Massentransportmittel, Zeitungen, Radio, Fernsehen dienen als Massenmedien der Masseninformation, Bücher – freilich meist nicht die besten – kommen in Massenauflagen heraus, Schulen und Universitäten haben mit einem Massenandrang fertig zu werden. Und ebenso wie in den Demokratien sind in den autoritären kommunistischen Staaten die »Massen« bemerkbar, aber mit einem Unterschied: in den westlichen Demokratien haben sie Stimmrecht in der Politik und auf dem wirtschaftlichen Markt, dort entscheiden sie in den Wahlen über Regierungen und mit ihren Wünschen und ihrem Geld über die Waren, die erzeugt, die Zeitungen, die gedruckt, die Bücher, die verlegt werden. In den kommunistischen Staaten versucht man das Problem der Masse mit dirigistischen Maßnahmen von oben zu lösen.

Die Gewöhnung an die »Masse« brachte insoweit eine ungemein wichtige Erfahrung, als wir lernten, daß sie keineswegs ein rätselhaftes, mystisches neues Wesen ist, sondern aus gewöhnlichen Menschen besteht, die freilich in höchst gefährliche Ausnahmezustände geraten können. Viele kluge Untersuchungen stellten fest, daß sich der einzelne Mensch in der Masse ganz anders verhalte, als er es sonst täte, daß sein Ich gleichsam in eine höhere Kollektivperson hineinmutiere. Gustave Le Bon, Sigmund Freud, C. G. Jung, Hermann Broch, Ortega y Gasset, Elias Canetti, David Riesman und viele andere haben wesentliche Gedanken dazu entwickelt, schließlich galt es, mit dem neuen Phänomen einer Massengesellschaft, einer Massenpolitik, von Massenkriegen fertig zu werden.

Inzwischen ist man sich klar geworden über das Auftreten und die Symptome von Massenhysterien, die im schaurigen Beispiel des Geschehens um Hitler einen furchtbaren Höhepunkt erreichten. Die Massenphänomene sind zwar noch schrecklicher geworden als sie einst in der Anfangsphase des Massenzeitalters waren, aber sie sind weniger rätselhaft und überraschend. Man kann heute mit reichlicher Erfahrung und ohne Faszination an die Betrachtung der »Massen« herangehen. Sicher haben die Bibliotheken von scharfsinnigen Analysen, die unzähligen Auseinandersetzungen in den Zeitungen, in Radio und Fernsehen ebenso wie die Gewöhnung der Menschen selbst zur Entmystifizierung des Phänomens Masse beigetragen.

Woraus besteht denn die »Masse«? Besteht sie nicht letztlich doch aus einzelnen Menschen? Und wenn man in einer Phase des beginnenden »Massenzeitalters« noch sagen konnte, die überwältigende Mehrheit der Masse, also die Massenbezieher der Zeitungen, die Benützer der Massenverkehrsmittel seien ungebildete, unmündige Untertanen, die, töricht und jeglichen kultivierten Umgangs unkundig, nun aus ihren Armenvierteln, aus den Löchern ihres Knechtsdaseins in Bauernhöfen, überhaupt aus der Geschichtslosigkeit der Provinz, aus entlegenen Tälern in das Leben der Gegenwart einträten, so ist doch in vielen westlichen Demokratien, aber auch in manchen Bevölkerungsgruppen kommunistischer Staaten inzwischen einiges geschehen.

Gerade während der letzten Jahrzehnte – gewiß eine kurze Frist angesichts der Weltgeschichte – merkte man, daß aus dieser Masse Menschen hervortreten mit Problemen, die Probleme von Einzelnen sind, sie fühlen sich selbst sehr oft verloren, ratlos, sie vermissen die Orientierung, suchen nach Werten und Idealen, nach Lebensformen für ihre Familien. Sie besuchen Schulen. Mehr Menschen, als oft angenommen wird, streben nach einem sinnvollen Leben, eignen sich Bildung an, versuchen ihre Reisen vernünftig zu motivieren.

Die Philosophen, Psychologen, Politiker stehen oft staunend vor der Tatsache, daß es mit der Masse der »schlichten, einfachen Bürger«, dem ungebildeten Stimmvieh einer fälschlich so bezeichneten heilen Welt, nicht mehr weitergehe wie bisher. Diese einfache bäuerliche Bevölkerung war freilich in der feudalen und großbürgerlichen Epoche nie als Masse hervorgetreten, bildete aber zu Beginn der neuen Ära den überwältigenden Anteil der konservativen Massenparteien. Weder lassen sich die »Arbeitermassen« führen und verführen wie bisher, noch die schlichte Landbevölkerung mit den bisherigen Sprüchen anziehen und in Gefolgschaft halten.

Die Massenmedien, vor allem das Fernsehen, die Erhöhung des breiten sozialen Standards, die Verbesserung von Information und die Möglichkeit, diese Information im Leben anzuwenden, bessere Schulen zu besuchen, im Beruf höherzukommen, Reisen zu unternehmen, die Welt jenseits des nächsten Dorfs oder Stadtbezirks kennenzulernen, dies alles stellt die Psychologen, die Soziologen, die Parteiführer und Politiker, aber auch die Wirtschaft vor neue Probleme. Überall kommt man zur Erkenntnis, daß es deshalb so schwer ist, mit den Anforderungen des »Massenzeitalters« fertig zu werden, weil diese Masse nicht aus irgendwelchen biologischen Zellen oder Partikeln, sondern aus einzelnen Menschen besteht. Medizin für Massen, Kliniken für Massen – das schien anfangs nur eine Frage der Quantität und Organisation, bis man entdeckte, daß diese Masse aus einzelnen Kranken und Patienten besteht.

Was Max Frisch nach dem Zustrom mediterraner Gastarbeiter in die Schweiz formulierte, ließe sich für das gesamte Massenzeitalter gegenüber den Politikern, Technikern und der Wirtschaft sagen: ihr rieft Arbeitskräfte, und es kamen Menschen. Die bürgerlich-industriellen Kreise mußten erkennen, daß sie sich auf die Dauer keine Arbeitsameisen heranziehen konnten, und die revolutionären radikalen Politiker, daß das mobilisierte Proletariat nicht aus einem Heertroß stets kollektivberauschter Massen bestand. Nach einer Übergangsphase chaotischen Durcheinanders und verschwimmender Bilder zeigte sich, daß tatsächlich Menschen kamen, und zwar keineswegs sehr neue Menschen, sondern solche mit bekannten dringenden Problemen.

Jetzt ist auffallend viel und zunehmend von Humanisierung des Arbeitsplatzes, von Humanisierung der Technik, von Ökologie, Reinigung der verschmutzten Umwelt, von Fußgängerzonen in Städten, Erholungsgebieten, Grünflächen, vom Schutz der Bäume, des Wassers, vom Erhalten der Altstadtviertel die Rede. Das Bewußtsein ist wach geworden: der Mensch wird nicht mehr so naiv wie früher auf den Fortschritt bezogen, sondern der Fortschritt immerhin mit einigen sogar recht populären Reflexionen auf den Menschen. Die Vision irgendwelcher utopischer Paradiese hat sich als gefährlich für die Gegenwart erwiesen, und der aus dem Massenmenschen entpuppte Mensch fragt nach dem konkreten Aussehen und dem Sinn solcher Paradiese. Er öffnet seine Augen, beginnt nach den schwindelerregenden Änderungen in seinem Leben, nach dem Vergleich mit dem Milieu seiner Eltern, die tatsächliche Realität rund um sich wahrzunehmen und versucht, sich zu orientieren.

Auch die Humanisten, Gelehrten und Staatsmänner der Renaissance befanden sich in einer Zeit gewaltiger Wandlungen. Kopernikus und Galilei veränderten das damalige Weltbild, die Entdeckung Amerikas, die Erkundungsfahrten in alle Erdteile ließen neue Dimensionen des Denkens und Erlebens entstehen. Gerade damals aber begann gleichzeitig die große Rückbesinnung auf die antike Vergangenheit, es entstand ein Geschichtsbewußtsein wie noch nie im westlichen Europa, und es wurden jene Gedanken aus der griechischen und römischen Antike hervorgehoben, die mit der Individualität, der einzelnen Persönlichkeit verbunden sind. Zudem stand die damalige Zeit unter einem fürchterlichen Schock: 1453 war die herrlichste Stadt des Christentums, Konstantinopel, an die Türken verlorengegangen. Es dürfte schwer sein, sich heute auszumalen, was diese Katastrophe psychologisch für die wachen Intellektuellen des Westens bedeutete. Eine schreckenerregende Bedrohung lag über Europa.

Die Vorstellung ist nicht abwegig, daß die heute aus der Masse sich langsam emanzipierenden Menschen vor gar nicht so verschiedenen Problemen stehen wie die denkenden Menschen zur Zeit des historischen Humanismus. Auch damals zerbrach eine alte Welt, jene der kirchlichen und weltlichen Hierarchie, die mittelalterliche Ordnung löste sich auf, und man suchte Orientierung, Werte und Sinn.

Während Columbus, Vasco da Gama, Magalhaes in unbekannte Meere aufbrachen, während die Auffassung von den Gestirnen, ja von der Natur überhaupt sich änderte, richteten die Gelehrten, die Schriftsteller, die Maler, Bildhauer, aber auch die Politiker ihre Aufmerksamkeit auf die historische Antike, um dort Beispiele und Vorbilder zu suchen. Was sie fanden, war nur teilweise die unverfälschte Antike – die wir freilich bis heute nicht kennen –, sondern vielmehr eine Kultur, wie sie sich selbst eine wünschten.

Immerhin nahmen sie die Vergangenheit und ihr Inventar an Themen, Problemen, Antworten, Kunstwerken zum Anlaß, selbst zu Antworten, zu einer Weltanschauung und einer Ästhetik zu kommen. Heute ist man noch nicht so weit, sich genau mit der Vergangenheit, mit der Tradition der eigenen Kultur zu beschäftigen, um Situationen der Gegenwart und der Zukunft besser gewachsen zu sein – aber eine solche Haltung könnte noch entstehen. Dies würde keineswegs eine neurotische und sentimentale Flucht aus dem Heute bedeuten, sondern im Gegenteil den Versuch, mit vollem Besitz aller eigenen geistigen Mittel innerhalb der uns bedrängenden Probleme einen Weg zu finden.

Natürlich ist es nicht ausreichend, nur auf die Renaissance zu blicken, wenn von »humanistisch« die Rede ist. Die humanistische Haltung entstand in der Antike, und von der Antike wurde sie in der Renaissance, die ja eine Renaissance eben dieser Antike bewirken wollte, abgeleitet. Sie wurde aber auch von der Aufklärung, von Locke und Hume, von Voltaire, Diderot, Rousseau, von der deutschen Vorklassik und Klassik, von Lessing, Winckelmann, Goethe und Schiller, von Wilhelm von Humboldt aufgegriffen. Die humanistische Haltung ist eine Konstante in der europäischen Geschichte, die allerdings immer wieder in kürzeren und längeren Perioden zurückgedrängt wurde – und es mag darüber zu meditieren sein, ob diese Perioden zu den großen und glücklichen zählen oder nicht.

Falsch wäre es zu glauben, die humanistische Haltung sei grundsätzlich gegen das Christentum gerichtet. In der Geschichte ist das Gegenteil richtig: Dante, Petrarca und Boccaccio, die bedeutendsten Begründer der historischen Renaissance und des mit ihr verbundenen Humanismus, wollten die volle Weite und Schönheit des christlichen Kosmos erkennen lassen und nützten dazu antike Themen. Ihr Bestreben war, das »ewige Christentum« in der Antike zu zeigen. Der Humanismus der Renaissance hatte eine Stoßrichtung gegen manche Verhärtungen der Kirche, gegen den Mißbrauch kirchlicher Ämter, gegen die Machtpolitik mancher Kardinäle und Päpste, gegen die Anhäufung gigantischen Reichtums durch die Kurie, gegen die akademischen Abstraktionen und leeren Disputationen der theologischen Lehrkanzeln.

»Jetzt begann eine ganz neue Weise, die göttlichen Kreaturen meditierend zu verstehen. Sie wurden als eine ›Natur‹ angesehen, in der Gott unmittelbar am Werk zu schauen ist, und zwar als der Künstler und Bildner, der den Entwurf gemacht hat ...«, schreibt Wilhelm Flitner in seiner »Europäischen Gesittung«. Und weiter: »Von nun an wird die menschliche Vernunft gepriesen, wenn sie sich der Aufgabe widmet, den Spuren Gottes im Natürlichen nachzugehen ...« Dies gilt ebenso für Kopernikus wie Galilei, die ihre Entdeckungen zur Erkenntnis und höheren Ehre Gottes machten. Erst eine spätere Deutung hat die tiefe Frömmigkeit dieser Forscher, die in unzähligen Zitaten nachzuweisen ist, ins Gegenteil verzerrt. Erasmus von Rotterdam etwa bezeichnete seine Gedanken als »Philosophia christiana«. Unbestreitbar bleibt der Wille zur Erneuerung gegenüber früheren und falschen Ansichten über den Kosmos und die Natur, der aber im Geist einer hilfreichen Erweiterung von Tertullians »Anima naturaliter christiana« und im Sinne des Neuen Testaments gemeint war.

Daß die Bewegung der Renaissance auf dem kulturellen Boden der christlichen Klöster emporwuchs, geschah schon deshalb, weil es ja die Mönche waren, die nahezu das gesamte Überlieferungsgut der Vergangenheit, das nun zur Verfügung stand, über die Kriegskatastrophen und Wellen der Vernichtung gerettet hatten. Petrarca ebenso wie Erasmus, beide übrigens Geistliche, fanden die Texte ihrer geliebten griechischen und römischen Klassiker in Klosterbibliotheken, wo die Mönche manche Abschriften besorgt hatten. Auch war durch die Pariser Averrhoisten und durch Abaelard, ebenso durch Thomas von Aquino – der sich unentwegt auf Aristoteles berief und ihn zu einem inoffiziellen christlichen Kirchenvater werden ließ – die Erinnerung an die Antike wachgehalten worden. Die Bücher und Gedanken Senecas und Epiktets wurden in den Klöstern aufbewahrt und gelesen, von dort aus nahm deren weitere Geltung ihren Ausgang. Die Erfindung der Druckpresse durch Gutenberg und die Gründung einiger Druckereien bewirkten dann eine bisher völlig unbekannte Möglichkeit der Verbreitung, so gering und elitär sie uns auch heute vorkommen mag.

Weil aber die humanistische Haltung nicht an eine bestimmte Epoche gebunden war, sondern eine Grundlinie der europäischen Kultur ist, sie also in verschiedenen historischen Zusammenhängen zum Ausdruck kommt, fällt es nicht leicht, sie genau zu definieren. Immerhin lassen sich durchgehende Wesenseigenschaften feststellen:

Den irrationalen Emotionen und abstrakten Spekulationen wird ein Element der Rationalität entgegengesetzt. Was getan und gesagt wird, soll mit der Realität und der Natur zusammenhängen. Der Mensch ist gleichsam wieder auf die Erde gestellt.

Die Erde und die Natur werden in die göttliche Schöpfung einbezogen, man braucht sie nicht mehr abzulehnen, sondern soll bloß bemüht sein, sie im Maß des Möglichen im Sinn geistigen Strebens zu entwickeln. Der Gnosis und dem Manichäismus, überhaupt einer aus dem Orient tief nach dem Westen eingeströmten weltfeindlichen Mystik, wird vom Standpunkt einer christlich-antiken Realitätsnähe die Absage ausgesprochen.

Dieser Realitätsnähe entspricht die Wiederentdeckung der einzelnen Persönlichkeit. Nicht nur der Begriff der Persönlichkeit von Sokrates, Platon und Aristoteles wird vorgestellt, sondern ebenso die im Neuen Testament enthaltene Beziehung des Einzelnen zu Gott, die unmittelbare Gottverwandtschaft jedes Menschen. Der Mut des Einzelnen zur Individualität, zu seiner eigenen Natur, die im Grunde gut, aber in geistigem Sinn noch zu gestalten ist, erwacht.

Im historischen Humanismus wandte man sich, wie gegen die theologischen Abstraktionen, gegen jedes Spezialistentum und wünschte sich den »Uomo universale«, den Menschen, der sich mit allen Erscheinungsformen der Natur und des Lebens vertraut weiß. Die Gesamtheit des Lebens sollte vom Zentrum, von der Mitte des Kreises her erschlossen werden. Wer in dieser Mitte stand, hatte den Zugang frei zu allen Teilen der Peripherie, er konnte von einem Bereich in den anderen gehen, konnte aus der Kenntnis des inneren Zusammenhangs überall das Wesentliche sehen.

Von diesem Stand in der Mitte ergab sich das Maß für alles im Leben: für die Schau der Gedanken, für den Glauben an Gott, für die Wissenschaft, für die Staatsführung, für das Benehmen bei Hof und im Alltag, für die Lebensfreude.

Aus einer Kenntnis der Proportionen, die von der Natur gelernt werden sollte, von der Harmonie ihres Anblicks und ihres bis in die Ordnung der Sterne weisen Aufbaus, ergab sich eine ästhetisch grundierte Ethik, die auch die Beziehung der Menschen miteinander in harmonischen Formen wie in einer großen platonischen Akademie anstrebte.

Die Welt sollte eine Welt gebildeter Freunde werden, die, wo immer sie lebten, in der Vertrautheit mit den griechischen und römischen Klassikern, aber ebenso mit der Ordnung der Natur, ihre Gemeinsamkeit finden konnten, erleichtert durch die jedem geläufige lateinische Sprache.

Die Nationalitäten waren ohne Bedeutung, ebenso die soziale

Herkunft des Einzelnen, und tatsächlich stammten unzählige der Humanisten aus bescheidenstem Milieu: Legitimation waren die Bildung, die Vertrautheit mit den Gedanken der christlich-antiken geistigen Welt, die Offenheit für Natur und Gegenwart, die danach abgestimmten Formen des Benehmens und der Gebrauch der verbindenden lateinischen Sprache. Sie ermöglichten die Freiheit.

Schönheit als ein Sichtbarwerden der harmonischen Proportionen war ein ästhetisches Beispiel richtigen Verhaltens, richtigen Denkens und Erlebens. Das Richtige wiederum war gottgemäß, und so war die Schönheit gleichzeitig ein Symbol des Göttlichen und Naturwahren, in dem sich das Göttliche zeigt. Sie war eine ethische Qualität, da es, humanistisch aufgefaßt, Schönheit ohne ethischen Kern nicht gibt.

Man könnte in sehr abgekürzter Form sagen, alles das wurde betont und entwickelt, was das Menschliche im Menschen ausmacht: die Vernunft, und zwar in jenem Sinn, der das Wesen des Menschen realistisch auffaßt, der also Religion, den Glauben, die Lebensfreude, die Hoffnung, das Streben als menschliche Notwendigkeit erkennt – und dies unter der Bedingung abgestimmter Proportionen.

Der historische Humanismus war eine Lebensauffassung, die den Mut hatte, trotz der Kriege, brutalen Gewalttaten, der schreckensvollen Epidemien von Pest und Cholera, denen die Menschen hilflos ausgeliefert waren, die Schöpfung als ein sinnvolles Werk Gottes und, trotz allem Entsetzen, als gut anzusehen. In der barocken Epoche leitete Leibniz diesen Geist in eine beginnende spätere Phase über, wenn er in seiner Schrift »Über den Ursprung der Dinge« erklärte: »Es muß im Ganzen auch ein gewisser stetiger und durchaus freier Fortschritt des ganzen Universums zur Schönheit und Vollkommenheit aller göttlichen Werke anerkannt werden, so daß die Kultur immer höher wird, wie ja in unserer Zeit ein großer Teil unserer Erde Kultur erhalten hat und mehr und mehr erhalten wird.«

Daß der einst metaphysisch gemeinte Fortschritt im weiteren geschichtlichen Verlauf vor allem technisch und zivilisatorisch ausgelegt wurde und auf den Tiefstand von Autos, Flugzeugen und Coca Cola herunterkam, gehört bereits zur Tragödie der humanistischen Haltung. Ursprünglich wollte man den Worten der Genesis folgen: »Und Gott schuf den Menschen *nach seinem Ebenbilde*... und Gott segnete sie und sprach: wachset und mehret euch und erfüllet die Erde und machet sie euch untertan...«

Natürlich gab es Varianten dieser Haltung, die sich vor allem auf die Beziehung zur Religion und zum Christentum auswirkten. Wenn auch etwa die Kritik Voltaires am Christentum vorwiegend die Kirche traf, und Voltaire selbst nach der Entgegennahme des Sakraments starb, so ist doch bei vielen Aufklärern ein antichristlicher, ein areligiöser und atheistischer Standpunkt deutlich. Goethe liebte einen heidnisch-antiken Pantheismus.

Eine Bibliothek wurde über den »marxistischen Humanismus« geschrieben, und weiterhin sind offizielle und inoffizielle Autoren der kommunistischen Lehre bemüht, den Marxismus als eine besonders entwickelte Form der humanistischen Haltung darzustellen. Zweifellos hat Marx das Wohl des Menschen angestrebt, seine Befreiung aus sozialer Not und »Entfremdung« zur Selbstverwirklichung. Für die Erreichung dieses Ziels werden jedoch Methoden der Gewaltanwendung und Kollektivierung verlangt, die diesem Ziel grundsätzlich widersprechen.

Die politischen Folgen haben diese verhängnisvolle Gegensätzlichkeit im Werk von Marx deutlich dargelegt: einerseits hat Marx viel zur sozialen Verbesserung der allgemeinen Lebensbedingungen beigetragen, andererseits die Entstehung der kommunistischen Volksdemokratien mit ihrer täglichen praktischen Verneinung der humanistischen Gedanken bewirkt. Der sogenannte »marxistische Humanismus« in seiner unlösbaren Verknüpfung mit atheistischen und totalitären Voraussetzungen bleibt, so eifrig ihn auch manche Marxisten anders auslegen wollen, eine gefährliche und demagogische Umkehrung der humanistischen Werte in ihr Gegenteil.

Einen wesentlichen und immer noch zu wenig erkannten Impuls zur Erneuerung der humanistischen Haltung haben Sigmund Freud und Alfred Adler gegeben. Die Persönlichkeit Freuds in ihrer Ruhe, die in seinem ausgedehnten Briefwechsel schon stilistisch deutlich wird, die aber auch in den Protokollen der psychoanalytischen Vereinigung zum Ausdruck kommt, Freuds Liebe zu Rom, zur Antike, können die Aufmerksamkeit für die humanistischen Züge seines Werkes schärfen.

Seinen großen psychoanalytischen Einfall über die Mutter-Sohn-Vater-Beziehung bezeichnete Freud nach griechischem Modell als »Ödipus-Komplex«, die Statue des Moses von Michelangelo wurde für ihn der Ausgangspunkt einer wichtigen Schrift, und seine Liebe zu Goethe, die in vielen Zitaten und Gedanken spürbar ist – sie sind unübersehbare Zeichen. Der Grundgedanke der Psychoanalyse, nämlich die Aufdeckung des Verdrängten und der Satz: »Wo ›Es‹ war, soll ›Ich‹ werden«, zeigen, wie sehr es Freud auf die Stärkung der ausgewogenen Persönlichkeit ankam.

Alfred Adler bezeichnete seine Lehre als »Individualpsychologie«, das Individuum ist für ihn die Voraussetzung der Gemeinschaft, und er versuchte, die ihm wichtige positive Einstellung zur Gemeinschaft in der einzelnen, ihr eigenes Ich findenden Persönlichkeit zu wecken. Von Minderwertigkeitsgefühlen, Machtwillen und Prestigepolitik, vom Kampf um Überlegenheit befreit, soll der Mensch den Sinn seines Lebens erfahren: »Das ›Du sollst nicht töten!‹ oder ›Liebe Deinen Nächsten!‹ kann wohl kaum aus dem Wissen und Fühlen als oberste Instanz mehr verschwinden«, heißt es in seinem Buch »Der Sinn des Lebens«, unübersehbar an die Evangelien erinnernd. Und später: »Das oberste Gesetz ... im Wachen wie im Schlafen ist: das Wertgefühl des Ich nicht sinken zu lassen.«

Wenig zu tun mit humanistischer Haltung hatte paradoxerweise das »O Mensch«-Pathos des deutschen Expressionismus. Die ekstatischen Visionen und wilden Aufrufe standen geradezu im Gegensatz zu den humanistischen Proportionen, zu Toleranz und Erkenntnis, so sehr auch vom Menschen gesprochen oder geschrieben wurde. Wie manche Strömungen der Romantik in den Nationalismus, so führten auch einige Impulse der expressionistischen Bewegung in eine unheilvolle Politik: mit Hanns Johst in den Nationalsozialismus, mit Johannes R. Becher in den Kommunismus, mit Arnolt Bronnen in beides.

Ich habe bei der Darstellung der humanistischen Haltung meist die Vergangenheitsform verwendet, obwohl ich anfangs festgestellt hatte, daß es hier um eine der großen Konstanten der europäischen Geschichte geht. Tatsächlich neigt man dazu, wenn man die heutige Situation der Welt und ihre Orientierung mit offenen Augen wahrnimmt. Das Elend von Hunderten Millionen in den Entwicklungsländern, die Kriege mit Millionen Opfern und die Bedrohung durch mehr als fünfzigtausend Atombomben, die dadurch nicht geringer wird, daß man deren Vernichtungspotential nur mehr abstrakt verzeichnet und durch Gewöhnung nicht mehr ernst nimmt, der schrankenlose Hedonismus, die Konsumhörigkeit der zivilisierten und eben in die Zivilisation geratenden Menschheit, die chaotische geistige Verwirrung nach einer langen Phase hektischer und neurotischer Umwertungsversuche aller Werte – das alles läßt daran zweifeln, daß diese Konstante der europäischen Kultur tatsächlich noch vorhanden ist.

Anderseits soll man nicht annehmen, daß frühere Jahrhunderte um so vieles heller waren als unsere Gegenwart: der Fall von Konstantinopel im Jahr 1453, einer Stadt und eines Reiches, das trotz seiner Brüchigkeit und politischen Zerrüttung jahrhundertelang der Schirm Europas gegen die aggressiven Völker Asiens und des Vorderen Orients war, könnte heute etwa der Vernichtung der USA durch die Sowjets gleichkommen. Die grauenvolle und für uns unvorstellbare Unsicherheit in allen Städten und auf allen Straßen des damaligen Europa, die Raubüberfälle, Morde, Attentate lassen alle Terroranschläge der heutigen Zeit als harmlose Mißgeschicke erscheinen. Von Pest und Cholera war bereits die Rede, überhaupt ist die frühe Sterblichkeit der Menschen damals zu bedenken, sie lebten einfach nicht einmal halb so lang wie heute, und es wäre Zynismus, dies als Vorzug zu bezeichnen. Trotz all dem gab es damals diese humanistische Konstante, und so sollte die Hoffnung nicht erlöschen, daß sie wieder deutlicher wirksam werde, und die Versuche sollten nicht aufhören, sie zu stärken.

Das Argument, daß alle bisherigen humanistischen Bestrebungen nicht imstande waren, die Welt besser zu machen, als sie ist, die Menschen bewußter, hilfreicher, gütiger, dürfte nicht ausschlaggebend für eine endgültige Kapitulation vor der Zerstörung des Humanismus werden. Wer kann wissen, was aus der Welt ohne dieses immer wieder ansetzende humanistische Streben geworden wäre? Max Schelers Appell in seinem Werk »Vom Ewigen im Menschen« ist nicht zu vergessen: »Denn wie immer die klare und evidente Idee des Guten auch inhaltlich gefaßt werden mag – ob christlich oder nicht-christlich –, niemals darf sie selber nur darum preisgegeben werden, weil Menschen sie nicht verwirklichen. Niemals darf das Ideal der Wirklichkeit angepaßt und zu ihrem Stande heruntergezogen werden. Das Gute soll sein – auch wenn es niemals und nirgends geschähe ...«

Zweifellos werden viele Gedanken, die von den Humanisten früherer Zeiten verbreitet und zumindest teilweise verwirklicht wurden, im heutigen Europa und im Westen verleugnet: die humanistischen Schulen gibt es prozentual nur in minimaler Anzahl, und das Einströmen der naturwissenschaftlichen Fächer mit ihrem enormen Wissensstoff hat die humanistischen Zusammenhänge und die sinnvolle Orientierung zurückgedrängt. Die gemeinsame Sprache des Latein wird nur mehr äußerst selten gelehrt, nicht zu reden vom Griechischen.

Diesen Fakten sind aber auch andere entgegenzuhalten: das Englische beginnt jene Rolle der gemeinsamen Verständlichkeit auf der ganzen Welt zu übernehmen, von der die Humanisten einst geträumt haben – und nicht nur im gehobenen intellektuellen Bereich, sondern ebenso unter kaum gebildeten Menschen in Europa, Afrika, Asien. Dazu ist festzuhalten, daß gerade in der Renaissance die englische Sprache und die englische Kultur tief vom Humanismus beeinflußt wurden. Auch später, in der Aufklärung, in der Zeit der sich herausbildenden Demokratie waren die Denker und Politiker Englands führend: sowohl die »Magna Charta Libertatum« 1215, die »Petition of Rights« 1628, wie die »Habeas Corpus Akte« 1679 und die »Bill of Rights« 1689 sind in England entstanden. Die humanistischen Schulen und Universitäten von Eton, Oxford und Cambridge waren nicht nur jahrhundertelang Zentren humanistischer Bildung, sondern sind es weitgehend auch heute noch. Das Leitbild des Gentleman hat viele Züge der humanistischen Vorstellung vom »Uomo universale« übernommen. Castigliones »Cortegiano« tritt uns hier demokratisiert und in praktischer Ausgabe entgegen. Wäre es falsch, neuerlich hier anzusetzen?

Einige andere positive Tatsachen sind anzuführen, wie die große Verbreitung wesentlicher Bücher, bedeutender musikalischer Werke auf Tonbändern und Schallplatten, das enorme Interesse an Ausstellungen zeitgenössischer Kunst, der zunehmende Besuch der Museen, der starke Drang eines erheblichen Anteils der Jugend nach Bildung, Verständnis der Geschichte, nach Antworten auf die Frage nach der Herkunft unserer Kultur und dem möglichen Sinn unseres Handelns.

Immer wieder, wenn auch noch zu selten, kann man beobachten, daß die hypnotische Wirkung technischer Neuerungen und hedonistischer Scheinattraktionen vor allem bei vielen jener jüngeren Generation nachläßt, für die Wohlstandssymbole keine besondere Sensation mehr darstellen. Auch die Anzahl derer steigt, die nach strapaziöser Hetzjagd zwar den äußeren Erfolg erreicht, aber die Leere dieses Zieles erlebt haben und sich nun, davon enttäuscht, nach einem sinnvolleren Weg, nach Bildung, Wissen, Kunst, Kultur, nach Entfaltung der Persönlichkeit, nach einem menschlich und intellektuell hochstehenden Freundeskreis und einem hilfreichen Tun für die Umwelt umsehen.

Nicht um die Rückkehr des früheren gesellschaftlichen Vorbilds des Gentleman oder gar des klassischen Humanisten von einst geht es, die wahrscheinlich beide unwiederbringlich sind, wohl aber um die Etablierung eines Persönlichkeitsideals, das manche humanistische Züge trägt. Der Mensch mit der Bewußtheit für Proportionen, mit der Achtung vor der Natur, mit der Vernunft für sinnvolles Handeln sich selbst und anderen gegenüber, mit der Klarheit über einen verantwortungsvollen Lebensplan, mit der erforderlichen Intelligenz, die Erfahrungen der Vergangenheit und die Probleme der Gegenwart wahrzunehmen, eine solche Menschenfigur wird anzustreben sein. Dieser Mensch ist eine Individualität, er ist intellektuell, weil er ohne Intellektualität dies alles nicht verwirklichen kann. Dieser Intellektuelle ist ohne humanistische Haltung nicht zu denken.

Kultur und Staat

Von feudalen und demokratischen Mißverständnissen

Der Staat fördert die Kultur, der Staat vernachlässigt die Kultur, der Staat zerstört die Kultur – ja, kann er denn das? Der Staat der Pharaonen hat die Pyramiden und Königsgräber entstehen lassen, der Staat der frühen amerikanischen Demokratie nichts für Kunst und Wissenschaft getan, die Volksrepublik Husaks die zeitgenössische tschechische Literatur, die bildende Kunst, das Niveau der Universitäten ruiniert – ist das wirklich so?

Man hat sich daran gewöhnt, den Staat für derart bedeutend zu halten, daß man meint, er sei für alles im Leben, auch für unsere Kultur verantwortlich. Der Staat als Vaterersatz in der vaterlos und gottlos gewordenen Gesellschaft, der für uns zu sorgen hat, der Staat statt Gott als neues »Über-Ich«, als Fluchtpunkt und Ausgangspunkt für die Kultur (als Alpha und Omega und umgekehrt), für die Moral, die Werte, die Ästhetik – haben wir das gewollt?

Die Revolutionäre gegen die Kirche und Religion, die Aufklärer, Säkularisierer, die das feudale System als unheilig demaskiert haben, wurden – so scheint es – die Urheber einer Vergötzung des Staates, die deshalb noch gefährlicher ist als die frühere Situation, weil der Staat nun nicht als von Gott eingesetzt gilt, sondern selbst als eine Art Gott betrachtet wird. Keine Instanz ist über ihm und könnte gegen ihn angerufen werden, da er selbst die höchste Instanz ist, als Vertretung eines Volkes, das sehr oft durch ihn nicht vertreten wird.

Beobachten wir nun die Kultur der Industrieländer, so werden wir feststellen, daß während der vergangenen Jahrzehnte der Staat als Auftraggeber und Förderer eine zunehmend wichtige Rolle gespielt hat. Seit der Zeit vor dem Zweiten Weltkrieg, als aristokratische und bürgerliche Kreise die Mäzene stellten, wurden staatliche und sonstige öffentliche Institutionen für die Kultur immer bedeutender. Der Staat finanziert in den meisten westlichen Ländern weitgehend die Schulen, die Universitäten, die

Theater, die Museen, Akademien, Forschungsinstitute, Festivals, Kongresse, er steht hinter großen Bauvorhaben, unterstützt Künstler und Schriftsteller, vergibt entscheidende Kunstpreise. Der Grad der staatlichen Präsenz im Kulturleben ist in den einzelnen Demokratien verschieden, doch auch dort, wo er am geringsten ist, in den USA, bemerkt man ein deutliches Anwachsen dieser Präsenz.

In den kommunistischen Ländern finden wir ausschließlich den Staat als Geldgeber der Kultur, wo sämtliche Buchverlage, Zeitungen, Fernsehen, Hörfunk, überhaupt jede Verbreitungsmöglichkeit staatlich gelenkt sind. Die Zensur bedeutet die letzte Versicherung, daß nur gedruckt, gemalt, gelehrt, geforscht wird, was dem Staat richtig erscheint.

In den westlichen Demokratien wirken sich freilich die Wahlergebnisse und die Pluralität der politischen Parteien auf die staatlichen Förderungen vorteilhaft aus. Trotzdem wird der Beobachter von steigendem Unbehagen befallen, wenn er sieht, daß die finanziellen Voraussetzungen der Kultur immer mehr in die Kompetenz von Regierungen geraten.

Will man die heutige Lage beurteilen, so ist zu bedenken, daß es seit den frühen geschichtlichen Phasen eine enge Verbindung zwischen Staat und Kultur gegeben hat und erst nach der Französischen Revolution langsam eine Änderung eintrat, die nun weitgehend unsere Erfahrung ausmacht. Die Kultur begann mit dem mythisch-religiösen Erleben des erwachenden Menschen, die Vorstellung von Gott oder den Göttern bestimmte sein Verhalten über die Forderungen von Hunger und Kälte hinaus, ja sie prägte auch die Bewältigung dieser Probleme. Die Gemeinschaften der Familien, der Stämme, der Völker und schließlich der Staaten wurden vom kulturellen Erleben geformt: der Staat war ein Kind der Kultur.

Aus dieser ursprünglichen Einheit ist die Gestalt früherer Kulturen zu verstehen, die Sorge trugen für ihre Schöpfung, für die Lebensordnung, ihre Moral, ihre Gesetze, ihre Politik, für den Staat. Unter den Ägyptern, den Assyrern, den Griechen, den Persern waren Kultur und Staat nicht zu trennen. Auch was wir heute als Kunst bezeichnen, wurde nicht als eigenständig und in unserem Sinn als Kunst, sondern als Teil einer Einheit von Kultur und Wirklichkeit empfunden.

An Kunstästhetik und damit an Kunst in späterer Auffassung dachte man erst seit Alexander Gottlieb Baumgartens 1750 erschienenem Werk »Aesthetica«. Bis dahin war die Kunst Lebensbestandteil, ihre Schönheit Abglanz der Naturschönheit. Seit damals erst gibt es autonome Kunstschönheit, die für sich bestehende Kunst, und damit die Möglichkeit eines Widerparts zur Realität. Damals erst entstand die Vorstellung einer von der wirklichen Welt, und damit vom Guten, Wahren, von staatlichen Gesetzen, vom Göttlichen unabhängigen ästhetischen Vollkommenheit. Von dieser neuen Haltung her wurde nun Kunst bis zu ihren Anfängen zurück interpretiert und weitgehend verfälscht.

Die Kultur und mit ihr die Kunst hatten den Staat geschaffen, die Lenker des Staates formten die Satzungen aus deren Geist, die Propheten, Magier, Philosophen, Künstler, Dichter fühlten sich für Stadt und Staat verantwortlich. Homer ist die für uns deutlichste Figur eines großen kulturellen Anfangs, Pindar, Aischylos, Sophokles, Euripides gehörten in die Phase der engen Verbindung von Religion, Kultur und Staat, die lange anhielt. In der römischen Kultur wurde die Einheit der Götter und der Kultur mit dem Staat erst von den Christen angegriffen, und dies wiederum aus der Vorstellung einer anderen solchen Einheit. Augustinus schrieb die Vision vom Gottesstaat nieder, Byzanz und das westliche Mittelalter zeigten Versuche der Staatsgestaltung aus dem Geist des Christentums, so unvollkommen sie ausfielen.

Wie eng Kultur und Staat verwandt sind, geht auch aus dem jüngsten Geschehen in manchen nichteuropäischen Ländern hervor: vor allem der Islam ließ einige Staaten aus dem Geist der Religion und islamischen Kultur wiedererwachen, wie Saudi-Arabien, Libyen, den Iran, in anderen Gebieten ist eine ähnliche Entwicklung im Werden. Dort kann man aus unmittelbarer Nähe feststellen, wie Revolutionen, Politik, Gesetze und Lebensform aus den Emotionen und dem Weltbild der ursprünglichen Kultur entstehen, nachdem die einstige Ordnung durch westliche, also fremde Einflüsse geändert worden war. Vor allem die Re-Islamisierung gibt den deutlichsten Anschauungsunterricht, wie sehr in manchen Ländern auch heute Staat und Politik von der Religion und damit der gesamten Kultur bestimmt werden – eine Tatsache, die im westlichen demokratischen Bereich längst in Vergessenheit geraten ist. Ich komme noch darauf zurück.

Kann man also behaupten, daß in der Kultur der Grundriß und die Bauformel des Staates bis in die Gestaltung des Alltags beschlossen liegen? Gibt die Kultur die Möglichkeit, die Entwicklung des Staates und seiner Politik zu kontrollieren und zu korrigieren, wenn sich sein Weg durch äußere Einflüsse oder innere Irritationen von den kulturellen Grundlagen entfernt?

Sind diese Fragen zu bejahen, wie die Entstehungsgeschichte der Staaten nahelegt, so ergibt sich daraus die Notwendigkeit, zu einem klaren Bild der jeweiligen Kultur zu kommen. Erst das kulturelle Bewußtsein, die reflektierte und erlebte kulturelle Identität, ermöglichen ein Denken und Handeln von dieser Position her. Dabei ist einzubeziehen, daß Kultur und Traditionen nur am Leben sind, wenn sie sich weiterentwickeln.

Im Westen hat das Verblassen der christlichen Religion die kulturelle Situation kompliziert gemacht. Die Orientierung auf Gott, die Geltung der Bibel ist keine allgemeine Voraussetzung mehr. Die Säkularisierung, die seit der Französischen Revolution stattfand, ließ Kräfte aufkommen, die der ursprünglichen christlichen Tradition fremd schienen und ungeheure Probleme mit sich brachten. Die Zentrierung des Weltbildes auf den Menschen selbst, auf sein Hier und Jetzt, die Abwendung von Metaphysik und Transzendenz in weiten Kreisen der Bevölkerung schien einen Bruch mit der bisherigen Kontinuität zu bedeuten.

Nur langsam und entgegen starker Beharrung änderten sich in den westlichen Staaten, in den Monarchien, später den Demokratien, die Gesetze, die Politik, die Lebensformen gemäß der neuen Säkularisierung. Die religiösen Perspektiven wurden aus dem Schulunterricht weitgehend entfernt, die Beziehungen des alltäglichen Lebens zur Bibel gelöst. Es ging nicht mehr um verschiedene Interpretationen, um katholische, protestantische oder andere Auslegungen, sondern um das Weglassen der christlichen und überhaupt religiösen Grundlage.

Während die äußere Macht Europas im 19. und beginnenden 20. Jahrhundert die ganze Welt umfaßte, verschwand die eigene kulturelle Sicherheit in unüberschaubaren Aufsplitterungen. Proteste, Kritik, Angriffe, Widerstand im Namen der Kultur wurden von allen Seiten her möglich, da sie jeweils von einer anderen Auffassung von Kultur, ja oft von einer anderen Kultur her erfolgten.

Gleichzeitig waren sich sowohl die Regierungen als auch oppositionelle Kräfte der Kultur und der Künste als Instrument bewußt geworden. Die ursprüngliche Einheit von Staat, Politik und Kultur bestand nicht mehr, und die politischen Bewegungen begannen, Kulturelemente und Künste für ihre Zwecke zu verwenden. Die wertschaffende und wertverändernde Bedeutung des kulturellen Erlebens wurde erkannt und dienstbar gemacht. Das politische Geschehen repräsentierte nicht mehr kulturelle Werte, sondern strebte mit Erfolg danach, sich der kulturellen Sphäre zu bemächtigen.

Die Politik hatte sich im Westen überhaupt aus dem kulturellen Bereich so weit wie möglich herausgelöst, wofür die Geschwindigkeit der Veränderungen das Zaubermittel war. Die Rasanz der politischen Sprünge emanzipierte die Politik, die Expansion der Technik war ein zusätzliches Mittel, die Kultur zurückzudrängen und den zivilisatorischen Fortschritt in materieller Richtung vorherrschend zu machen. Kultur und Künste sollten dieser Zivilisation als Zierat, Vergnügungsspiel oder politische Waffe nützlich sein.

Entstand das Kulturbewußtsein, wie es uns heute bekannt ist, erst durch Krisen und Zerfall? Man könnte die Pointe riskieren, daß der Gesunde seine Gesundheit meist nicht merkt, daß das Wissen über die Gesundheit erst mit ihrer Gefährdung oder mit ihrem Schwinden erwacht. Der Pessimismus einer solchen Formulierung erscheint aber nicht gerechtfertigt: zwar stimmt, daß der Mensch im naiven Lebensalter der Kindheit und Jugend seine Gesundheit nicht empfindet, doch wird er sie als reifer Mensch, hat er sie nach einer Krankheit wiedererlangt, um so mehr schätzen. Dasselbe gilt für die Kultur.

Gewiß ist, daß die meisten Länder des westlichen Bereichs

bestenfalls seit mehr als zweihundert Jahren die Epochen des naiven Daseins in ihrer Kultur verlassen haben. Seither erst wird Kultur bewußt als Zustand erlebt: es wäre nicht gerechtfertigt, darin Anzeichen eines Untergangs zu sehen.

Auch eine andere historische Tatsache ist zu bedenken, nämlich, daß die Epochen der Einheit von Kultur und Staat im Westen mit dem Feudalismus verbunden sind. Sieht man von der kleinen Schweiz ab, dann war dieser lange Zeitabschnitt durch Kaiser, Könige und Hierarchien gekennzeichnet. Christentum und Feudalismus schienen zusammenzugehören, der Ordnung der Engel bei Dionysius Areopagita die Ordnung der Welt vom gesalbten Herrscher bis zum Bettler zu entsprechen. Es sieht aus, als hätte die Entfremdung zwischen Christentum und Staat, zwischen Kultur und Politik mit den demokratischen Bestrebungen eingesetzt. Stimmt diese weitverbreitete Annahme?

Die Antwort ist deshalb so wichtig, weil sie unsere demokratische Zukunft betrifft. Geht man auf das Neue Testament zurück, entdeckt man dort keine Vorlieben für imperiale Regime. Die Herrschaft des Kaisers in Rom wird zwar geduldet (»Gebt dem Kaiser, was des Kaisers ist, und Gott, was Gottes ist«), sie steht aber auf der »anderen« Seite. Christus und die Apostel waren ein Element der Unruhe in der römischen Ordnung. Herodes mordete die Kinder, um Christus zu töten, schließlich wurde Christus auf Befehl des kaiserlichen Statthalters Pontius Pilatus von römischen Soldaten gekreuzigt.

Erst durch Kaiser Konstantin, nach unzähligen Märtyrern, die auf kaiserlichen Befehl gefoltert starben, geschah die totale Veränderung. Durch das Erheben der christlichen Lehre zur Staatsreligion begann die Verschmelzung mit der feudalen Hierarchie. Das Christentum vereinigte sich mit der römischen Kaisertradition, zeigte sich aber trotz seines gewaltigen Aufbruchs als zu schwach, um diese Tradition im Sinne der Bergpredigt, des armen Christus und seiner Apostel zu verwandeln. Denn hätte nicht den Evangelien eine ganz andere Staatsform entsprochen als jene des prächtigen Byzanz mit seinen feierlichen Riten?

Vergleicht man die Dauer der ägyptischen mit jener der christlichen Geschichte, dann ist die Zeitspanne von Konstantin bis zur

Französischen Revolution, tausendvierhundertfünfzig Jahre, zwar lang, aber nicht so lang, wie dies uns heute vorkommt. Trotz des historischen Faktums dieser feudalen Epoche liegt – so scheint mir – folgende Denkmöglichkeit nahe: daß nämlich die demokratischen Kräfte im Umkreis der Französischen Revolution die deformierende und fremde feudalistische Schale sprengten, und daß gerade dadurch, ohne Wissen der Aufklärer und Atheisten, die Entwicklung der ursprünglichen Gedanken des Christentums eine neue und bessere Chance erhielt als zuvor. Die Anhäufung von Schreckenstaten im Namen der christlichen Religion, von Eroberungskriegen und Inquisition in den feudalen Epochen zwingt jedenfalls zu der erschütternden Feststellung, daß dem Christentum die Gestaltung des Staates und des täglichen Lebens nach seinem Sinn in den Zeitaltern höchsten Glanzes nicht im geringsten gelungen war.

Zweifellos begann die Phase der Demokratien im Westen mit schweren moralischen und wirtschaftlichen Krisen, die in die Katastrophe des Zweiten Weltkriegs führten. Diese bisher wohl furchtbarste Verirrung der Menschheit, die 55 Millionen das Leben kostete, wurde allerdings nicht von Demokratien, sondern vom totalitären Regime Hitlers verursacht. Wo immer man sich heute umsieht, die Unmenschlichkeit triumphiert vor allem in totalitären Regimen. Die Demokratien gewährleisten, zieht man historische und aktuelle Vergleiche, immer noch das humanste Leben, sie stehen trotz ihrer unübersehbaren Fehler dem Geist der Evangelien näher als alle feudalen und zentralistischen Regierungen der Geschichte, so christlich und abendländisch sich diese auch bezeichnet haben.

In den Demokratien ist man sich allerdings des eigentlichen kulturellen Hintergrunds viel zuwenig bewußt. Zunehmend beherrscht von technologischer Organisation, von Großparteien und Konsumverlangen, kommt man nicht auf den Gedanken, daß in der Demokratie die optimale Möglichkeit enthalten ist, den Geist griechisch-christlicher Tradition, die Gestaltung der einzelnen Persönlichkeit und ihrer Beziehung zu anderen zu verwirklichen. Den vom wirtschaftlichen Fortschritt, vom Wunsch nach Vergrößerung des Wohlstands Geblendeten kam die kulturelle Voraussetzung auf tragische Weise gerade in jener Phase abhanden, als die günstigste Bedingung für ihre Entfaltung gefunden war.

Wird in den westlichen Demokratien heute von Kultur und Kunst gesprochen, so sind zumeist gehobene Unterhaltung, museale Information, politische Einflußnahme oder pädagogisches Vorgehen gemeint. Vergessen wurde, daß das Parlament, das gesamte demokratische System mit seiner offenen Lebensform selbst aus tiefreichenden kulturellen Wurzeln stammt, daß ohne das bewußte Erleben dieser kulturellen Substanz die politischen Einrichtungen mit all ihrer noch so üppigen technischen und wirtschaftlichen Ausstattung ohne Seele bleiben und versagen.

Die Kulturministerien der demokratischen Staaten absolvieren zwar eine Art Verpflichtung, die sie von der Geschichte her ererbt zu haben meinen, und subventionieren Theater, Museen, Kongresse und Künstler. Sie dotieren Schulen, Universitäten, Akademien sogar dann, wenn sie nicht ohnedies unmittelbar dem industriellen und wirtschaftlichen Fortschritt nützlich sind. Aber die wenigsten Politiker, Beamten und Staatsbürger sind sich klar darüber, daß sie damit ihre Aufmerksamkeit jenem Bereich zuwenden, der für die Sinnhaftigkeit aller anderen Bestrebungen ausschlaggebend ist.

Die Regierungen der Demokratien ziehen sich meist durch Komitees und Jurys aus der Affäre, wenn es gilt, Subventionen zu verteilen, weil durch das Heranholen von Fachleuten, die fallweise ausgetauscht werden, das demokratische Prinzip der Pluralität am besten realisiert erscheint. Ein solches Vorgehen ist gerechtfertigt und bringt belebende Impulse, da verschiedenste Richtungen gefördert werden, deren Spannung zueinander stimulierend für alle wirkt. Darüber hinaus müßte jedoch eine kulturelle Grundlagenforschung und Fundamentalpflege betrieben werden: das ständige Großprojekt der Darstellung kultureller Identität, auf der alle unsere demokratischen Gesetze und Lebensformen beruhen.

Die demokratischen Staaten waren bisher meist nicht in der Lage, den Persönlichkeiten ihrer Kultur und Kunst mehr zu bieten als Geld und Toleranz, was in der Realität oft bedeutet: sehr wenig Geld und viel Gleichgültigkeit. Der erfreuliche Satz in Hinblick auf die Kultur: »Sie nur in Ruhe lassen« wird gefährlich, wenn damit auch das Ende von Resonanz und Interesse gemeint ist.

Es ist vorstellbar, daß man später einmal herumrätseln wird, warum wir heute enormen materiellen Reichtum schaffen, ohne zu wissen wozu. Man wird dann vielleicht unbegreiflich finden, daß heute gerade jene Bemühungen bestenfalls als Alibi aufgefaßt werden, durch die man Antwort sucht auf die Frage: »Wer bin ich überhaupt, was will ich im Leben?« Man wird möglicherweise den Kopf schütteln über das verkehrte Vorgehen von heute, erst einmal zu produzieren und einzukaufen, und dann zu überlegen, was man mit all dem anfängt, also erst zu handeln und nachher zu denken.

Der trotz wirtschaftlicher Krisen immer noch immens reiche Westen ist dabei, einer falschen und einseitigen Ernährung durch Unkenntnis zum Opfer zu fallen. Obwohl sich die Tische biegen, die Menschen ihren Besitz multiplizieren, geht ihnen ein Grundnahrungsmittel ab, als wüßten sie nicht, daß man auf Vitamine zu achten habe. In gewisser Weise verhungern sie trotz körperlichem Übergewicht. Sie greifen süchtig stets nach der materiellen Seite und sind sich nicht klar darüber, daß ohne kulturelles Bewußtsein dies alles ohne Wert bleibt.

Betrachtet man die heutige psychologische Situation der westlichen Demokratien, so kann man sich entgegen vielen düsteren Diagnosen, die eine kulturelle Spätphase feststellen wollen, der Auffassung nicht erwehren, daß wir das typische Verhalten jugendlicher Unreife um uns sehen. Das ziellose Ausgreifen, ein Sich-Überfressen, bei dem die Augen größer sind als der Magen, die darauf folgende Übelkeit, der mangelnde Widerstand gegen alle Verführungen, Illusionen, Demagogien, dies sind typische Eigenschaften der ratlosen Pubertät. Es ist mitunter bequem, der Verantwortung für das, was noch zu tun ist, durch den Hinweis auf die Zukunftslosigkeit unserer Kultur entgehen zu wollen.

Wir müssen also feststellen: der bewußte Umgang der Demokratien mit Kultur ist erst von kurzer Dauer. Immer noch ähneln wir jenen Negerstämmen, die einst Gold für Glasperlen gaben, und jenen historischen Asiaten und Afrikanern, die dem Handel mit Alkohol und Opium zum Opfer fielen.

Ein Hauptproblem der Kultur in den heutigen Demokratien liegt in ihrem heimatlosen Schweben zwischen dem freien Markt, der sich auf Grund seiner Mehrheitslage auf Massenkonsum orientiert, und der Gleichgültigkeit der Regierungen. Daß dies in einer Demokratie keineswegs so sein müßte, erhöht die Tragik.

Anderseits enthält die Einstellung der totalitären Regime zur Kultur in besonderer Hinsicht enorme Gefahren. Zwar erkennen die Zentralkomitees aller kommunistischen Staaten den gewaltigen Einfluß der Kultur: Schulen, Massenmedien, Theater, Verlage, Künstler, Schriftsteller, Wissenschaftler, Universitäten, Akademien werden aufgeboten, um die Meinungen und die Wünsche der Bevölkerung von Kindheit an zu formen. Dadurch aber steigert sich der strategische Mißbrauch der kulturellen Möglichkeiten ins Unerträgliche.

So sehr in den kommunistischen Oststaaten die Kultur staatlich deformiert wird, erfährt sie gleichzeitig durch die konkreten Forderungen, die mit Druckmitteln durchgesetzt werden sollen, eine ungeheure Provokation. In der verborgenen oder halboffenen Opposition entstehen meist staunenswerte kulturelle Leistungen.

Die westlichen Demokratien hätten sowohl aus ihrer eigenen Geschichte als auch aus der Lage in den kommunistischen Staaten zu lernen, daß mit Toleranz und dem kurzsichtigen Beachten der Wahlinteressen allein nur der kulturelle Niedergang erreicht wird. Die Krisen der demokratischen Gesellschaft, die Krisen der Sinnvorstellung sind und unwirtschaftliche Verschleuderung, Konsumwahnsinn, Alkoholismus, Neurosen, Selbstmord, Kriminalität, Terror hervorbringen, werden hoffentlich die demokratischen Regierungen und möglichst viele Staatsbürger in einen Erkenntnisprozeß führen, der noch zurecht kommt, eine neue Katastrophe des Westens zu verhindern.

Noch sind sich die Staatsmänner, Politiker und die meisten Bewohner der westlichen Demokratien nicht oder viel zuwenig bewußt, daß auch ihre Staatsform und ihr Alltagsleben aus einer

Kultur hervorgehen. Noch glaubt man, durch äußere Maßnahmen, durch Technologie und Anhebung des wirtschaftlichen Standards, durch Komfort und Vergnügen alle Lebensprobleme lösen zu können. Die Krisen im eigenen Land und die schweren Rückschläge der westlichen Zivilisation in vielen Entwicklungsländern sind jedoch dazu geeignet, für ein Erwachen aus dieser Täuschung zu sorgen.

Die unerwarteten Ereignisse im Vorderen Orient, im Iran und in vielen Staaten Afrikas, die schon kurz erwähnt wurden, können zusätzlich ein lehrreiches Beispiel geben: sie zeigen, daß die Einführung westlicher Zivilisation gerade nur die Oberfläche des Lebens in diesen Ländern berührt hat. Mit Flugzeugen, Autos, Ölraffinerien, Fabriken, Fernsehen, Rundfunk, Telefon und Straßen, mit der Lieferung moderner Waffen hob sich zwar der Lebensstandard einiger Bevölkerungsgruppen, in zahlreichen Ländern erwies sich aber die eigene Tradition und Kultur als stärker.

Alte Gesetze, die westlichen Maßstäben widersprechen, wurden wieder eingeführt, der Kauf von Atomkraftwerken und modernem technischem Material rückgängig gemacht. Der vom Westen mit Kopfschütteln beobachtete »Rückschritt ins Mittelalter« bedeutete nichts anderes als die Distanzierung von westlicher Organisation und Technik, von wirtschaftlichem Denken und die Besinnung auf die eigene Kultur.

Das für den Westen so verblüffende Phänomen der Re-Islamisierung und Re-Afrikanisierung sollte Anstoß geben, daß auch der Westen sich an seine eigenen kulturellen Grundlagen erinnert. Auch die westliche Kultur besteht nicht bloß aus Zivilisation, Technik, Komfort, Konsum und Hedonismus. Vielleicht sind die überraschenden Geschehnisse in manchen Entwicklungsländern zusammen mit den Krisen im Westen dazu angetan, daß auch hier die Frage nach der eigenen Kultur, nach ihrer Herkunft, ihrem Wertgefüge und ihrer Zukunft wieder gestellt wird. Es wäre für die Welt ein Schritt zur Verwirklichung der wesentlichen Lebensinhalte, wenn die Re-Islamisierung eine freilich undogmatische und tolerante Re-Christianisierung hervorriefe – jeweils im angestammten kulturellen Bereich und nicht in die Vergangenheit, sondern in die Zukunft gerichtet.

Noch ein anderes Zeichen gibt es: das zunehmende Regionalbewußtsein innerhalb der westlichen Demokratien. Darin drückt sich vor allem das Bestreben aus, dem Zentralismus der vereinheitlichenden technischen Zivilisation durch lokale kulturelle Aspekte entgegenzuwirken. Man ist durch die rein technisch-wirtschaftliche Orientierung nicht zufriedengestellt und sucht eine andere Dimension, die in der Besonderheit kleiner kultureller Einheiten noch enthalten ist. Diese Ansätze eines Strebens nach Kultur gegenüber einer technischen Zivilisation, die zwar die Oberfläche des menschlichen Lebens auf der ganzen Welt gleichartig macht, jedoch die Kulturen darunter verdrängt, geben weitere Hinweise auf das erwachende Verlangen nach den Grundlagen.

Natürlich wäre eine Demokratie dann mit ihrer Kultur identisch und böte für die kulturelle Entwicklung die besten Voraussetzungen, wenn die demokratische Mehrheit von sich aus erkennt, daß die Kultur ein Leben im Wertbereich bedeutet, daß Kultur nicht das Produkt irgendwelcher Narren und Destrukteure, sondern das Suchen nach Inhalten, Werten und Sinn ist. Dazu allerdings gehört auch eine ebensolche Bewußtwerdung bei den kreativen kulturellen Persönlichkeiten.

Noch ist keine der westlichen Demokratien so weit. In dem einen und anderen Land bewirkt freilich das schlichte Faktum seiner Größe, daß auch Minderheiten einigermaßen stark genug sind, um kulturelle Entwicklungen tragen zu können, etwa in den heutigen USA. Aber soll im demokratischen Westen die Kultur nur Großmächten möglich sein? Bevor nicht auch in anderen Ländern zumindest die qualifizierte und informierte Minderheit in der Bevölkerung erheblich anwächst, werden die kulturellen Kräfte auf den Staat nicht verzichten können. Bis dahin wird der Staat zu nützen – und zu kontrollieren sein.

Kann aber der Staat die Situation retten?

In Erkenntnis der Tatsache, daß die Kultur den Staat geschaffen hat und nicht umgekehrt, *möchte* ich dem heutigen Staat laut zurufen: Hände weg von der Kultur! Alle Einflußnahme, alle Verwaltung, alle Inanspruchnahme der Kultur durch den Staat sei Pervertierung der richtigen Positionen. Ob es sich um zwischenstaatliche Kulturabkommen oder Hochschulpolitik, ob es sich um steuernde Maßnahmen mit Hilfe von Förderungen des Staates handle – sie seien, so *möchte* ich gerne erklären, reine Anmaßung. Das Übertragen von Amtshandlungen der Bürokratie auf Wirkungen, Schaffensprozesse und Möglichkeiten der Kultur sei nichts anderes als ein planmäßiger oder ungewollter Erstickungsvorgang, dem nicht hart genug entgegengetreten werden könne. Dies alles *würde* ich mit aller Energie vertreten – wäre nicht die überwältigende demokratische Mehrheit einer solchen Haltung erschreckend in den Rücken gefallen.

Wo hat denn die Mehrheit, oder auch nur eine einigermaßen tragfähige Minderheit, im Bereich der Kultur den Standpunkt der Qualität eingenommen? Wann jemals hat der freie Markt zugunsten des Niveaus entschieden? Bisher in der freilich noch kurzen Lebensspanne der westlichen Demokratien bläst der freie Wind mächtig in die Segel der Effekthascher, der modischen und politischen Opportunisten des kulturellen Schaffens, und die Massenmedien verstärken diesen Wind noch gewaltig. Bis zum heutigen Zeitpunkt haben die Demokratien die kulturelle Probe nicht bestanden. Soll also die Kultur, sollen ihre kreativen Kräfte vom freien Markt durch kommerziellen Schmarrn verschüttet und erdrückt werden? Erst diese ernüchternde Realität, die viele dem Menschen schmeichelnde Illusionen des Liberalismus zerstört hat, stellte den Staat vor die Aufgabe, die von der großen Majorität der Bevölkerung mißachtete, übersehene, beiseitegeschobene Kultur nicht dem totalen Ruin zu überlassen.

So gern ich also dem Staat »Hände weg von der Kultur« entgegenrufen *möchte,* es ist dafür zu spät und zu früh. Die Bürger der Demokratien haben – wie wir sehen – bisher versagt, sie stürmen in die Konsumschlacht, verschleißen Autos, Villen, Luxusgüter in unsinniger Menge und wenden dem Bereich der Werte den Rükken zu. Auf die Bevölkerung, die, historisch gesehen, erst vor kurzem in die Stimmberechtigung der Demokratie erwacht ist, kann immer noch nicht gezählt werden. Sie fällt allen billigen

Versuchungen und, weit über den berechtigten Alltagsanspruch hinausgehend, dem übelsten Ramsch der Zivilisation zum Opfer.

Wenn also schon die Hilfe des Staates für Kultur nicht vermieden werden kann, weil bisher die Wünsche der Bevölkerung ein kulturelles Niveau nur allzu selten erreichten, so müßte der Staat dazu gebracht werden, nicht die Kultur eines staatlichen Kollektivs und einer Vermehrung staatlicher Macht, sondern jene Kultur zu fördern, die unserer Herkunft und unserem Wesen entspricht: die aus der griechischen Antike und dem Christentum stammende Kultur der Individualität und der Gemeinschaft der Individualitäten.

Noch ist man in den westlichen Demokratien lange nicht so weit, in der Pflege der Kultur die Möglichkeit eines glücklicheren und erfüllten Lebens für möglichst viele zu sehen, trotzdem muß man auch für den Zeitpunkt, zu dem dies einmal erkannt wird, eine Warnung aussprechen. Die Verantwortlichen in den Demokratien sind nämlich imstande, sogar aus einer solchen Erkenntnis falsche Schlüsse zu ziehen. Das von Reklame und Moden geformte Verhalten in den Demokratien kann durch falsche Anwendung die endlich gewonnene Erfahrung immer noch ruinieren.

Bei einer Pflege und Förderung der Kultur geht es nicht um das Polieren der Oberfläche, nicht um eine krampfhaft zu Effekt gebrachte hektische Festival- und Kongreßbetriebsamkeit, die zwar rasch Schlagzeilen in der Weltpresse bringt, jedoch keine Rückwirkung auf das Wachsen einer Kultur hat. Ein mit großen Geldinvestitionen angekurbelter, übertriebener Kulturtourismus nützt auf die Dauer wenig, sondern entstellt nur eine sinnvolle Auffassung von Kultur. Festspiele, Kongresse, kulturelle Reisen können sehr fruchtbar sein, aber nur in überzeugenden Zusammenhängen und klugem Ausmaß. Die Gefahr, daß allzu geschickte Politiker in westlichen Demokratien auch hier noch verunglücken, ist groß, leicht können sie der Versuchung unterliegen, Kultur mit Politur zu verwechseln.

Beim Verkehr der kulturellen Persönlichkeiten mit dem Staat ist auch gegenüber einer bestechenden staatsmännischen Ästhetik Vorsicht zu empfehlen: ich kenne die erregende Höhenluft platonischer Gespräche in den Palais der Regierungen, wo an großen feinpolierten Tischen, während man in tiefen Fauteuils versinkt, von den Schätzen der vergangenen und gegenwärtigen Kultur, von der Notwendigkeit ihrer Förderung die Rede ist. Kaffee, Wein, Mineralwasser wird von Dienern kredenzt, das Licht fällt durch die hohen Fenster, die Perspektive, die der uns gegenübersitzende Staatsmann in wenigen prägnanten Sätzen eröffnet, schließt die Welt und ihre Zukunft mit ein. Ideen werden geäußert, Finanzfragen mit einer souveränen Handbewegung beiseitegeschoben, eine Stimmung von Zuversicht und Optimismus läßt den Raum noch heller werden. Über uns sind nur die Engel der barocken Decke oder die mattgetönten Farben des in seiner Modernität wie ein Raumschiff schwebenden Regierungszimmers. Das Grand Design der Zukunft wird entworfen, und kein Gedanke ist zu weit gespannt.

In der Zeit vor Parlamentswahlen ist das Grand Design besonders groß. Diese staatsmännische Ästhetik ist ein erlesenes Vergnügen – das freilich in der Regel nach einigen Stunden oder Tagen zerrinnt und nur den schalen Geschmack einer peinlichen Illusion zurückläßt. Die erfolgreichen Politiker sind meist Virtuosen des Illusionismus, den sie oft durch phantastische Selbsttäuschung zum höchsten Grad der Vollendung führen. Denn wären sie Männer der Wahrheit – würde unsere Welt aussehen, wie sie ist?

Eine zusätzliche Arabeske entsteht, wenn der Staatsmann seinen kulturellen Gesprächspartner – es kann dies ein Einzelner oder eine Gruppe sein – um ein »Papier«, ein Konzept, um die möglichst genaue schriftliche Darstellung der Ideen und Wünsche ersucht – ein, wie es scheint, sehr berechtigtes und den Ernst der staatlichen Absichten unterstreichendes Begehren. Meist handelt es sich dabei aber um eine Art Spieltherapie, die kaum je eine Heilung, jedoch nach den ersten Hoffnungsgefühlen in der Regel den Ärger über die Mühen der Ausarbeitung eines solchen Exposés bringt. Ein staatsmännischer Wunsch dieser Art bedeutet natürlich Zeitgewinn. Er kann sogar, wenn die Geschicklichkeit des regierenden Gegenübers groß genug ist – das Papier überzeugt noch nicht ganz –, einige Male wiederholt werden. Am

Ende steht zwar der gute Wille des Staatsmanns außer Zweifel – nur, wie könnte es anders sein, die Ideen waren eben nicht stark genug, oder die Zeit ist noch nicht reif.

Wird es jemals zu einer Selbstbeschränkung des Staates kommen? Ist es irgendeinem Staat zumutbar, die eigenen Kompetenzen und Einflüsse zu reduzieren und zunehmend private Kräfte zu begünstigen? Obwohl eine solche Möglichkeit nicht groß ist, muß sie dennoch angestrebt werden. Sie ist am ehesten dann zu verwirklichen, wenn Persönlichkeiten in staatliche Positionen kommen, die ein solches Ziel und Charakter genug haben, die nötigen Maßnahmen durchzusetzen. Dann besteht die Chance, daß auch die Konsumbürger langsam zur Bewußtheit heranwachsen und schließlich die Hilfe und Förderungen des Staates in den Hintergrund rücken.

Keinesfalls sollte der Einfluß des Staates auf bisher nichtstaatliche Einrichtungen ausgedehnt werden, etwa auf den Rundfunk oder das Fernsehen, auf Zeitungen und Buchverlage, auf Buchhandlungen, Kinos, Filmproduktionen und sonstige kulturelle – und politische – Bereiche. Nicht zuletzt hängt das Anwachsen des staatlichen Einwirkens von den privaten Institutionen, Produzenten, Kaufleuten, Künstlern ab, die durch ihre Initiativen, ihren Erfolg und ihren Charakter die Angebote des Staates einschränken oder zurückweisen können. Verkümmern die individuellen privaten Leistungen aus mangelnder Potenz, aus Bequemlichkeit oder Angst vor Risiko, wird die staatliche Präsenz immer stärker. Wenn auch nicht überall, so öffnen sich doch auf vielen Gebieten Möglichkeiten, die staatlichen Aktivitäten durch private Unternehmungen zu konkurrenzieren.

Sehr oft wurde solchen Gedanken der Satz entgegengestellt, Kultur sei grundsätzlich nicht »machbar«. Dieser Satz ist in seiner Gefährlichkeit kaum zu überbieten. Durch die Wahl des Wortes »machen« wird jedes kulturelle Bemühen auf dem Niveau technischer Anfertigung desavouiert. Kultur sei nicht zu erschaffen? Wie anders entstand alle bisherige Kultur als durch Phantasie, Denken und Wollen des Menschen? Kreativität des Einzelnen und das Wollen, die Resonanz und Hilfe der anderen, der Bürger, der Institutionen, Staaten, Mäzene ließen und lassen weiterhin Kultur werden. Ähnlich wie der Kulturpessimismus, von dem schon die Rede war, ist der Satz von der Kultur, die nicht machbar sei, ein bequemer Versuch, jeglichem kulturellem Bestreben auszuweichen.

In den westlichen Demokratien befindet man sich stets vor der Alternative, entweder alles sich entwickeln zu lassen, wie die Mehrheit es wünscht, oder aktiv einzugreifen und die Wunschbildung zu beeinflussen. In beiden Fällen droht ein Gefühl des Unbehagens: man meint, zu wenig getan zu haben oder sich der Manipulation schuldig zu machen. Eine der Hauptkrankheiten des verantwortlichen westlichen Bürgers ist seine Verschrecktheit, sein ständig schlechtes Gewissen. Ist es Manipulation, wenn ein Kind das Alphabet lernt, sich an Beispielen orientiert, wenn ihm die Probleme des Lebens nahegebracht und Lösungen gezeigt werden? Die erbitterten Gegner der Demokratie haben Vokabeln zu Gespenstern aufgeblasen und es verstanden, die erneuernden demokratischen Kräfte weitgehend zu lähmen. Wenn jeder Lernprozeß und jeder Versuch, das Niveau der Kenntnis und der Entscheidungen für Werte zu heben, als Manipulation gilt, dann wird gefordert, freiwillig das Ende willkommen zu heißen.

Überlegt man nun, was an konkreten Veränderungen in den westlichen Demokratien möglich wäre, gerät man in die Gefahr, bei den Skeptikern als realitätsfremder Optimist und bei den offenen oder heimlichen Utopisten als Anhänger kosmetischer Verschönerungen beurteilt zu werden. Lehnt man die totale Umwandlung der westlichen Demokratien ab und besteht bloß auf deren endlich einmal erforderlicher ernsthafter Verwirklichung, begibt man sich zwischen die Positionen des Untergangsadepten und des Revolutionärs. Die kaum rücksichtsvollen Untersuchungen und Feststellungen der heutigen Situation, die in diesem Buch enthalten sind, können vielleicht ein Argument gegen den Vorwurf sein, daß ich die Probleme entweder übersehe oder durch die von mir angeführten Lösungsversuche nachträglich verharmlose. Gerade die tatsächlich möglichen Änderungen liegen im überschaubaren Bereich des Einzelnen, werden aber sehr oft als zu schlicht, zu geringfügig und zwecklos bezeichnet – weil man sich damit ihre Verwirklichung durch die eigene Person erspart. Folgende Vorschläge seien daher trotzdem riskiert:

- Jeder Einzelne hätte für sich die Frage nach Sinn und Wert in seinem Leben zu stellen. Er müßte sich klar darüber werden, was er wozu anstrebt.
- Der Einzelne sollte es sich zur Aufgabe machen, Information über die Möglichkeit der Sinngebung und die Ordnung der Werte zu erhalten, zu lesen, zu diskutieren, sich mit Beispielen auseinanderzusetzen, an der Kultur teilzunehmen.
- Der Einzelne muß sich klar darüber werden, daß er für diese privaten Auseinandersetzungen mit Fragen von Sinn, Wert, Ästhetik Zeit und Geld investieren soll. Er hätte darauf zu achten, daß Geld nicht zuerst für Konsum verschleudert wird, dann aber zur Finanzierung des eigenen Freiraums für die wesentlichen Auseinandersetzungen fehlt.
- Die Einzelnen in den Städten, aber vor allem auf dem Lande sollten Kulturkreise »von Einzelnen« bilden, in denen Erfahrungen ausgetauscht, Probleme besprochen, Vortragende eingeladen werden. Hier gäbe es Informationen über Bücher, über kulturelle Ereignisse. Von Lehrern in verschiedensten Schulen, Journalisten, Künstlern, Kaufleuten, Priestern könnte die Initiative ausgehen. Die leerstehenden Räume von Klöstern auf dem Land, aber auch Privatwohnungen, Schulen, Kulturhäuser, gemietete Lokale sind geeignete Schauplätze für solche Begegnungen. Ein Netz kleiner Privatinitiativen von Einzelnen kann langsam eine Veränderung des kulturellen Klimas bewirken. Wie meist, hängt es von der einzelnen Persönlichkeit ab, ob ein solcher Kulturkreis gebildet werden kann oder nicht. Möglicherweise sind gerade die Dörfer und kleinen Orte in der Provinz der beste Boden für einen solchen kulturellen Aufbruch. Dort ist es ruhiger, die Kommunikation einfacher, die Natur näher. Gerade in jüngerer Zeit kommen wieder auffallend viele kulturell schöpferische Persönlichkeiten aus der Provinz oder ziehen sich dorthin zurück.
- Private Institutionen, Konzerne, Firmen sollten von verschiedenen Seiten her kulturelle Initiativen unterstützen, damit der

Staat als einziger großer Mäzen der Kultur in den Demokratien deutlich konkurrenziert wird.

- Der Staat hätte alle privaten Investitionen für Kultur steuerlich zu begünstigen: der Ankauf von Büchern, Bildern, Studienvorhaben, Studienreisen, die private Stiftung von Preisen, Stipendien, sie sollten als Abzugsposten bei der Steuer gelten.
- Zum gesetzlichen Urlaub wäre den Angestellten, Beamten, Arbeitern ein Studienurlaub zu ermöglichen, der nach entsprechender Begründung und späterem Nachweis vom Staat mit Steuernachlaß gegenüber dem Arbeitgeber honoriert wird.
- Trotz der Begünstigung des Staates für private kulturelle Initiativen hätte der Staat seine eigenen Subventionen für kulturelle Einrichtungen auszubauen. Die zur Verfügung stehenden Geldbeträge wären zu erhöhen, und zwar mit dem Hinweis, daß auf Kultur ebenso zu achten sei wie auf Kliniken, sanitäre Maßnahmen, Altersheime und soziale Vorhaben. Der Staat hätte also einerseits die kulturellen Bestrebungen von Einzelnen, zudem von privaten Institutionen, Konzernen, Firmen wirkungsvoll zu erleichtern, anderseits die eigenen direkten Förderungen zu erweitern.
- Bei der Vergabe staatlicher und städtischer Subventionen oder Preise wäre auf eine vernünftige Zusammenstellung der Jury und einen Wechsel der Juroren zu achten. Institutionen wie Arts-councils (eine Runde unabhängiger Fachleute, die für eine begrenzte Zeit berufen werden) könnten eventuell für die Vergabe der Subventionen zuständig sein;
- gleichzeitig wäre dafür zu sorgen, daß solche Gremien nicht in groteske Dimensionen und Bürokratien ausarten. Die Etablierung von Jurys zur Zusammenstellung von Jurys, sowie Jurys in Komparsenstärke von Wallensteins Lager sind Symptome barer Verantwortungsflucht.
- Zu bedenken ist, daß dieselbe Einrichtung, die in mäßiger Dimension fruchtbar ist, in großem Maßstab ruinös wirken kann. Werkstipendien für Künstler, Schriftsteller, Wissenschaftler in sinnvoller Proportion sind nützlich, in übertriebener Quantität hemmen sie die Kreativität, deformieren den Charakter und zerstören den notwendigen Realitätskontakt.

Begabungen können ebenso durch Not wie – in einigen Ländern – durch eine Überfülle von »Grants« geschädigt werden. Das richtige Maß zu finden, ist die Kunst der Förderung.

- Durch Halbtagsberufe in staatlichen Institutionen (etwa in Theatern, Museen, Musikvereinen) sollte Philosophen, Schriftstellern, Künstlern, Wissenschaftlern und anderen kulturellen Persönlichkeiten die Möglichkeit geboten werden, in ihrer Freizeit dem eigenen Schaffen ohne Marktrücksicht nachgehen zu können. Die halbtägige Angestelltentätigkeit dieser Persönlichkeiten wäre dort fruchtbar und würde gleichzeitig ihnen selbst das freie Schaffen erlauben.
- Ein Gesetz sollte die Möglichkeit schaffen, daß nicht nur Frauen, sondern auch Männer von 55 Jahren mit reduzierten Ruhebezügen in Pension gehen können. Diese Beträge sollten durch freies Einkommen aus kulturell orientierter Beschäftigung keine Abzüge erfahren. Auf diese Weise wird in noch kreativen Jahren die Entfaltung einer neuen kulturellen Lebensphase begünstigt.
- Der Staat müßte sich davor hüten, weitere private Einrichtungen oder halböffentliche Institutionen zu verstaatlichen.

Erst wenn die Regierungen der westlichen Demokratien mit allem Ernst und mit realen Entscheidungen zeigen, daß sie die Bedeutung der Kultur für jeden Einzelnen erkannt haben, ist – gemeinsam mit einer ähnlichen Kulturauffassung der Einzelnen – eine sinnvolle Gestaltung des Lebens in unserer Zivilisation zu erwarten. Nur wenn das ausschließliche Streben nach wirtschaftlicher Progression, nach Verbesserung des Lebensstandards, des Komforts, als Irrtum evident wird, und wenn als Folge davon eine Orientierung auf tiefer verankerte Werte geschieht, haben die westlichen Demokratien die Chance, ihr enormes wirtschaftliches Potential und ihre kostbare Freiheit vor tödlichen Krisen zu retten.

Die erstrebenswerte Situation ist, daß der freie Markt von sich aus in der Richtung einer kulturellen Bewußtwerdung wirkt – aber das Gegenteil war bisher der Fall. Der Liberalismus hatte unrecht mit der Meinung, es genüge, die individuelle Konkurrenz sich selber zu überlassen, und die optimistischen Demokraten irrten, wenn sie dachten, man brauche nur der Mehrheit der Menschen zu folgen, um den Weg zu einem sinnvollen, auf Werte orientierten Leben zu gehen. Die Wirklichkeit zeigte, daß die überwältigende Majorität der Einzelnen den banalsten Wünschen und den Verführungen der Reklame auf erschreckende Weise anheimfällt.

Gewiß sind die Bemühungen aller jener Einzelnen, die diese Tatsache erkennen, wichtig, um den anderen die Augen zu öffnen, da die Erfüllung eben jener banalen Wünsche die Verblendung nur weitertreibt und niemals Zufriedenheit ermöglicht. Jene Einzelnen sollten aber nach Positionen suchen, von denen aus sie diese Aufgaben mit größerer Chance auf sich nehmen können als durch die Stimme des Rufers in der Wüste. Warum sollten diese Einzelnen nicht Staatsmänner, Politiker, Beamte, Zeitungsleute, Fernsehredakteure, Schriftsteller, Wissenschaftler, Künstler werden, wenn sie nur die entscheidende Voraussetzung bewahren: nämlich ihrer Persönlichkeit nach Einzelne zu bleiben und die Entwicklung auf den Einzelnen hin zu fördern.

Mag die Schwierigkeit in verschiedenen Berufen, individuelle Persönlichkeit zu entwickeln und auszudrücken, verschieden groß sein – der freie Künstler wird es leichter haben als der Staatsbeamte –, so hängen die Möglichkeiten auf jedem Platz letztlich von Phantasie, Intelligenz und Charakter ab. Gerade die freien Berufe, etwa das Schaffen des Malers, Bildhauers, Schriftstellers, sind aufs gefährlichste den Versuchungen der Mode und ihres Effekts ausgesetzt.

Es wird die Aufgabe der Einzelnen in wichtigen Positionen sein – eben wie jener, die nur ihren nächsten Umkreis beeinflussen können – zu versuchen, die Wünsche der Mehrheit durch Information und Beispiel zu ändern. Die Vorstellung, daß tatsächlich einmal die Mehrheit für ein immer klareres Bewußtwerden der Werte, für ein Leben in Kultur, auf eine wesentliche Sinngebung hin, durch tägliches Verhalten stimmt, wird wohl ein Idealbild bleiben. Aber es lohnt die Anstrengung, sich ihm zu nähern.

Falsch wäre es, Kultur und Kunst grundsätzlich bloß als Widerstand und Opposition zu sehen – sie ist mehr. Sie steht am Beginn der Staatsordnung und der Gestaltung des Alltags, nur ist dieses Wissen verlorengegangen. Vom kulturellen Bewußtsein her können die politische und staatliche Wirklichkeit, das Verhalten der Menschen in der Zivilisation heftig kritisiert werden, aber nicht aus der Position des Gegenspielers, sondern des Urhebers alles dessen. Verlorene Söhne, verblendete Irrläufer, beurteilt, angerufen von jener Kraft, die sie geschaffen hat, dies geschieht, wenn von der Position der Kultur über Staaten, ihre Bürger, ihre Lebensform, über die heutige Zivilisation nachgedacht und gesprochen wird. Damit aber ist vorausgesetzt, daß diese Kultur ihre eigene Identität kennt und deutlich macht. In den westlichen Demokratien entspricht die kulturelle Identität gemäß den historischen Tatsachen den christlichen Grundlagen, und alle Entwicklungen – ob dies gefällt oder nicht – werden deren Umriß und Maß beachten müssen, soll der Bau nicht zusammenstürzen.

Kunst als Aufforderung zur Individualität

Vom Pharaonentempel zum Experiment

Nicht immer war Kunst der Ausdruck von Individualität. Lange Perioden hindurch wurde Kunst von Menschen geschaffen, die sich ihrer Individualität nicht bewußt waren. Sie fühlten sich als Rhapsoden, Sänger, wie die Schöpfer der homerischen Epen, als Barden oder Priester, Mönche, Handwerker, sie gebrauchten alle ihre Kraft, um der mythischen Legende, der Religion, oft auch im Auftrag von Tempeln, Kirchen, Herrschern und Fürstenhöfen zu dienen. Dichtungen wie »Gilgamesch«, wie die »Ilias« und »Odyssee«, wie die »Edda« oder das »Nibelungenlied« entstanden ohne jeden Anspruch auf die individuelle Geltung ihres Autors, meist handelte es sich um das Werk mehrerer Autoren, die es unnötig fanden, ihren Namen mit ihrem Schaffen zu verbinden.

Die herrlichen Mosaiken und Fresken der ägyptischen Königsgräber, die ägyptischen und griechischen Tempel, unzählige Friese und Statuen der Antike, die Klöster und Ikonen von Byzanz, die romanischen Kirchen, die gotischen Dome, die Plastiken und Gemälde des Mittelalters, die gregorianischen Choräle, sie sind Symbole eines Glaubens, der über den Einzelnen hinausführt. Die Darstellungen in den Grabkammern der Pharaonen und ihrer Minister waren Beschwörungen des Todes, Versuche, das ewige Leben zu gewinnen, Tempel, Kirchen und Ikonen wollten den Einzelnen gerade von der Last seiner Verlorenheit als Einzelner befreien und ihm den Weg in die unendliche Schar der Gotteskinder zeigen.

Wie konnte es dazu kommen, daß man heute fast sagen kann: Kunst sei das subjektive Werk des Einzelnen? Wieso versteht man seit langem die Kunst zumeist als Aufstand eines Individuums gegen seine Umwelt, gegen Gesellschaft und Staat?

Eine Veränderung in der Kunst ereignete sich bereits in der griechischen und römischen Antike, als einzelne Bildhauer, Maler, Schriftsteller sich selbst und ihre Kunst sehr individuell auffaßten und, unterstützt von der Philosophie, persönliche Themen gestalteten. In der byzantinischen Epoche und im westeuropäischen Mittelalter gingen diese Positionen wieder verloren, bis in der Renaissance, im enthusiastischen Abenteuer der Wiederentdeckung der griechischen und römischen Kultur, vor allem ihre späte individualistische Phase aufgegriffen wurde.

Immer noch blieb aber Kunst unmittelbar mit einem überindividuellen Weltbild verbunden. Auch die Natur war darin einbezogen und, als eine dem Einzelnen übergeordnete Instanz, Maßstab und Vorbild für die künstlerische Gestaltung. In der Renaissance finden wir, wie auch in der Spätantike, die emanzipierte individuelle Persönlichkeit, aber die Kunst orientierte sich noch an idealisierter Natur, die wiederum Ausdruck der göttlichen Schöpfung und ihrer Harmonie war. Erst mit Gottlieb Baumgartens 1750 erschienener »Ästhetik« wurde – wie schon früher erwähnt – die große Wendung deutlich: eine eigene Kunstästhetik, abgelöst von der Naturästhetik, entstand, der Begriff einer eigenen Kunstschönheit konnte sich herausbilden, der bald mit jenem der Naturschönheit nichts mehr zu tun hatte, ja ihm später oft sogar widersprach.

Der Individualismus in der Kunst war damit grundsätzlich nicht mehr von der Natur und seiner gesellschaftlichen Umwelt unmittelbar bestimmt, brauchte mit ihnen kaum mehr in Beziehung zu stehen, konnte sie zurückweisen. Individuelle Profilierung mußte nicht mehr aus der Realität und der Natur heraus geschehen, sie konnte sich auf Kunst allein berufen, die wiederum individuell und extrem subjektiv aufzufassen möglich war.

Auf jegliche Kommunikation konnte verzichtet werden, die Kunst bot sich plötzlich geradezu als eine Gegenwelt an. Sie führte den Einzelnen nicht über das eigene Ego zu offenem Erleben von Religion oder irgendwelchen überindividuellen Werten, sondern warf, im Gegenteil, den Einzelnen auf sich selbst zurück, konfrontierte ihn radikal mit sich selbst, um ihn zu zwingen, dieses Ich so intensiv wie möglich zu erleben. Was man heute in einem Bereich sieht, den man zögernd immer noch mit der Bezeichnung Kunst assoziiert, sind Provokationen zu jener unbedingten Konfrontation des Einzelnen mit seiner Ratlosigkeit, seiner Leere, seiner Blindheit.

Auch dort, wo jüngere Äußerungen im Kunstbereich auf Rituale, magische Vorgänge, auf Irrationalismus und das Rätsel des Absurden hinweisen, ist ihre Wirkung jene der schockierenden Vereinsamung, der Isolation in einer möglicherweise abzulehnenden Wirklichkeit. Sehr oft leben die Gestalter solcher Zeichen, die Initiatoren solcher Aktionen selbst das demonstrative Leben extremer Ablehnung der realen Gesellschaft und jeglicher durch Recht, Vernunft oder Gebot bestimmten Kommunikation. Was immer an der jüngeren Kunst – soweit sie sich selbst so nennen will – kritisiert werden kann: Mangel an Individualismus ist ihr nicht vorzuwerfen.

Bedenken wir auch die enormen Veränderungen unserer Welt in den letzten beiden Jahrhunderten und vor allem in den letzten Jahrzehnten. Die technische Zivilisation brachte zwar eine erhebliche Verbesserung des allgemeinen Lebensstandards, gleichzeitig aber eine bedrohliche Nivellierung und Bürokratisierung. Die Konsumversuchung führte zu einer hektischen Abart von Hedonismus, die nur mißlingen konnte, das enorme Anwachsen der Apparate des Staates und der Großindustrien erdrückte zunehmend die Versuche, ein individuelles Leben zu führen.

Neben diesen Erscheinungen in den westlichen Demokratien finden wir die autoritäre Staatsgewalt der kommunistischen Länder im Osten, die jeden Individualismus zugunsten des Kollektivs zu beseitigen trachtet: für die Kunst gelten vorgeschriebene Schablonen, eine dogmatische Ästhetik, die den Spielraum zur Entfaltung des Einzelnen, seiner Phantasie, seines Denkens und Wirkens weitgehend einschränken.

Beide Entwicklungen – in den westlichen Demokratien und den kommunistischen Staaten – fordern also als Gegensatz und Antwort zur höchsten Steigerung der Individualität heraus, beide geraten, wenn auch auf verschiedene Weise und in verschiedenen Graden, mit tiefen Wünschen und Bedürfnissen des Menschen in Widerspruch. Die bizarren Äußerungen heutiger Kreativität sind die Signale dieses Widerspruchs.

Vergessen wir nicht, eine sehr aufschlußreiche Tatsache zu bedenken: seit längerer Zeit schon ist es üblich geworden, Ansprüche an die Kunst zu stellen, die an ihr vorbeigehen müssen und sie überfordern. Mit dem Hinweis auf die Antike, auf Mittelalter und Barock, auf andere historische Epochen verlangt man oft von ihr die Darstellung einer Moral, von Werten und menschlichen Leitbildern. Nun finden wir solche Werke in der Vergangenheit in großer Zahl, und sie gehören zu den bedeutenden Schöpfungen der Menschheit – denken wir nur an Homer, an Sophokles, Ariost und Tasso, an Calderon und Lope de Vega, an Goethe, Schiller und Hölderlin, um nur einige wenige Beispiele der Dichtung zu nennen.

Gerade die Gestaltung menschlicher Vorbilder und sinnhafter Orientierung ist aber in der jüngeren Kunst meist – wenn auch nicht stets – zu vermissen.

Ich selbst gehöre zu jenen, die von der Kultur als einem Bereich der Werte sprechen, und die Kunst ist ein Teil der Kultur. Trotzdem möchte ich darauf hinweisen, daß bei der Beurteilung dieses Phänomens zweierlei zu überlegen ist: erstens, aus welch einem Zeitalter, aus welch einem geistigen Boden, aus welcher Zeitstimmung und welcher Philosophie diese heutige Kunst entsteht. Versuchen wir, uns den Charakter unserer Epoche zu vergegenwärtigen, dann werden wir manche Züge der heutigen Kunst und Literatur besser verstehen. Dasselbe gilt natürlich umgekehrt.

Zweitens sollte niemand in den Fehler verfallen zu übersehen, daß Kunst nicht Philosophie und nicht Religion ist. Hier gibt es oft verhängnisvolle Verwechslungen. Die Epoche der Romantik, in der man versuchte, die Kunst zum Religionsersatz zu überhöhen, ist zu Ende, und es hat sich herausgestellt, daß die Kunst weder die Religion noch die Philosophie ersetzen kann. Was herauskam, waren Verzerrungen und eine Desorientierung der Einstellung sowohl zur Kunst als auch zu Religion und Philosophie, die, vor allem im deutschsprachigen Bereich, verhängnisvoll durcheinandergebracht wurden.

So macht man heute oft die Kunst unmittelbar für Religion und Philosophie verantwortlich und wirft ihr vor, was eigentlich ganz woanders mangelt. Die Kunst ist *Ausdruck* von Religion, Philosophie und Moral, und wenn sie fehlen, ist es ungerechte Überschätzung, sie von ihr zu verlangen. Die Kunst *ist* kein Tempel, sie *errichtet* Tempel für Gott oder Götter, sie *ist* keine Kirche, sie *baut* Kirchen.

Wenn aber Gott – wie von so vielen in der heutigen Welt – nicht mehr als gegenwärtig empfunden wird, wenn lebendige Religion fast erloschen ist? Es genügt nicht, daß noch Einzelne, verschwindende Minderheiten, Gott und Religion erleben, wenn das Bewußtsein von Völkern nicht mehr davon bestimmt ist. Dann entstehen zwar Werke Einzelner, die gläubig sind, aber sie bleiben vereinzelt, zurückgedrängt und verschwinden neben der überwiegenden Majorität jener Künstler, die entweder Bilder des Hedonismus schaffen, oder jene Leere ausrufen, um die herum sich nichts bauen läßt.

Unrichtig ist es, von der Kunst zu verlangen, daß sie nicht nur das Haus errichtet, sondern auch noch die Leute und die Lebensform jener Menschen schafft, für die sie es errichtet. Nicht die Kunst ist imstande, eine verschüttete Religion neu zu beleben, Moral und Philosophie zu begründen – sie hat es nie getan, sondern war stets nur ihre Gestalt, die freilich bestärkend zurückwirkte.

Heute, da die vergangenen Epochen und ihr Leben dahin sind, meinen manche irrtümlich, daß die Kunst für die damaligen Inhalte entscheidend verantwortlich war, doch sie schuf bloß jeweils das optimale Milieu. Von ihm können wir heute viel von jenem Leben, das sich darin ereignet hat, sein Glück, seine Tragödien, seine Gefühle und Werte, ablesen und nachvollziehen. Man kann auch sagen, wie das ja mehrfach schon geschehen ist: die Kunst ist das auf die Wand projizierte Röntgenbild, der sichtbar aufgezeichnete oder niedergeschriebene Test der inneren Situation.

Es ist Mode geworden, die Kunst anzuklagen, wo man eher jene überwältigende Mehrheit der Menschen anklagen sollte, die durch ihr Leben und ihren Ungeist sie bewirken. Besonders die Eltern, die Erzieher, die Lehrer, die Professoren, die Redakteure der Massenmedien, die Journalisten, die Philosophen, Priester und Politiker, alle jene, die beispielgebende Aufgaben erfüllen, sind weitaus mehr für die Kunst verantwortlich als die meisten, die sie in der letzten Ausführung schaffen. Gewiß bewirkt der einmal entstandene Sog einer Mode stets weitere Folgeerscheinungen, und zahlreiche Künstler orientieren sich opportunistisch in der Richtung des Hauptstroms, doch ist dann wieder vor allem das Publikum für den Verlauf dieses Hauptstroms verantwortlich. Die Kunst zeigt die Wahrheit, und wenn sie uns nicht gefällt, wenn sie uns empört, so bessert es nichts, wenn wir sie überschminken.

In den kommunistischen Staaten etwa wird die Wahrheit überschminkt, der positive Held, der obligate Optimismus, die aufbauende Tendenz des »sozialistischen Realismus« verdecken das eigentliche Bild, das die Kunst tatsächlich schafft, und das – sieht man von Jugoslawien und Polen ab – nur als offiziell verabscheut und meist bloß im Untergrund gefunden werden kann. Eine große Unklugheit der Regime, denn welcher Arzt verbietet das Röntgenbild? Vielleicht tut man dies, wenn Arzt oder Patient das Röntgenbild fürchten, doch was gewinnt man dabei? Bessert man die Krankheit durch Beseitigung ihrer Diagnosen, oder verliert man nicht dadurch die Chance, sie zu heilen?

In den westlichen Demokratien sind wir von den diagnostischen Befunden umgeben, wir stoßen fast überall auf sie, wo wir Kunst suchen. Da wir aber mit den erschütternden Befunden keinerlei Therapien, Heilmittel und Behandlungspläne verbunden sehen, geben wir der Kunst die Schuld, obwohl *wir* es sind, die keine Therapien, Heilmittel und Behandlungspläne finden.

Wenn wir die Kunst verabscheuen, halten auch wir uns an die Diagnose und übersehen die Krankheit. In der demokratischen Welt sind die Diagnosen wenigstens deutlich erkennbar, und durch sie ist auf die Ursache zu schließen. Man kann also danach handeln, kann versuchen, Abhilfe zu schaffen, die Erkrankung zu bekämpfen, wobei es ähnlich stümperhaft wäre wie in den Volksdemokratien, wollte man erst einmal die Befunde ignorieren. Die Krankheit ist zu beseitigen, die ruinöse Haltung zu verändern.

Wir haben die Möglichkeit, die Diagnose ernstzunehmen und eine Therapie aufzubauen. Eine Überprüfung des Sinns und der Werte unserer konsumorientierten Lebensweise wäre der erste Schritt, der schließlich zu einer sinnhaften Neuorientierung führen könnte. Wenn die heutige Kunst dazu beiträgt, wäre sie von größter Bedeutung.

Wird auch der Begriff Kunst heute meist unbedenklich und vereinfacht angewendet, so befinden wir uns tatsächlich im Umgang mit recht verschiedenen Arten von Kunst, wobei die nun angeführten in historischer Folge verlaufen:

- Kunst als Ausdruck von Magie und Religion
- Kunst als Ausdruck irdischer Macht vom Kaiser bis zum Bürger
- Kunst als Ausgestaltung des Alltagslebens; als Beispiel Volkskunst
- Kunst als Ausdruck der Individualität des Einzelnen

So oft wir Kunst erleben, haben wir mit einer dieser Arten oder einer Vereinigung von Eigenschaften dieser Arten zu tun. Allerdings sprechen nur *wir* heute *nachträglich* bei allen diesen Kategorien von Kunst, denn früher waren die ersten drei Arten keineswegs als eigenständige Kunstleistung bewußt. Das Kunstbewußtsein bildete sich – wie schon dargelegt – erst spät heraus, wobei die Aufklärung und Frühromantik als die eigentliche Schwelle dieses Bewußtseins gelten kann. Von Baudelaire an erfuhr der Individualismus eine intensive Steigerung und erreichte seit damals immer deutlichere Extreme.

Bewegungen wie der Futurismus, der Proletkult, teilweise der Expressionismus, drängten sehr oft die individuellen Manifestationen im künstlerischen Bereich zugunsten politischer Ideen oder eines emotionalen Menschheitsgefühls vorübergehend zurück, und der Sozialistische Realismus der kommunistischen Staaten versucht dies auch weiterhin. Doch hinter all diesen Bemühungen zeigt sich als Hauptkraft der Kunst unseres Jahrhunderts der Drang zur unbedingten, gegen den beengenden Zwang der Umwelt gerichteten Individualität des Einzelnen.

Gewiß war solch ein Ankämpfen gegen die Umwelt in den Epochen der imperialen und kirchlichen Hierarchien und der starren bürgerlichen Konventionen ebenfalls zu beobachten, aber damals blieb dieses Anrennen auf den Wegen eben dieser Umwelt. Erst das Aufkommen der anonymen Apparate, der unüberschaubaren und unentrinnbaren staatlichen Bürokratien, der technischen Strukturen, und später, von wahnsinnigen Unfaßbarkeiten wie der Atombombe und der möglichen Selbstzerstörung der Menschheit – erst dies führte den Protest in alle Grade der existenziellen Verzweiflung. Längst ist Franz Kafka ein Klassiker, er war einer der ersten, die aus dieser Verzweiflung heraus schrieben, und unzählige folgten. Sogar die menschliche Gestalt ging später als Träger der Darstellung verloren, und übrig blieben bizarre Gesten, Laute, Aktionen, Hilferufe des verlorenen Einzelnen.

Gerade wenn diese Proteste oft nicht als solche konzipiert waren, sondern sich aus den eigenen persönlichen Problemen und Leiden von selbst ergaben, so zeigt dies nur um so mehr ihre Authentizität. Die gesamte Persönlichkeit ist in die Umklammerung durch eine der Vernunft längst entglittene technische Zivilisation und ihre Apparate geraten: die furchtbare Diagnose wird zu einem Schrei nach Rettung.

Wir stehen aber nicht nur der Kunst dieser Art aus der jüngeren Phase gegenüber, sondern, wie bereits dargelegt, ebenso drei anderen Arten: wir sind von Kirchen, Gemälden, Plastiken, Tempeln religiöser Herkunft umgeben, von Schlössern, Palästen, bäuerlichen Kunstwerken, von ihnen entsprechenden musikalischen Chorälen, Symphonien, Liedern, von Dichtungen, die Gebete einschließen, Hymnen, sakralen Tragödien, geistlichem Theater, Komödien, Satiren, Volksspielen. Sie alle wurden nicht bewußt als jene »Kunst« geschaffen, wie wir sie heute auffassen und erleben.

Diese Werke bringen uns jene Inhalte nahe, aus deren damaliger Evidenz sie geschaffen wurden. In der griechischen Tragödie und in dem Auto sacramental von Calderon erleben wir die Religiosität, die Philosophie und Moral, von der eine Epoche erfüllt war – auch wenn ihre tägliche Realität dieser Vision sehr oft nicht entsprach. Wir finden in ihnen eine gesamte kulturelle Lebenshaltung, als nur uns heute bewußten ästhetischen Abglanz.

Die Wirkung solcher Kunstwerke kann den Betrachter, Leser oder Hörer in der Tiefe bewegen und ihn all das erkennen lassen, was in seinem eigenen Leben und in unserer Zeit fehlt. Aber nicht die heutige Kunst ist für den gewaltigen Unterschied verantwortlich, der sie von den damaligen Werken abhebt: die Gegenwart ist anders als die damaligen Epochen. So sollten Erlebnisse, die große Kunstwerke früherer Zeit in uns auslösen, nicht zu Forderungen an die heutige *Kunst* werden. Sie sollten vielmehr Fragen an die Religion, die Philosophie, die Politik, die Erziehung, also an die Realität unserer Gegenwart richten.

Seit einiger Zeit jedenfalls ist die Kunst und alles, was in ihrem Bereich geschieht, vor allem ein individuelles Ereignis. Nicht mehr die Schar der Gläubigen füllt jene Räume, in denen Musik, Dichtung, Theater aufgeführt werden, sondern der Einzelne sitzt dort, und er wird als Einzelner davon betroffen. Mögen auch neueste Bestrebungen darauf hingehen, diesen Einzelnen wieder stärker als bisher in eine sogar mitwirkende Gesamtheit zu verwandeln – solange die Evidenz gemeinsamer Inhalte, das gemeinsame Ziel der Lebensorientierung fehlt, werden diese Versuche nur Äußerlichkeiten bleiben. Der Einzelne setzt sich mit der Kunst auseinander, und dies ist heute positiv: denn solange sich als mögliche Gemeinsamkeiten einerseits die Sklavenbrüderschaft politischer Utopien in der Gestalt autoritärer Gesellschaften anbietet, anderseits die große Kumpanei eines konsumverrückten Hedonismus, wird die Haltung des Einzelnen in bewußter Individualität zur Notwendigkeit.

Auch wenn ein erheblicher Teil der Kunst vergangener Jahrtausende beim Anschauen aus der Gegenwart durch dieses individuelle Erlebnis des heutigen Menschen aus dem einstigen kulturellen Zusammenhang genommen und sogar falsch aufgefaßt wird, ist der individuelle Weg zu ihr der einzige, der für den heutigen Zeitgenossen möglich ist. Soll er sich durch Dogmen eines politischen Kollektivs oder durch das Kollektiv der maßlosen Steigerung zivilisatorischen Konsums sein kulturelles Erleben und damit sein Leben diktieren lassen? Die einzige Möglichkeit des heutigen Menschen besteht darin, als Einzelner auch jenen Werken und Kulturen gegenüberzutreten, die aus der Gemeinschaft großer religiöser und kultureller Evidenzen entstanden sind.

So wird, in Veränderung ihrer eigentlichen kulturellen Integration, auch die große historische Kunst der Religionen heute zu einem Appell an den Einzelnen: sogar der gregorianische Choral und die Messe von Palestrina, einst geschaffen für das Gebet der Mönche und ihrer Gemeinde, wird zu einem Aufruf, sich aus Gemeinschaften vorerst einmal zu lösen. Erst die Wiederherstellung der Selbständigkeit des Einzelnen macht ihn zu weiteren Entscheidungen fähig. Eine byzantinische Ikone und ein Fresko von Giotto bewegen heute meist nicht unmittelbar zur *gemeinsamen* Schau Gottes, sondern lösen den Besucher vorerst von den Schablonen des Konsumbegehrens oder autoritärer Politik, lassen ihn also zum Einzelnen werden und machen ihn als solchen fähig zu dieser Schau.

Gerade jene Kunstwerke, die einst in ihrer im Glauben einigenden Kraft besonders wirksam waren, üben heute ihre geistige Macht aus im Sinn der Ablösung des Einzelnen von großen politischen und zivilisatorischen Strömungen. So stehen, ob man dies im ersten Augenblick wahrhaben will oder nicht, die großen Werke von einst in bestimmter Hinsicht mit jenen bizarren künstlerischen Ausbrüchen von heute in einer Linie: sie rufen den Menschen auf, von bequemen Kollektiven wegzugehen, sein Denken und Handeln, seine Gefühle von weitverbreiteten Schablonen zu befreien. Weder die Gemeinschaft unter der begierig aufgenommenen Suggestion der Reklame noch jene unter den Parolen einer politischen Diktatur soll maßgebend sein, der Einzelne möge sich selbst entdecken, die Möglichkeiten seiner eigenen Persönlichkeit, seines eigenen Denkens, Handelns, seiner eigenen Entscheidungen, seiner Kreativität.

Abseits der Zeitperspektive gilt vom psychologischen Standpunkt her für die Kunst, daß sie dem Einzelnen in weitgehender Unabhängigkeit die Entfaltung seiner Phantasie, seiner Ideen, seiner Emotionen ermöglicht: mit Bleistift und Papier in der Hand können Gedichte, Romane, Zeichnungen entstehen, ohne daß sich jemand einzumischen vermag. Die Kunst öffnet sogar in

Situationen einschneidender Beschränkung oder Unterdrückung einen fast unzerstörbaren privaten Freiraum. Sehr oft ist gerade in Phasen der persönlichen und politischen Unfreiheit die Kunst ein Bereich der individuellen Freiheit, der nicht genommen werden kann.

Dies trifft allerdings nur für das Schaffen zu, nicht für die Verbreitung und Resonanz. Darin ist auch das Kunstwerk nicht frei; die Abhängigkeit der Verbreitung aber betrifft nur indirekt – wenn überhaupt – den schöpferischen Akt. Zahlreiche große Kunstwerke sind in völliger Abgeschiedenheit und ohne Hoffnung auf eine vom Autor erlebbare Resonanz entstanden.

Mit der Gestaltung eines Gedichts oder einer Zeichnung, eines künstlerischen Werks wird die unmittelbare Gefangenheit in Raum und Zeit auf doppelte Weise durchbrochen: die Resonanz kann viel später, sogar nach dem Tod des Schaffenden erfolgen und – wie es in einigen Fällen geschah – von enormer Bedeutung werden. Abgesehen von dieser Möglichkeit enthält der Vorgang des Schaffens an sich bereits wesentliche Elemente der Selbstverwirklichung und bringt eine Entwicklung und Steigerung der Persönlichkeit mit sich.

Eben diese Entwicklung, Klärung und Verdichtung der Persönlichkeit durch den kreativen Akt erlaubt, von Selbst*verwirklichung* zu sprechen, obwohl es sich um ein Werk im Bereich der Kunst handelt. Das Kunstwerk mag auf die Realität der Umwelt eine erhebliche oder gar keine Wirkung haben, der Mensch, der es schafft, wird durch diesen Vorgang mehr er selbst, eine persönliche, individuell stärker durchgeformte Wirklichkeit.

Gewiß ist nicht der Schaffensvorgang in allen Kunstarten gleich unabhängig, da ein Komponist auf die Dauer nicht ohne Instrument, der Maler nicht ohne Farben, der Bildhauer nicht ohne Stein oder Holz auskommt. Aber die Tatsache, daß Torquato Tasso während seiner siebenjährigen Gefangenschaft in einem feuchten, lichtlosen Kellerverließ herrliche Gedichte und Dialoge verfaßte, oder daß, in unserer Zeit, Solschenizyn unter den unmenschlichen Verhältnissen des Gulag viele seiner besten Erzählungen erdachte und auswendiglernte, um sie später niederzuschreiben, gibt Zeugnis für solche geistige Freiheit in der

Unfreiheit. Die großen Werke van Goghs und unzähliger heute berühmter Maler entstanden in der bittersten Armut ihrer Anfänge, oft auch in Not und Unerkanntheit bis zum Tod. Dies zeigt, wie sehr die Kunst den Zwang der Realität von hier und heute aufheben kann.

Auch die Philosophie und – in allerdings eingeschränktem Grad – manche Wissenschaften eröffnen eine ähnliche Möglichkeit, aber die kreative Gestaltung aus Phantasie und Emotion, also die Anwendung von tief aus dem Unbewußten kommenden Kräften der Persönlichkeit ist in solchem Ausmaß nur in der Kunst auszuüben. Dies gilt annäherungsweise auch für den Nacherlebenden, der durch sein Erlebnis in Ansätzen die eigene Selbstverwirklichung mitvollzieht. Also von beiden Seiten her, vom Schaffenden und vom Erlebenden des fertigen Kunstwerks, wird dieser individuelle Freiraum durch die Kraft entweder eigener Kreativität oder ihres Miterlebens gewonnen.

Wir haben zum Thema Kunst vorerst etwas scheinbar Gegensätzliches festgestellt: einerseits ist die Kunst Ausdruck ihrer Zeit und Röntgenbild ihres Zustands, anderseits ebenso ein wichtiger Freiraum für die Selbstverwirklichung des Einzelnen. Gerade ein solcher Freiraum muß aber die Möglichkeit geben, sich gegen die Zeit auszusprechen. Also Ausdruck der Zeit oder Freiraum von eben dieser Zeit?

Der Gegensatz ist tatsächlich nur ein scheinbarer, denn keine Epoche bildet ein einheitliches Bild, die heutige weniger als jede andere. Die Zeit selbst ist voller Gegensätze, und die Kunst wird oft eben dann wesentlicher Ausdruck und genaues Röntgenbild ihrer Zeit sein, wenn sie nicht die Darstellung des weithin sichtbaren Hauptstroms erbringt, sondern, im Sinn der Selbstverwirklichung des Einzelnen, Entwicklungen wiedergibt, die am Rande verlaufen.

Diese Entwicklungen und Erscheinungen am Rande können sich im künstlerischen Experiment spiegeln, sie können aber ebenso Kunstwerken einer ausgewogenen Ordo entsprechen. Kunst kann beides sein. Es mag von den verschiedenen Beobachtungsposten her entschieden werden, wozu mehr Mut und Eigenständigkeit des Künstlers gehört: in einer ratlosen, verwirrten, geistig chaotischen Zeit wie der unseren zur Darstellung eben dieser Ratlosigkeit, Verwirrung, Chaotik oder – wenn es der Künstler vermag, und das wird sehr selten sein – zur Darstellung einer geistigen und menschlichen Ordo.

Gewiß ist, daß die Kunst heute mehr denn jemals gegen Kollektive – und zwar sowohl gegen jene der Vergangenheit als jene der Gegenwart – wirkt, gegen Gemeinschaften der Bequemlichkeit und des Ungeistes. Sicherlich kann niemand ohne Kommunikation und Gemeinschaft leben, und der Einzelne nur Einzelner sein, wenn er sich der Notwendigkeit der Kommunikation bewußt ist. Aber auf eben diese Bewußtheit kommt es an, die durch den Akt des Denkens schon den ersten Schritt zur Ablösung aus dem Kollektiv vollzieht. Die neue Gemeinschaft, die sich aus den Gemeinsamkeiten Einzelner bilden kann, wird dann jene sein, die der Persönlichkeit des Einzelnen, ihrer Entfaltung und Kreativität, die besten Möglichkeiten bietet.

So wirkt die Kunst sogar dann, wenn es nicht so aussieht, wenn sie sich in hartem Widerspruch zur Darstellung von Wert und Sinn zu befinden scheint, dennoch intensiv für das Erringen jener individualistischen Position, die, vom Bewußtsein des Einzelnen ausgehend, zum Erleben von Wert und Sinn führt. Sie schafft, oft auf Umwegen, die Offenheit für ein Erkennen, das die Kunst überschreitet und mit Philosophie und Religion zu tun hat. Und diese beiden führen in das reale Leben, darin es diese Haltung zu verwirklichen gilt, worauf allein es ankommt.

Menschenrechte und Technik

Zwei Bedingungen der westlichen Kultur

Eine gotische Kathedrale erfaßt man mit einem Blick in großen Bildern von außen, und auch wenn es um das Kirchenschiff innen geht, die Bögen und Rippen, deren Proportionen, bewirken den Eindruck in einer augenblicklich erlebbaren Synthese. Man braucht die Baugeheimnisse und die schwierige Technik der Errichtung nicht zu kennen, um die volle Wirkung des Werkes zu verspüren. Niemand täusche sich auch über die Einfachheit der griechischen Tempel: sie sind das Ergebnis schwieriger Ausscheidungsvorgänge des Komplizierten, von Übermäßigem, von Abirrungen, zudem alles andere als mathematisch regelmäßig, sie sprechen vielmehr bewußt zum unvollkommenen menschlichen Auge. Nur indem sie dessen Unvollkommenheit berücksichtigen, sind sie nahe daran, die Anschauung von Vollkommenheit zu erwecken.

Diese Beispiele erreichen uns aus historischer Ferne, ich nenne ein scheinbar viel simpleres: wir benützen unsere technische Zivilisation in ihren derzeitigen Endprodukten, ohne von ihrem eigentlichen Funktionieren, geschweige von ihrer Entstehung im einzelnen eine Ahnung zu haben: wir telefonieren, fahren Auto, betrachten das Fernsehen und wissen nicht wieso. Unsere Gegenwart ist auf ein unübersehbares Netz von Voraussetzungen gestellt, von geistigen und praktischen Voraussetzungen, die längst unbewußt und selbstverständlich geworden sind. Wir leben auf einer bisher obersten Netzschicht, sie liegt über einem hohen Fundament gleichsam Erde gewordener Netzschichten, die von der Menschheit während der Geschichte immerfort gewoben wurden.

Wer von uns taucht schon in die historische Tiefe archaischer Lebensformen? Wer von uns kennt die Urzustände menschlichen Lebens, die heute noch in abgelegenen Dschungelgebieten Afrikas oder Lateinamerikas bestehen? Und wenn er beides kennt, wem sind diese Verhältnisse als lebendiger Vergleich stets gegenwärtig? Unsere westliche Gesellschaft, aber nicht nur sie, auch die Sphäre anderer Hochkulturen, waren und sind Gebilde von höchster Künstlichkeit, die allerdings – zu unserem Erstaunen – den Möglichkeiten und Realitäten einer das Menschliche, Humane erst erfüllenden eigentlichen Natur näherkommen.

Die ursprüngliche Natur, die Natur des archaischen Daseins ist grausam, brutal, sie ist unmenschlich, dort herrscht kein Recht außer das Unrecht des Stärkeren. Die ungeformte Natur frißt den Menschen, nur wenige überleben die Geburt, wenige ihre Kindheit, wenige das zwanzigste Lebensjahr, wer dreißig vorbei ist, kommt langsam in die kuriose Heiligkeit des Alters. Mit Rousseau begann dann das Sentiment der idealen Natur, des »edlen Wilden«, dessen idyllischer Schilderung allzuviele anheimfielen. Die Verherrlichung der naturhaften »blonden Bestie« durch Nietzsche, der wenigstens deren Bestialität nicht leugnete, bewirkte einen Höhepunkt zerstörender Faszination.

Nichts gegen die Natur und ihre Ausstrahlung von Frieden, Harmonie und Schönheit – wenn wir sie auf der Zwischenstrecke aus einem Haus ins andere betrachten, unseres Schutzes sicher. Die Natur des Urmenschen ist eine Natur der Raubtiere, und noch die Wirklichkeit vor zweihundert Jahren hier bei uns war erschreckend, wenn wir nicht bloß den Alltag der Fürsten, Grafen, der Reichen beachten. Wir brauchen nur die Geschichte der Hungersnöte, Epidemien, der sozialen Eruptionen und Revolutionen anzusehen: nicht der Frieden, sondern der Krieg des Stärkeren gegen den Schwächeren ist der Urzustand. Was uns davor rettet, ist unsere menschliche Künstlichkeit, jenes geflochtene Netz, das uns schützt gegen die Raubtiere, Überschwemmungen, Naturkatastrophen und, gegen unseresgleichen, nicht nur durch verteidigende Kraft, auch durch das Geflecht an ungeschriebenen, jedenfalls täglich gelebten Voraussetzungen.

Diese Künstlichkeit setzt die *mögliche* Natur des Menschen gegen die unveränderte Natur um ihn, und wir haben uns daran gewöhnt, die zweite Natur, diese dem Menschen in seinem besten Streben mögliche Natur, als Kultur zu bezeichnen. Die Realität, die uns umgibt, zeigt unübersehbar, daß die Menschen keineswegs nur von diesem besten Streben bewegt sind, und außerdem, daß sogar dieses Streben, je länger es in der Geschichte wirkt, ungewollt Gefahr mit sich bringt. Eben jene Ergebnisse, die durch dieses beste Streben erreicht wurden, sind in ihrer Perversion auch den Akteuren der Rückschläge verfügbar.

Die archaische Natur des Menschen, in Jahrtausenden langsam zur humanen Natur, zur Kultur umgewandelt und herangebildet, rächt sich immer wieder, schlägt durch diese zweite Natur hindurch und versucht mit heftiger Aggression, den alten Zustand wiederherzustellen. Sigmund Freud zeigt in seiner Psychoanalyse den ständigen Angriff des Unbewußten auf das Über-Ich, seine Schrift »Das Unbehagen in der Kultur« ist an Pessimismus kaum zu überbieten. Trotzdem hat Freud mehr Klarheit über diese Gefahr geschaffen und unsere Möglichkeit verstärkt, seinen Satz verwirklichen zu können: »Wo ›Es‹ war, soll ›Ich‹ werden.«

Dieselbe Wissenschaft und Technik, die erlaubt, die Hungersnöte und Epidemien in der Welt zu reduzieren, und die es erreichen könnte, sie überhaupt zu verhindern, brachte uns auch – sehen wir die Wissenschaft als ganzes Phänomen – die erschrekkende Tatsache der Atombombe. Dieselbe Atomkraft, die hunderten Millionen Menschen das Leben verlängern oder überhaupt ermöglichen kann, ist imstande, die ganze Menschheit von der Erde auszulöschen. Die stets dichter und schutzgebender wirkende Künstlichkeit unseres menschlichen Wirkens bringt uns gleichzeitig die immer furchtbarer werdende Bedrohung, daß mit dieser Künstlichkeit – mit unserer Kultur – alle unsere Lebensmöglichkeit, ja das menschliche Leben überhaupt, zugrunde geht. Indem wir den humanen Auftrag annehmen und weiter verwirklichen, entgegen entmutigenden Hindernissen, wächst in geradezu satanischer Dimension das Risiko unserer totalen Zerstörung.

Ein weniger apokalyptisches, aber ebenfalls erschreckendes Beispiel: Karl Marx hat vor fast eineinhalb Jahrhunderten begonnen, das Elend der Fabrikarbeiter allgemein bewußt zu machen, und an seiner Seite und nach ihm taten dies viele andere Politiker und Philosophen. Die sozialen Impulse zu einer Humanisierung des menschlichen Lebens für alle waren von enormer Bedeutung. Dasselbe Gedankengut, dieselbe Kraft, die einerseits grundlegende Änderungen im gesellschaftlichen Zusammenleben im Sinn der freien Lebensmöglichkeit des Einzelnen bewirkten, lieferten die Grundlagen des totalitären Staats in Rußland, der nun in einem großen Teil Europas und einem nicht geringen Teil Asiens genau diese freie Lebensmöglichkeit unterdrückt.

Gehören die Menschenrechte auch zu jenen Leistungen, die sich in sonderbarer Pervertierung gegen die Menschen richten können? Ist es möglich, daß Staaten und Institutionen jene Vereinbarungen und Gesetze, die für den Schutz des Menschen geschaffen wurden, gegen ihn anwenden? Nun, dies ist bisher nicht geschehen. Dies hat die Phantasie der Widersacher gegen die Freiheit des Menschen noch nicht zustandegebracht – jedoch fand man Vorbehalte, die sich immerhin als sehr wirksam erwiesen. Der erste und größte Vorbehalt funktioniert gleichsam automatisch: da in einem System, das nicht auf Gewaltenteilung aufgebaut ist, die herrlichsten Menschenrechte niedergelegt sein können, ohne daß sie je verwirklicht werden, kam eine erhebliche Reihe von Staaten um die Erfüllung ihrer eigenen Verfassung geradezu mühelos herum.

Ein Einparteienstaat, dessen Parlament ein Scheinparlament ist, dessen Abgeordnete stets nur aus derselben Partei stammen, oder dessen Parteien zwar einige verschiedene Namen tragen, jedoch immer dieselbe Partei sind, dessen Gerichte ebenfalls dieser Partei unterstehen, kann in seinem Bereich die schönsten Grundrechte garantieren. Niemand wird imstande sein, ihre Nichteinhaltung einzuklagen. Gewiß fällt es auch diesen Staaten auf die Dauer lästig, wenn die Publizität der dauernden Rechtsübertretungen ihrer Regierung und Polizei international zu lebhaft wird. Ist aber der jeweilige Staat stark und autonom genug, also von der Hilfe anderer, und zwar demokratischer Staaten nicht oder nur wenig abhängig, so läßt sich dieses Spiel ohne besondere Schwierigkeiten lange weiterspielen.

Die großen internationalen Vereinbarungen, die ja nie verbindlichen Gesetzescharakter tragen, sondern nur Absichtserklärungen oder dringende Empfehlungen sind – man denke an die Schlußakte der Konferenz für Sicherheit und Zusammenarbeit in Helsinki –, haben immer noch den entscheidenden Passus der gegenseitigen Nichteinmischung der Staaten eingebaut, der vor allem dazu dient, kommunistische Staaten vor westlicher Kritik zu schützen, während diese selbst sich durch sie nicht einmal von schweren militärischen Invasionen abhalten lassen.

So erlaubt diese Klausel, daß in einem totalitären Staat zwar die Lektüre dessen paradiesischer Verfassung Hochgefühle erwecken kann, während die tägliche Realität ihr hohnspricht. Gewiß besteht die Möglichkeit, daß sich dort Bürgerrechtsgruppen und Menschenrechtskomitees bilden und im Land selbst sich für die Einhaltung der verbrieften Rechte bemühen. Im Grunde war der ganze Prager Frühling nichts anderes als ein großes Menschenrechtskomitee, denn was man damals wollte, war bloß die Einhaltung der von der kommunistischen Staatsverfassung selbst garantierten Rechte.

Wenn in manchen Staaten die Bevölkerung oder einzelne Gruppen nichts anderes verlangen als die Einhaltung bestehender Gesetze, kann geschehen, was man im August 1968 in der CSSR sah, und was man an unzähligen mehr oder weniger spektakulären Beispielen beobachtet, für die wir unsere Augen nicht bis zu einigen lateinamerikanischen oder afrikanischen Diktaturen wenden müssen: wir finden sie in den kommunistischen Staaten in unserer nächsten Nähe. Die schriftlich garantierten Grundrechte werden ohne Gewaltenteilung im Staat zur Illusion, an die nicht einmal jene glauben, die diese Verfassung niedergeschrieben haben. Die Menschenrechte selbst lassen sich nicht mißbrauchen, vielleicht sind sie einer der ganz wenigen menschlichen Gedanken, die nicht mißbrauchbar sind, weil sie dem Schutz des Einzelnen, des Individuums gelten, aber es kann hinter dem Paravent oder der Mauer der Nichteinmischung recht ungestört an ihnen vorbeiregiert werden.

Man braucht nur die Verfassung der Sowjetunion vom 7. Oktober 1977 zu lesen, um aus dem Staunen nicht herauszukommen. Da steht unter anderem: »Die Bürger der UdSSR haben das Recht ... auf die Wahl des Berufs (Artikel 40) ... haben das Recht auf Bildung (Artikel 45) ... Entsprechend den Zielen des kommunistischen Aufbaus wird den Bürgern der UdSSR die Freiheit des wissenschaftlichen, technischen und künstlerischen

Schaffens garantiert (Artikel 47) ... Die Bürger der UdSSR haben das Recht, an der Leitung von staatlichen und gesellschaftlichen Angelegenheiten, an der Erörterung und Annahme von Gesetzen und Beschlüssen von gesamtstaatlicher und örtlicher Bedeutung mitzuwirken.«

Man kann dazu nur sagen, wo in der UdSSR geschieht das, und was wäre die Folge, würde es wirklich geschehen? Der Katalog des demokratischen Idealstaates geht in dieser Verfassung noch weiter, da heißt es etwa: »Die Verfolgung wegen Kritik ist verboten. Personen, die jemanden wegen Kritik verfolgen, werden zur Verantwortung gezogen« (Artikel 49). Oder im Artikel 50: »In Übereinstimmung mit den Interessen des Volkes und zur Festigung und Entwicklung der sozialistischen Ordnung wird den Bürgern der UdSSR die Redefreiheit, die Pressefreiheit, Versammlungsfreiheit und Kundgebungsfreiheit, die Freiheit zur Durchführung von Straßenumzügen und Demonstrationen garantiert.« Der Artikel 56 stellt fest: »Das persönliche Leben der Bürger sowie das Brief-, Telefon- und Telegrammgeheimnis werden durch das Gesetz geschützt.«

Hält man es für möglich, daß in Anbetracht der unzähligen Ausbürgerungen, Inhaftierungen, Druckverbote, Briefzensuren, Postunterbindungen, Verfolgungen wegen Samisdat solche Formulierungen gewählt und offiziell gedruckt werden konnten? Ein Punkt sei noch als letzte Steigerungsstufe genannt. Es heißt in Artikel 72: »Jeder Unionsrepublik bleibt das Recht auf freien Austritt aus der UdSSR gewahrt.« Nun, wir können uns gut vorstellen, was passiert, wenn es eine einmal versucht.

Um darzulegen, wie geduldig Papier ist, muß ich aber noch darauf hinweisen, daß zur Zeit der mörderischen Säuberungsaktionen, als Millionen von Menschen in den Gulags verschwanden und einstige revolutionäre Intelligenz, Dichter und Künstler von Weltbedeutung in der UdSSR vernichtet wurden, die UdSSR eine Staatsverfassung veröffentlichte, die man im Ausland damals keineswegs mit der Realität verglich. Am 5. Dezember 1936 verabschiedete der Kreml ein höchstes offizielles Staatsdokument, darin in Artikel 125 die Redefreiheit, die Pressefreiheit, die Versammlungsfreiheit und die Freiheit für Straßenumzüge und Kundgebungen, in Artikel 124 die Glaubensfreiheit und die Gewissensfreiheit gesichert wurden.

Dies nur einige Proben dessen, was geschehen kann, wenn ein Einparteienstaat, eine politische Diktatur sich der Menschenrechte annimmt, also ein Staat, wo keinerlei Opposition rechtlich verankert und keinerlei Gewaltenteilung vorhanden ist. Der Gedanke allein ist schwach, er bedarf realer Kräfte der Durchführung, sonst besteht die Gefahr, daß er, in höchsten Staatsdokumenten schön gedruckt, zur Maske seiner Verhinderung wird. Ist also die Demokratie die notwendige Voraussetzung für die Verwirklichung der Menschenrechte?

Man kann nicht leugnen, daß ohne eine pluralistische Staatsform, ohne die Vielfalt der Kräfte, die erst eine gegenseitige Kontrolle ermöglicht, die besten Menschenrechte Theorie auf einem Stück Papier bleiben. Allerdings kommt uns eine besondere Tatsache zu Hilfe, die mit der modernen Technik zusammenhängt. Der Passus der Nichteinmischung ist gegen Ende des zwanzigsten Jahrhunderts nur mehr gleichsam abstrakt zu verteidigen. Die Welt wurde klein und einschaubar bis in entlegene Winkel, die Technik der Information, der Hörfunk, das Fernsehen, die schnellen Flugverbindungen und zudem die wachsende Abhängigkeit sogar der Großstaaten voneinander, wirtschaftlich und technisch, wirken dieser Nichteinmischung völlig gewaltlos, aber unabweisbar entgegen. Die Ereignisse in den kommunistischen Staaten ebenso wie in manchen Diktaturen Lateinamerikas oder Afrikas sind zumindest in einem wichtigen Teil der Weltöffentlichkeit durch Funk, Fernsehen und Presse weitgehend präsent. Sie werden dadurch auch in jenen Ländern, wo sie stattfinden und wo oft nur wenige unmittelbar davon wissen, also durch ausländische Massenmedien, einem breiten Kreis bekannt. Die moderne Technik mit ihren Nachrichtenmethoden und Verkehrsmöglichkeiten sorgt dafür, daß mehr Licht auf Verhältnisse fällt, die manche Staaten gern im Dunkeln lassen würden. Die Einmischung der Weltöffentlichkeit wird immer weniger vermeidbar.

Hier wiederum sind die Tätigkeiten der UNO, der UNESCO, verschiedenster großer internationaler Konferenzen, des Straßburger Europarates von wichtiger Bedeutung. Man mag mit den

Superbürokratien einiger dieser Institutionen nicht einverstanden sein, muß aber feststellen, daß die Einbeziehung möglichst vieler Staaten und gerade solcher, die einige Vorgänge in ihrem Land im Dunkeln halten wollen, erhebliche Auswirkungen hat. Diese Institutionen und Großkonferenzen, die entsprechende Resonanz in der gesamten Weltöffentlichkeit haben, erschweren einen staatlichen Separatismus auf die Dauer immer mehr. Man darf allerdings nicht zu optimistisch sein, denn oft erlebt man gerade dort die gefährlichsten Täuschungsmanöver, und Staaten, die sich an ihre eigenen Verfassungen halten, gehen groteske Verpflichtungen ein gegenüber solchen, die sich stets darüber hinwegsetzen. Dennoch, auf die Dauer wird die Position der Täuschenden immer ungünstiger.

Reflektiert man über die Unfaßbarkeit der plumpen Irreführung durch die totalitären Staaten hinsichtlich der Menschenrechte und ihrer Sicherung, so muß man freilich bedenken, daß in vielen dieser Länder solche Gedanken bis vor kurzem durchaus neu waren. In Rußland, geschweige denn im großen asiatischen Teil der Sowjetunion, gab es alle die geschichtlichen Phasen nicht, in denen im westlichen Europa die Begriffe der Menschenrechte und der Rechte des Einzelnen langsam herangebildet wurden. In Osteuropa finden wir keine Renaissance und nur eine sehr dünne Tendenz der Aufklärung, die nicht nur gegen das Zarentum und die konservative orthodoxe Kirche, sondern, etwa von Peter dem Großen, auch gegen die Bevölkerung und die erstarrte Beamtenschaft niemals richtig durchgesetzt werden konnte.

Die christliche Orthodoxie Rußlands war ebenso wie der Hof und die gesamte Administration des Staates in der byzantinischen Tradition entstanden und auf die hierarchischen Rituale festgelegt. Der Kaiser und die Kirche von Byzanz ähnelten weitgehend orientalischen Vorbildern, die sie in ihrer Pracht und ihrem Absolutismus noch steigerten. Hier kam es nie auch nur zur ersten Gewaltenteilung in der europäischen Geschichte, nämlich zwischen Kaiser und Papst, stets war der byzantinische Kaiser auch das Oberhaupt der Kirche, und er selbst glich viel eher dem orientalischen und spätrömischen Gottkaiser als einem bloßen Diener der weltlichen Ordnung. Der Zar im heiligen Kreml, mit dem byzantinischen Doppeladler auf den goldschimmernden Kuppeltürmen war, wie schon der Mönch Philotheos erklärte, im »dritten Rom« der Erbe dieser Haltung.

Nach der revolutionären Episode im ersten Drittel unseres Jahrhunderts übernahmen in neuen Gewändern die kommunistische Partei und vor allem Stalin diese Tradition. Stalin sprach während des Zweiten Weltkrieges mehrmals vom »heiligen Rußland« und – man wird es bei uns kaum für möglich halten – sogar in der schon erwähnten sowjetischen Verfassung von 1977 steht in Artikel 62 der verblüffende Satz: »Der Schutz des sozialistischen Vaterlandes ist die *heilige* Pflicht jedes Bürgers der UdSSR« – immerhin eine überraschende Formulierung für einen atheistischen Staat. Nicht überraschend aber für jenen, der die historische Entwicklung kennt.

Nicht weniger neu ist der Begriff der Menschenrechte in Südamerika oder Afrika und Asien, so daß viele Regierungen sozusagen vorerst einmal damit anfangen, diese Rechte schöntönend in ihre Verfassungen aufzunehmen und abwarten, ob das nicht vielleicht für eine Weile genügt. An der Sowjetunion haben sie das Beispiel, daß solche verbale Erklärungen für eine recht ordentliche Zeitspanne nach außen hin prächtige Wirkung ausüben, weil westliche Staatsmänner und die westliche Öffentlichkeit sich einfach nicht vorstellen können, daß irgendwo in der menschlichen Welt Erklärungen und Realität derart weit auseinanderklaffen können. Die westlichen Demokratien erkannten ja lange Zeit hindurch nicht einmal dort die grauenvolle Wirklichkeit, wo diese, wie durch Hitler, in öffentlichen Reden und Schriften unmißverständlich angekündigt worden war. Umso lieber klammert man sich an die beruhigenden Artikel der Verfassung kommunistischer Staaten. Friedrich Hebbel hatte recht: »Rühre nimmer an den Schlaf der Welt« – die Welt schläft allzu gern.

Der sogenannte Westen hatte es mit der Beachtung der Menschenrechte leichter, weil seit den einstigen schweren Kämpfen zwischen Kaiser und Papst, so viele Opfer sie damals kosteten, eine erste Teilung der Gewalten stattfand, weil schon am 19. Juni

1215 in der »Magna Charta Libertatum« in England eine Sicherung von Individualrechten festgelegt wurde, weil die Stadtrechte schon sehr früh wichtige Freiheiten gewährleisteten. Mit der Unabhängigkeitserklärung der Niederlande vom 26. Juli 1581, in den Habeas-Corpus-Akten 1679, der »Bill of Rights« von England 1689 geschahen weitere Schritte auf diese Menschenrechte zu, und Männer wie Edward Coke, John Milton und John Locke arbeiteten in ihren Schriften immer deutlicher die Individualrechte des Einzelnen heraus.

Das Grundmotiv war dabei – und dies ist sehr aufschlußreich – die Freiheit der Religion und des Gewissens. Stets wurde von der Bibel her argumentiert, etwa wenn John Milton in seinem berühmten »Brief über Toleranz« erklärte: »Gehorsam wird an erster Stelle Gott geschuldet und danach den Gesetzen«, und wenn er in den »Politischen Schriften« feststellte: » . . . daß unser Tun und Glauben, soweit wir einzusehen fähig sind, dem Willen Gottes und seinem in uns wohnenden Gesetz gemäß ist, welchem wir bei weitem mehr folgen müssen als irgendeinem menschlichen Gesetz.« Von dieser christlichen Überzeugung der direkten Beziehung zu Gott und der Verantwortung vor ihm ausgehend, wird die Freiheit des Einzelnen gegenüber der irdischen Macht entworfen.

Im Hintergrund stehen die blutigen Religionskriege zwischen Katholiken, Protestanten und ihren verschiedenen Gruppen, zwischen den jeweils Protestierenden und dem weltlichen Herrscher, Kaiser, König oder Fürsten. Auch hier wurde die Formulierung und Heranbildung der Freiheitsrechte des Einzelnen in schmerzvollen historischen Vorgängen langsam erworben, wobei John Milton dann die kühnen Worte niederschrieb: »Es ist ebenso schlimm, ein Buch zu vernichten, wie einen Menschen zu töten. Wer einen Menschen tötet, tötet ein vernünftiges Wesen; wer aber ein gutes Buch vernichtet, tötet die Vernunft selbst, tötet sozusagen Gottes Ebenbild im Keim.«

Die Besiedelung der USA durch die Pilgrim Fathers, von denen sehr viele wegen Beengung ihres Glaubens und ihrer Freiheit aus Europa ausgewandert waren, geschah aus diesem Geist, und die Bill of Rights von Virginia vom 12. Juni 1776, ebenso wie die

Unabhängigkeitserklärung der Vereinigten Staaten wenig später, vom 4. Juli 1776, zeigen diese Haltung. Die Erklärung beginnt mit den Worten: »Folgende Wahrheiten erachten wir als selbstverständlich: daß alle Menschen gleich geschaffen sind, daß sie vom Schöpfer mit gewissen unveräußerlichen Rechten ausgestattet sind.« Die Französische Revolution nahm diese Gedanken in ihre Erklärungen und ihre Verfassung auf, die unter dem Einfluß von Thomas Jefferson und Lafayette entstanden waren.

Die eigentliche Herkunft der Menschenrechte wurde in jüngerer Zeit keineswegs deutlich, eher versuchte man, die christliche Wurzel zu verbergen, da die Rechte ja auf der ganzen Welt, also gerade auch in Bereichen anderer Religionen und Kulturen verbreitet und anerkannt werden sollten. In der UNO und bei fast allen weltumfassenden Konferenzen bilden die westlichen demokratischen Staaten längst nur mehr eine Minderheit. Es galt also, die Menschenrechte möglichst unabhängig von einer bestimmten Kultur zu verankern. Zu den wichtigsten Schritten dieses Bemühens zählten die in San Francisco am 26. Juni 1945 unterzeichnete Charta der Vereinten Nationen, die Menschenrechtsartikel der Friedensverträge von 1947 und die Allgemeine Erklärung der Menschenrechte der Vereinten Nationen vom 10. Dezember 1948.

Weitere Markierungen wurden gesetzt durch die Genfer Rot-Kreuz-Konvention vom 12. August 1949, die Zusatzprotokolle zum Schutz der Menschenrechte von 1950, die Erklärung und später das Übereinkommen zur Beseitigung jeder Form von Rassendiskriminierung von 1963 und 1965 und die beiden Pakte: über wirtschaftliche, soziale und kulturelle Rechte sowie über staatsbürgerliche und politische Rechte in der UNO von 1966, die nach kompliziertem Verfahren erst zehn Jahre später, im Jahr 1976, in Kraft treten konnten.

Von erheblicher Bedeutung sind die Schlußakte der Konferenz für Sicherheit und Zusammenarbeit von Helsinki vom 1. August 1975 mit ihrer Prinzipienerklärung über die Achtung der Menschenrechte und Grundfreiheiten in Korb 1 und über die kulturelle und wissenschaftliche Zusammenarbeit in Korb 3. Gewiß, stets bleibt das Problem der Kontrolle und der gegenseitigen staatlichen Nichteinmischung, wobei außerdem festzuhalten ist, daß die Schlußakte nur Empfehlungen und Absichtserklärungen darstellen, die jedes Land in seinem Sinn interpretieren kann – und die schließlich oft nicht eingehalten werden.

Immerhin erkennt man, wie das Netz der Konventionen, Erklärungen, Empfehlungen immer dichter wird und es mit zunehmender Anzahl und Dauer den Signatarstaaten immer schwerer fällt, die Vertragspunkte allzu abweichend voneinander auszulegen oder überhaupt zu ignorieren. Es ist nicht zu vergessen, daß schon durch die Verpflichtung zur Publikation der Abmachungen jeweils im eigenen Land die Bevölkerung auf diese Punkte aufmerksam gemacht und im Erlangen und Erringen ihrer Rechte in der Realität ermutigt wird.

Wenn gerade die Sowjetunion in der Exegese der verschiedenen Artikel Meisterstücke von nahezu theologischem Rang vollbringt, ist dies nicht zu verwundern, da in Byzanz stets scharfsinnige Köpfe über spitzfindige Probleme wie die Anzahl der Engel, die auf einer Nadelspitze Platz finden, endlose und verwirrende Dispute führten. Es ist ganz selbstverständlich, daß der Kreml im Sinn einer alten Tradition auch heute über Meister in der Abfassung von Vertragswerken und ihrer möglichst günstigen Auslegung verfügt. Daß jedoch die Menschenrechte in demokratischer, westlicher Auffassung trotzdem immer deutlicher und immer stärker präsent werden, kann man nicht übersehen.

Zweierlei ist aus einem kurzen Blick über die geschichtliche Entwicklung zu erkennen: erstens die breite und langsame, durch schwere Kriege hindurchgegangene und mit unendlichen Opfern verbundene Entwicklung des Gedankens der Menschenrechte im westlichen Europa und den Vereinigten Staaten. Zweitens, daß die gerade in unserem Jahrhundert und in jüngerer Zeit so oft geäußerte Meinung, die Verdienste um die Menschenrechte und vor allem die Errungenschaften der Aufklärung entstammten einem antireligiösen und antichristlichen Motiv, nicht aufrechtzuhalten ist. Das Gegenteil stimmt: die großen Aufklärer und ihre Vorläufer hatten ihre geistige Wurzel im christlichen Bereich und stellten sich von dorther gegen die weltliche Macht – und gegen eine Kirche, die sich allzuoft mit dieser weltlichen Macht verbunden hatte. Voltaire ist mit den von ihm verlangten Sakramenten der Kirche gestorben, es gibt unzählige Äußerungen von ihm, die sich auf Gott berufen. Die materialistischen, positivistischen Lehren und vor allem der Marxismus haben hier Legenden entstehen lassen, die einfach den Tatsachen widersprechen.

Die Bewußtwerdung und Heranbildung der Menschenrechte geschah also – wir kommen nicht umhin, dies festzustellen – auf dem Boden des Christentums, des Neuen Testaments, und zwar im Bereich des Westens, dort, wo die christliche Religion mit lateinischer Logik verbunden war. Man braucht nur in den Evangelien und den Paulus-Briefen zu lesen, um die Ansätze der Menschenrechte in der Unmittelbarkeit des Einzelnen zu Gott zu erkennen. Die Lehre, daß der Mensch Ebenbild Gottes sei, verlangt für ihn das Ansehen der Person, sichert ihm mit der Unsterblichkeit der Seele die innere Freiheit und stellt der Gesellschaft die Aufgabe, diesen Werten zu entsprechen. Hier finden wir die Grundrechte formuliert, Freiheit, Unverletzlichkeit, die soziale Haltung durch die Nächstenliebe, und damit das Wesen der Humanität. Das Wirken von Christus selbst ist die Inanspruchnahme der Glaubensfreiheit und Lehrfreiheit eines Einzelnen gegenüber der Staatsreligion und einem herkömmlichen, erstarrten, institutionalisierten Ritual. Von dort aus kamen die Impulse und Argumentationen für die erst sehr viel später gesetzlich konsolidierten Rechte des Einzelnen. Im Bereich keiner der anderen Weltreligionen, weder des Hinduismus, des Islam, noch des Buddhismus – der in der Betonung des Einzelnen und seiner möglichen Erlösung diesen Gedanken sehr nahekommt, aber im Mystischen verbleibt – hat sich eine ähnliche Formulierung der Rechte des Einzelnen entwickelt.

Sind also die Menschenrechte eine Art Botschaft des Westens, des westlichen Christentums an die Welt?

Eine andere, und zwar eine sehr gefährliche Botschaft sind die in Wissenschaft und Technik enthaltenen Gedanken und Lebensvorstellungen, die ebenfalls ursprünglich der Bibel entstammen, wo erklärt wird, daß alles unser sei, wir aber des Herrn, daß die Natur von uns gestaltet und verwandelt werden solle, daß wir hier auf der Welt Mitarbeiter Gottes seien und dem Reich Gottes entgegenstreben sollten, das freilich auf der Erde nie zu verwirklichen ist. Wissenschaft, Medizin und Technik bestimmen heute das Leben fast der gesamten Menschheit. Niemand, auch in den entlegensten Orten, widersetzt sich dem Auto, dem Flugzeug, den Antibiotika, der Elektrizität, dem Telefon, dem Rundfunk, dem Fernsehen, all dies hat das Leben der Menschen verändert oder wird es noch verändern.

Die Menschenrechte sind ein ähnliches Ferment. Sie befinden sich nun in der Welt, und seit der Niederschrift der Evangelien hat sich die Bewußtheit über diese Menschenrechte verstärkt und verbreitet. Sie wurde in einem langsamen Prozeß, der sich in jüngerer Zeit sehr konkretisiert hat, deutlich und unabweisbar. In einer Begrifflichkeit, die nicht mehr mit dem Heilsgeschehen und den Ritualen der christlichen Lehre verbunden, wohl aber mit deren Essenz identisch ist, scheint sie sich nun mit der zunehmenden Kommunikation aller Länder in der Welt durchzusetzen – sehr langsam und mit vielen Rückschlägen, unter vielen immer wieder vergeblich erscheinenden Mühen.

Wie bei der Wissenschaft und Technik die enorme Gefahr des Umschlagens in eine Katastrophe der Zerstörung gegeben ist, so besteht bei der Verbreitung des Bewußtseins der Menschenrechte und ihrer Verwirklichung die Bedrohung durch Bürokratie, beamtische Rituale, politische Verdrehungen und Komplizierungen, die den Inhalt in sein Gegenteil wenden wollen. Wie bei Wissenschaft, Medizin und Technik unentwegt ihr eigentlicher Sinn lebendig gehalten werden muß, sonst schlagen deren Ergebnisse in die Selbstvernichtung um, so ist auch bei den Menschenrechten immer wieder darauf zu achten, daß sie durch raffinierte Auslegungen nicht deformiert oder nur als leuchtend schöner Paravent verwendet werden.

Man kann sogar sagen, daß die beiden großen Botschaften der westlichen Welt, einerseits die Menschenrechte mit ihrem Schutz des Einzelnen, anderseits die Wissenschaft und Technik einander bedingen:

Wissenschaft und Technik führen in den totalen Zusammenbruch, sind sie nicht auf das Ethos der Menschenrechte ausgerichtet, werden sie nicht von diesem Bewußtsein geleitet und kontrolliert. Gleichzeitig ist an eine Verwirklichung der Menschenrechte für einen erheblichen Teil der Weltbevölkerung ohne die Hilfe der Wissenschaft und Technik nicht zu denken, da erst sie imstande ist, eine große Anzahl Menschen von Hunger und Elend zu befreien, die Sterblichkeit der Kinder und Armen zu verringern, möglichst vielen ein menschenwürdiges Leben zu sichern. Gewiß, diese Anzahl ist immer noch erschreckend gering, aber ohne die Wissenschaft bestünde nicht einmal die entfernteste Hoffnung, die Situation zu bessern. Die Wissenschaft und Technik also kann erst die praktischen Voraussetzungen für die Realisierung der Menschenrechte schaffen, und sie ist es auch, die uns erlaubt, die Lage in den einzelnen Ländern zu beobachten. Ohne die Leistungen von Wissenschaft und Technik würden uns die Verhältnisse schon wenige Kilometer von uns entfernt verborgen bleiben. Nur mit ihrer Hilfe erfahren wir von Unterdrückung, Völkermorden, Austreibungen, von Hunger und Elend.

Ich bin weit davon entfernt, die Zukunft der Welt in hellen Farben zu sehen. Gerade weil ich die technische Kommunikation nütze, weiß ich mit vielen anderen, was in diesem Moment auf der Erde vor sich geht und fürchte, was noch auf uns zukommen kann. Ich muß aber auch feststellen, daß die Geschichte, wir alle uns in einer Entwicklung befinden, die wir nicht plötzlich abbrechen können, sie geschah durch Jahrhunderte, und wir können nicht anders, als diese Entwicklung zu übernehmen. Was in unserer Möglichkeit steht, ist aber, diese Entwicklung zu erkennen, sie zu durchschauen und auf Grund dieser Klarheit in der Richtung auf ein sinnvolles Weitergehen tätig zu sein. Niemand kann wissen, ob Vernunft, Güte und Nächstenliebe in der Geschichte jemals überwiegen werden. Hier gibt es keine Sicherheit. Aber die Tatsache, daß Gedanken wie die Menschenrechte zum Schutz des Einzelnen und seiner Freiheit heute in der Welt wirken wie das Senfkorn, das weiter wächst, kann doch in aller Unsicherheit ein Element der Bestärkung sein.

Die Auflösung der Massen

Die Einzelnen und die Zukunft

Noch nie waren Beamtentum, Bürokratie und Organisation so umfassend und dicht wie heute, und trotzdem wird in diesem Buch von der Wiederkehr des Einzelnen gesprochen. Sind damit Tatsachen oder nur ein Wunschdenken gemeint? Kann man eine solche Entwicklung erkennen, oder geht es nur um einen Appell, der in dieser Richtung wirken soll?

Von verschiedenen Seiten her wurden hier die Apparate und ihre Eigengesetzlichkeit untersucht, ihre Dynamik, ihr zunehmendes Wachstum. Gerade darin zeigte sich deutlich die immer stärker werdende Versuchung für die Staatsbürger, die Verantwortung und das Risiko für einen freien Beruf, für phantasievolle Unternehmungen in Handel und Wirtschaft, für ein selbstgewähltes Schicksal aufzugeben. Die Sorge für die Pension, die Absicherung gegen alle Eventualitäten wurden längst schon ein wichtiges Motiv der Jugend, und so entspricht die Beschäftigung im Beamtenapparat, der um den Preis der eingeschränkten individuellen Freiheit Schutz garantiert, gerade diesem Verlangen. Wo also soll der Einzelne wiederkehren?

Die pessimistischen Prognosen des ersten Drittels unseres Jahrhunderts scheinen sich erfüllt zu haben; sowohl Oswald Spenglers »Untergang des Abendlandes« als auch Karl Jaspers' »Die geistige Situation der Zeit« und andere Werke düsteren Inhalts enthalten unzählige Beobachtungen und Gedanken, deren Richtigkeit später bestätigt wurde. Sogar Aldous Huxleys »Schöne neue Welt« und George Orwells »1984« können nicht mehr als bizarre Utopien gelten, da viele ihrer einst phantastisch wirkenden Schreckensvisionen bereits Realität sind. Besonders unheimlich ist dabei, daß dies zumeist nicht einmal als furchtbar, sondern als selbstverständlich empfunden wird.

Der stärkste Gegensatz zur individuellen Persönlichkeit des Einzelnen ist, wie es oft heißt, die unpersönliche Masse. Der Begriff Masse wird seit langem sehr oft und in verschiedensten

Zusammenhängen verwendet: die Masse auf der Straße, der Massentourismus, die Massenmedien, Massenuniversitäten, Massenauflagen von Zeitungen und Büchern, unser Jahrhundert scheint von dem Phänomen Masse bestimmt. Das Wort ist abgeleitet vom lateinischen »massa«, das ursprünglich einen Klumpen aus Teig oder Kleister bedeutete. In der Physik sprach Newton von »träger Masse«, die dem Begriff »Kraft« entgegensteht. In der Philosophie gab es vor allem im Neuplatonismus einen analogen Gegensatz von Materie und Geist, wobei die Materie als »massa vetus« bezeichnet wurde, die als Hindernis beim Streben nach Vollkommenheit überwunden werden müsse.

Wir befinden uns, dies könnte man also annehmen, mitten im Zeitalter der Massen, wobei diese Massen durch sorgfältig aufgebaute Apparate organisiert, beeinflußt und gesteuert werden. Diese Apparate erscheinen als eine Art Knochengerüst der Masse, ohne das sie in sich zusammensinken würde. Sogar die Massenphänomene der Französischen Revolution wirken wenig eindrucksvoll im Vergleich zu den Ereignissen in Rußland von 1917 und den darauf folgenden Tragödien in der Sowjetunion, die mit dem Begriff Masse in Zusammenhang stehen: den Massendeportationen, den Massenhinrichtungen, den riesigen und unzähligen Lagern für die Massen politischer Gefangener.

Ähnliches gilt für die Ära Hitlers, die Vernichtung der Juden in den KZ, die Aufbietung der Massen für Aufmärsche, Fackelzüge, Parteidemonstrationen, für wütende und angeblich spontane Aggressionen, schließlich für den Zweiten Weltkrieg, der nur durch ebensolche Massenheere auf der anderen Seite beendet werden konnte. Auch im Frieden nachher, soweit Frieden war, gediehen der Lebensstandard, der Konsum, die Technik, die gesamte Zivilisation nur mit Hilfe der Massen.

War es in Anbetracht dieser Tatsachen vor diesem Zeitalter überhaupt möglich, von Massen in gleichem Sinn zu sprechen? Und konnte jemals *vor* dieser unserer Epoche der Massen und der ihnen entsprechenden Apparate die Bedeutung des Einzelnen so gering eingeschätzt werden wie gerade heute?

Die Antwort auf diese Fragen hängt erheblich von unserer Auffassung der Phänomene »Apparat« und »Masse« ab. Der

Anfang des modernen technischen Zeitalters war paradoxerweise von einer Dämonisierung und Idealisierung sowohl der Masse als auch ihrer Organisation bestimmt. In politischer, ebenso in wirtschaftlicher und technischer Hinsicht schienen die Begriffe Masse und Apparat mit einer herrlichen oder erschrekkenden Zukunft identisch. Beides hatte eine geradezu mystische Dimension. Nicht nur die Masse, auch die Steigerung der technischen und wissenschaftlichen Rationalität wurde mit Gefühlen geschildert, die aus tief irrationalen Bereichen kamen. Karl Marx hatte mit seiner Darstellung des Proletariats und der messianischen Erlöserrolle, die er ihm zuschrieb, diese Haltung bestärkt. Proletariat, Masse, Technik, Organisation, Apparat, Partei wurden zu verschiedenen Namen des großen Mythos einer scheinbar unfehlbaren und allmächtigen Ersatzreligion.

Mussolini und Hitler, ebenso Franco – keineswegs nur Lenin, Trotzki und Stalin – beriefen sich auf diesen Mythos: mit den bekannten Ergebnissen. Das Aufkommen der Massen in der Konsumgesellschaft der westlichen Demokratien, der Apparate, der Verwaltung, der Superkonzerne, das Anwachsen des Staates beurteilte man auch im Westen lange Zeit unter dem Einfluß der Irrationalität solch mythischer Gedanken. Masse, Apparate, Organisation, Wissenschaft und Technik wurden sogar dort, wo man sich gegen die marxistische Verherrlichung des Proletariats stellte, zu Boten der Verheißung eines möglichen Wunders auf Erden – oder zum Gegenteil, zu den Fallen des Teufels.

Manche Kreise der bürgerlichen Gesellschaft, die weder dem einen, noch dem anderen Extrem anheimfielen, machten sich umso mehr diese Entwicklung zunutze und holten aus der gigantischen Vergrößerung des Marktes und der Apparate enorme Gewinne. Sie bedachten nichts als die Umsatzsteigerung heute und bestenfalls morgen, beschäftigten sich aber nicht mit der ferneren Zukunft, entweder aus Drang nach raschem Reichtum, oder weil doch auch sie vom großen Mythos der gesicherten Steigerung ins Unendliche erfaßt waren. Die falsche Metaphysik eines paradiesischen Zustands, der in der Welt erreichbar sein sollte, beherrschte die Menschen der industrialisierten Länder, und auch jene, die nicht daran glaubten und diese Metaphysik nur ausnützten, um ihren Besitz und ihre Macht hemmungslos zu vergrößern, wurden letztlich ihr Opfer.

Liest man heute Zeugnisse über das erste Drittel unseres Jahrhunderts im monarchischen oder demokratischen Europa und den USA, so kann man nur staunen über die Emotionalität, über den Enthusiasmus oder die leidenschaftliche Ablehnung, wenn es um die Themen Masse, Technik, Wissenschaft und des wirtschaftlichen Wachstums ging. Die Massen, die zunehmend das gesamte Geschehen in der Gesellschaft bestimmten, wurden jubelnd begrüßt oder fanatisch bekämpft. Sogar dort, wo positivistisch jede Ideologie, jeder Mythos, jede Religiosität als Täuschung demaskiert werden sollten, geschah dies mit einer Totalität, die sich über die Psychologie des Menschen hinwegsetzte. Man kann sich heute dem Eindruck nicht entziehen, daß die damals noch zu wenig erkannten Phänomene bei jenem Teil der Menschheit, der davon betroffen war, in einem solchen Hitzegrad Begeisterung oder Entsetzen erregten, daß sachliche Beurteilungen kaum aufkommen konnten.

Über das Thema Masse wurde seither, wie über soviele andere heute wichtigen Gebiete, eine ganze Bibliothek an Untersuchungen geschrieben, die zu recht verschiedenen Ergebnissen kommen. Sehr einleuchtend ist etwa die Unterscheidung Elias Canettis zwischen der »geschlossenen« und der »offenen Masse« in seinem Werk »Masse und Macht«, wobei mit der »geschlossenen« die organisierte, gezähmte, gesicherte Masse, mit der »offenen« die Masse im Ausbruch bezeichnet wird. Henrik de Man nennt in seinem Buch »Vermassung und Kulturverfall« als wesentliche Kennzeichen der Masse den »Mangel an individueller Differenzierung, an Initiative, Originalität und Bewußtsein«. Die Masse ist »Quantität ohne Qualität«. Arbeiter und Bauern, wenn sie selbständig denken, gehören für de Man nicht zur Masse, wohl aber Mitglieder der Oberschichten, die konform reagieren.

Historisch gesehen gibt es Massen von frühesten Zeiten an, wenn sich Stämme und Horden willenlos und gedankenlos von Häuptlingen, Schamanen, irgendwelchen Führern leiten ließen. Sigmund Freud bezeichnet in »Massenpsychologie und Ich-Analyse« alle Massenphänomene als eine Rückkehr zur »Urhorde«, und Elias Canetti weist das typische Verhalten von Massen ebenso im Mittelalter wie bei heutigen Naturvölkern nach. Sehr aufschlußreich sind Canettis Schilderungen von Massenereignissen des Islam, einer Religion, die vor allem im schiitischen Bereich die Ekstasen der »offenen Masse« hervorruft und nützt – eine Tatsache, die nicht nur in der Geschichte, sondern auch in jüngster Zeit weltpolitische Folgen hatte.

Von der katholischen Kirche sagt Canetti, daß sie von früh an in der »offenen Masse« ihren Hauptfeind sah, gegen den sie sich mit größtem Geschick stellte. Die katholische Kirche zeige, so schreibt Canetti, größte »Vorsicht vor allem, was an Masse nur gemahnen könnte«. Vom Ritual des Gottesdienstes bis zur Jenseitsvorstellung weise alles auf das Gegenteil des typischen Verhaltens der Masse, auf Gelassenheit und Ruhe hin.

Bereits in den Evangelien und den Paulus-Briefen, so möchte ich ergänzen, finden sich die stärksten Begründungen zur Verwirklichung der Persönlichkeit: die unmittelbare Beziehung des einzelnen Menschen zu Gott und die Verantwortung durch sein persönliches Gewissen. Damit wird der deutlichste Gegensatz zur Masse betont, der sich denken läßt. Zum Unterschied von Hinduismus und Buddhismus erfolgt gleichzeitig die Verpflichtung dem Nächsten gegenüber und, wie am Beispiel des Samariters zu ersehen ist, wiederum von Person zu Person.

Man kann die Massenphänomene in der Geschichte noch so genau studieren, stets wird das Ergebnis die Tatsache unterstreichen, daß niemals stärker als im 20. Jahrhundert Kulturen und Weltgeschehen von der Präsenz der Massen bestimmt wurden. Zu den Massen gehören je nach dem Zustand von aggressiver Erregung oder träger Passivität die charismatischen Führer, die Parteiorganisationen, die Beamten, die Bürokratie, der mächtige, vaterähnliche Staatsapparat. Auch die in sich geschlossenen Welten riesiger Konzerne können eine solche universale Betreuungsillusion erfüllen. Wenn Sigmund Freud, wie schon erwähnt, im Zusammenhang mit der Masse von der Rückkehr zur »Urhorde« spricht, dann schließt dies bereits das Verharren in einer Frühphase oder die Regression zur kindlichen Verhaltensweise, zur Gebundenheit an den Vater, zur Unselbständigkeit, zum Bedürfnis nach Schutz und Bevormundung ein.

Zweifellos haben Wirtschaft, Konsum und Technik die Voraussetzungen für diese Regression besonders günstig werden lassen, da sie in der Gesellschaft westlicher Demokratien eine Verbindung von Freiheit und Komfort schufen, die vorerst bloß in der Richtung größter Bequemlichkeit genutzt wurde. Die enorme Anzahl von Menschen, die in den Genuß dieser angenehmen Möglichkeiten kam, wußte zumeist erst damit nichts anderes anzufangen, als durch sie die primitivsten kindlichen, ja animalischen Wünsche zu erfüllen.

So entstand auch in dieser Hinsicht für das Gesamtbild der Kultur in den Industrieländern der Eindruck einer gewaltigen Regression, obwohl jene Massen, die nun durch demokratische Freiheit und relativen Wohlstand die Chance der Individualisierung erhalten hatten, früher niemals anders, niemals reifer, niemals selbständiger gewesen waren. Diese Massen nehmen allerdings heute sehr viel mehr Platz ein im Verhältnis zu jenen wenigen, die einst für eine Kultur kennzeichnend waren, und man ist ganz zu Recht dazu übergegangen, an diese Massen kulturelle Erwartungen zu richten, sie für Kultur verantwortlich zu machen, was früher niemandem eingefallen wäre.

Ist es also richtig, an der ursprünglichen Bedeutung der Masse als formlosen Klumpen und »träge Masse« festzuhalten, oder wurde es durch die Psychologie und weitere gesellschaftliche Entwicklung nicht unumgänglich, die Masse viel differenzierter zu beurteilen?

Aufschlußreich ist die Tatsache, daß sich in der modernen Physik die Auffassung von Masse erheblich geändert hat. Einstein etwa erklärte: »Masse und Energie sind ... nur verschiedene Äußerungsformen derselben Sache.« Vorher schon hatte der Psychologe Gustave Le Bon, von dem ein wesentliches Buch »Die Psychologie der Massen« erschienen war, von einer »Entmaterialisierung der Materie in Energie« gesprochen. Sowohl in der Physik als auch in der Philosophie und Psychologie erwachte also die »Masse« gleichsam zur Bewegung, zum Energieträger. Und geschah nicht auch eine Veränderung der Realität? Inwieweit ist also der so oft genannte Begriff Masse heute noch überhaupt als eigene und klare Kategorie brauchbar? Ist die Masse durch die erheblichen Wandlungen in der Wirklichkeit und Theorie überhaupt noch Masse in gewohnter Bedeutung?

Die Psychologie, die nicht zufällig so sehr an Einfluß gewann, entmythologisierte manche romantischen und dämonisierenden Vorstellungen von der Masse und vom technisch-bürokratischen Zeitalter. In unzähligen Beobachtungen und Untersuchungen zeigte sie, daß der Mensch als psychische Einheit zu verstehen ist und niemandem die Ausrede bleibt, daß er im Sog einer Massenbewegung oder als Funktionär eines Apparats für seine Taten, Emotionen und Gedanken nicht verantwortlich sei. Von Sigmund Freud ausgehend, lassen Alfred Adler, Abraham Maslow, Viktor Frankl, Heinz Kohut und viele andere erkennen, daß alle menschlichen Probleme die Probleme von einzelnen Menschen sind, ob sie nun mehr oder weniger selbständig denken, und welchen Platz in der Gesellschaft sie auch einnehmen.

Gerade die eingehende Beschäftigung mit sozialen Fragen führte dazu, jene Menschen aus der Nähe zu beobachten, aus denen sich die sogenannte Masse zusammensetzt, und man konnte feststellen, daß auch sie Einzelne waren, die ihre Konflikte in der Familie, ihre Schwierigkeiten im Beruf, ihre Freuden und Depressionen hatten, daß sie an ihren Krankheiten litten und ihren Tod starben – als Personen, als Individuen und nicht als Partikel irgendeiner Masse. Nicht die Masse ist einsam, wie David Riesman schon im Titel seines berühmten Buches »Die einsame Masse« meinte, sondern der Einzelne, der langsam zu sich selbst kommende Einzelne ist es. Die Fragen, die jetzt gestellt werden, sind die Fragen des Einzelnen, die Fragen nach Werten und Sinn.

Wenn seit einiger Zeit viel von Gruppenpsychologie gesprochen wird, so sind damit Gruppen von Individuen gemeint, die in der Gruppentherapie einander helfen und zur Selbsthilfe anregen sollen. Alfred Adler, der wie kein Psychologe vor ihm die gesellschaftlichen Probleme und sozialen Aufgaben in seine Gedanken einbezog, nannte seine Lehre »Individualpsychologie«. Bei ruhiger und genauer Betrachtung verschwanden die Nebel vor dem Begriff Masse, und man sah mehr oder weniger normale Menschen, einzelne Personen, deren Verlorenheit und Isolation vielleicht noch größer waren als die jener, die sie nun beobachteten: sie kamen aus gegenwartsfernen Bereichen in eine Hochzivilisation, oft ohne Schulbildung, aus einfachsten Verhältnissen, ohne jede Vorbereitung in die technische Gesellschaft.

Die Masse ist eine Art Entwicklungsland im eigenen Bereich, und man ist längst soweit, die Bevölkerung von Entwicklungsgebieten nicht als irgendwelche Wilde anzusehen, die bloß von Dämonen getrieben werden. Anderseits lernten auch die Neuankömmlinge in der Gegenwart ihres eigenen Landes die Technik, die Industrie, die Wirtschaft langsam als nüchterne und beeinflußbare Realität kennen und sahen in ihnen nicht mehr den Moloch, vor dem man entweder kapitulieren oder gegen den man brüllend toben muß.

Wissenschaften, Technik, Großorganisationen, Apparate, Bürokratien haben ihren Mythos verloren: man findet in ihnen weder Engel eines kommenden Paradieses noch Dämonen als Sendboten der Hölle, sondern Produkte des Menschen, die ebenso modifiziert werden können, wie sie geschaffen wurden. Gewiß, in der Realität ist nichts mehr ungeschehen zu machen, aber manches scheinbar schicksalhafte Verhängnis kann abgewendet werden, wenn die täuschende Magie wegfällt und es als menschliche Aufgabe aufgefaßt wird.

Diese Aufgabe war kaum jemals schwieriger als heute, da zwar gewaltige Hilfsmittel zur Verfügung stehen, aber die Probleme kompliziert miteinander verflochten und mit gigantischen Bevölkerungszahlen verbunden sind. Die Versuchung ist groß, in melancholischer Resignation den vorhandenen Komfort zu genießen und die letzte Hoffnung nur darauf zu richten, den Untergang nicht mehr selbst zu erleben. Aber nicht um Einzelgängertum kann es gehen, sondern um die Realisierung der Möglichkeiten des Einzelnen im Sinn lebendiger Kommunikation.

Die Haltung gegenüber aufkommenden Massen und Bürokratien soll nicht der Rückzug auf Epikuräertum, auf Hedonismus oder die Isolierung in buddhistischer Meditation sein, sondern die Ausbildung der individuellen Persönlichkeit durch überlegte Entscheidungen und ein Handeln, das dem Nächsten wie sich selbst gilt, was freilich nur Ideal bleiben kann. Auf ein zumindest grundsätzliches Wissen, das unermüdlich in praktischer Erfahrung und in der Beschäftigung mit Psychologie, Philosophie, Geschichte und Ästhetik erweitert werden muß, ist dabei in der heutigen Zeit kaum zu verzichten: erst dadurch gelingt es, innerhalb der vielen intellektuellen und technischen Elemente unseres Milieus mit Verantwortung zu leben.

Wenn ich zu den am Anfang dieses Kapitels gestellten Fragen zurückkehre, ergeben sich nun folgende Antworten:

Nach so erschreckenden Phasen des Massenwahns und der Dämonisierung von Massenphänomenen, wie sie unser Jahrhundert geboten hat, gibt es manche Indizien, die dafür sprechen, daß bei einer immer größeren Anzahl von Menschen die Erkenntnis der notwendigen Verantwortung des Einzelnen heranreift. Die Ausrede auf die erdrückende Majorität der Masse hat sich als unhaltbar erwiesen, da diese Masse kein Ungeheuer aus der modernen Sagenwelt ist, sondern aus Menschen besteht, die ebenso nach einem sinnvollen Leben streben wie jene, die das bereits wissen.

Viele Erfindungen, die mit dem Begriff Masse verbunden sind, wie etwa die Massenmedien, tragen keineswegs nur dazu bei, die Eigenschaften einer Masse zu konservieren oder zu verschlechtern: sie bieten auch unzählige Vergleiche, wecken Zweifel, Interessen und Reflexion. Sie konfrontieren viele Menschen mit Persönlichkeiten und Meinungen, die sie sonst nie kennengelernt hätten. Es entstehen Anregungen, die es ohne die Massenmedien nicht gäbe, wenn auch gelernt werden muß, aus den Programmen das Wesentliche herauszusuchen. Der Massentourismus lehrt viele Menschen andere Kulturen, andere Nationen, andere Sprachbereiche kennen und führt dazu, diese Kulturen, diese Völker und ebenso die eigene Position richtiger einzuschätzen. Gerade in den letzten Jahrzehnten könnten sowohl in den westlichen Demokratien und – mit erheblichem Abstand – in den kommunistischen Ländern Erfahrungen und Informationen dafür gesorgt haben, daß neue Massenphänomene, etwa große Kriege, nicht mehr so leicht ausbrechen wie einst. In Bevölkerungen mit einstigem Massenverhalten hat sich ein erheblicher Prozentsatz an Menschen mit individuellem Horizont und persönlichem Handeln herangebildet, eine Zahl, die weiter im Ansteigen ist.

Nachdem die technischen Großleistungen bis zur Atombombe, zur durchführbaren Vernichtung der gesamten Menschheit, zur Landung auf dem Mond, zu Computern und vielen anderen phantastischen Sensationen geführt haben, ist denkbar, daß die unwiderstehliche Faszination des Machbaren von allem und jedem nachläßt. Viel eher als noch zur Mitte unseres Jahrhunderts ist heute und in Zukunft vorstellbar, daß die Emanzipation der Menschen gegenüber ihren eigenen Produkten zunimmt. Auch die Tatsache eines zumindest in den westlichen Demokratien erreichten erheblichen Lebensstandards gilt für so viele als Selbstverständlichkeit, daß der einst neue Glanz verblaßt, die Suggestion schwächer, die Enttäuschung über die Inhaltslosigkeit alles dessen größer wird: immer mehr Menschen suchen nach anderen Zielen für ihr Leben. Hier bietet sich der Aufbau der eigenen Persönlichkeit an und damit das Auffinden neuer Möglichkeiten des Erlebens und der Glücksempfindung. Die Aufforderung der Evangelien »Liebe deinen Nächsten wie dich selbst« setzt bei diesem persönlichen Selbstsein an.

Viele Anzeichen solcher Entwicklungen sind zu beobachten, immer wieder wurde in diesem Buch auf sie hingewiesen. Natürlich können auch zahlreiche Gegenbeweise erbracht werden, doch führen auch sie nicht zu berechenbarer Gewißheit. Die Entscheidung für die positive oder die negative Anschauung muß vom Einzelnen selbst getroffen werden. Sicher ist allerdings, daß der Entschluß zum Denken und Handeln im Sinn einer möglichen Humanisierung und damit einer Individualisierung die Chance einer lebenswerten Zukunft, ja vielleicht einer überhaupt noch stattfindenden Zukunft, vergrößert.

Die Verantwortung liegt beim Einzelnen, er kann sich ihr durch keine noch so intelligente Finte entziehen. Schon deshalb ist die Wiederkehr des Einzelnen nicht zu leugnen. Wird diese Verantwortung bewußt übernommen, dann öffnet sich gleichzeitig die Freiheit für ein Leben, das trotz aller Not in der Welt und trotz aller Bedrohung überraschend viele Anlässe bietet, eine Haltung des Dankes einzunehmen.

Die Wiederkehr des Einzelnen

Selbstverwirklichung heute

Was macht die Ameise ohne Ameisenhaufen? Fühlt sie sich vereinsamt, sinnlos, heimatlos? Fühlt sie sich wie der Beamte ohne Amt, der Ingenieur oder der Arbeiter ohne Fabrik, der Journalist ohne Zeitung? Ist der Mensch – wie die Ameise sich erst durch den Ameisenhaufen zur Ameise entwickelt hat – erst durch das Amt, die Fabrik, die Zeitung Mensch geworden? Ist sein Bewußtsein in ein kollektives Bewußtsein eingegangen, ist er von Kindheit an so sehr auf eine gesellschaftlich funktionierende Rolle trainiert, daß er sich überhaupt nicht mehr anders als in Beziehung zu einem Apparat, dessen Bestandteil er wurde, denken kann?

Seit dem vergangenen Jahrhundert zieht das Gespenst der großen Maschine, zu der unsere Zivilisation zu werden droht – wie in diesem Buch schon oft gezeigt wurde – durch zahlreiche Auseinandersetzungen. Aber es scheint, als wären die Menschen auch dieser Gedanken müde geworden, die doch die bequeme Perfektion des reibungslosen Funktionierens stören. Das Vermeiden der Probleme des Zusammenlebens und Zusammenwirkens wurde ein wichtiges Gebot des Erfolgs, die Maschine soll sich leicht bewegen, erweitern, ergänzen, verbessern lassen. Wer als winziger Einzelteil Schwierigkeiten macht, hat sich das selbst zuzuschreiben, kann rasch ersetzt werden und soll sehen, wo er bleibt. Von früh an auf das Leben und Wirken in großen Organisationsstrukturen im unüberschaubaren Apparat unserer Zivilisation orientiert, wurde das Bewußtsein des Menschen weitgehend mit einer Art Bewußtsein dieses Apparates identisch.

Die Ratlosigkeit von Menschen, die durch irgendein Ereignis vom großen Apparat getrennt werden, ist bestürzend: der Pensionisten, der Urlauber, der Arbeitslosen. Die Urlauber, die ihren Funktionalismus und ihr Kollektivbewußtsein oft durch kollektive Programme auf den Urlaub übertragen, haben immerhin die Sicherheit, in ihren normalen Alltag zurückzukehren. Ob sie den gewohnten Lebensrhythmus in die Ferien nehmen oder durch das extreme Gegenteil ihres Verhaltens nicht weniger ihre Gebundenheit verraten, sie schwenken nach vier oder sechs Wochen wieder in das gewohnte Milieu ihrer täglichen Sicherheiten ein. Beim Pensionisten ist die Krise unvermeidlich. Er hat bis zu seinem sechzigsten oder fünfundsechzigsten Jahr als Teil eines Ganzen funktioniert, seine gesamte Tätigkeit war nur in Zusammenhang mit einem riesigen Apparat denkbar – und was tut er jetzt? Ist er noch imstande, mit fünfundsechzig sein Bewußtsein zu ändern und zu entdecken, daß das Leben nicht nur als Bestandteil eines Apparats gedacht werden kann?

Längst weiß man, daß das eigentliche Problem des Arbeitslosen nicht mehr der Hunger, die akute materielle Not ist, sondern die plötzliche Tatsache, mit sich selbst allein konfrontiert zu sein. Der Zweck des Funktionierens als Teil eines gewaltigen Apparats ist abhanden gekommen und damit das Selbstbewußtsein, das Gefühl der Identität. Man hat mit einem Mal erschreckend viel Freizeit, fühlt sich unnötig, weil der Apparat auf die Mitarbeit verzichtet. Die oft hohen Unterstützungen mindern dieses psychische Problem keineswegs. Wird der Arbeitslose reichlich subventioniert – was vom sozialen Standpunkt nur zu begrüßen ist –, so heißt das psychologisch gedeutet ebenso: eure Arbeit, eure Mitwirkung ist uns leider nichts wert, wir brauchen euch nicht, wir bezahlen trotzdem, was wollt ihr mehr, nun gebt Ruhe. Welchen Sinn und welchen Wert hatte also bisher diese Arbeit?

Alle diese Zeichen weisen darauf hin, wie sehr der Einzelne heute nicht nur materiell, sondern in seiner psychischen Existenz von den großen Apparaten abhängig ist. Er fühlt sich als Einzelner verloren, nicht mehr in Gemeinschaft mit anderen, weil er ja kaum mehr andere Einzelne findet. Es kommt soweit, daß sich der Einzelne beinahe verfemt, minderbewertet und benachteiligt fühlt, ausgestoßen aus dem gemeinsamen Leben der Zeitgenossen und dem sie alle vereinigenden Schicksal.

Niemand kann leugnen, daß das Bewußtsein der Individualität, diese wichtigste Besonderheit der europäisch-westlichen Kultur, schwerstens bedroht ist. Das Erlebnis, sich als Einzelner und als Persönlichkeit zu fühlen, erhält in einer Gesellschaft der zunehmenden Verstaatlichung, der anwachsenden Ausdehnung von Institutionen und wirtschaftlichen Großorganisationen keinerlei Auftrieb und Ermutigung. Von der praktischen täglichen Existenz her werden Selbständigkeit und Individualität immer stärker behindert. Wer hat heute noch berufliche Selbständigkeit? Der Bauer, der Handwerker, Schneider, Schuster, der Ladeninhaber, der Arzt, der Anwalt, der Künstler, sie leben in Positionen, die von allen Seiten durch staatliche Institutionen und Konzerne bedrängt werden. Immer mehr Selbständige geben ihre Selbständigkeit auf, da sie dem Druck nicht standhalten, und suchen Anstellungen bei übermächtigen Institutionen.

In diesen Institutionen ist es dann überaus schwer für den Einzelnen, seine Individualität zu bewahren, also ein Einzelner zu bleiben. Verlangt wird das klaglose Erfüllen einer Teilfunktion, wobei Eigeninitiativen und Arbeit nach persönlichem Zuschnitt nur überaus beschränkt möglich sind. Persönlichkeit und Individualität werden in Großorganisationen bloß unter der Bedingung gesucht, daß gleichzeitig eine ebenso große Begabung zur Einordnung, zum Gehorsam, zur reibungslosen Kommunikation in einem Kollektiv vorhanden ist. Tritt nun eine Persönlichkeit in frühen Jahren in solch eine Institution ein, so hat sie meist, wenn sie nach langer Wartezeit in eine leitende Stellung aufsteigt, ihre Eigenart, ihre Phantasie und ihren Mut verloren. An die Spitze kommt dann nur ein gut eingearbeiteter, brauchbar abgeschliffener Beamter, der seine oft in Jahrzehnten erlittene Nivellierung nun mit nach oben bringt.

In der praktischen Realität ergibt sich das Paradox, daß der Staat und die Großorganisationen für hohe Stellungen Persönlichkeiten mit Phantasie, mit Ideen und Initiative suchen, während sie in den unteren Rängen eben jene Eigenschaften ausmerzen. Die Institutionen selbst sind also genau die entgegengesetzt wirksame Schule für den Nachwuchs ihrer eigenen Spitzenpositionen. Holen sich aber der Staat oder die Großunternehmen ihre hohen Funktionäre und Generaldirektoren aus bisher selbständigen Berufen, so scheitern diese Persönlichkeiten oft an der Unmöglichkeit, sich an die Führung komplizierter Apparate mit ihrer heiklen kommunikativen Psychologie zu gewöhnen.

Die Gefahr der Institutionen für die Persönlichkeit hat vor allem drei Ursachen. Die erste ist das jede Eigeninitiative zerstörende Training der Unterordnung, des Gehorsams zum klaglosen Funktionieren innerhalb des von oben autoritär gesteuerten Apparats. Die zweite Ursache ergibt sich aus der ersten, nämlich die nagende Ermüdung der täglichen Routine, die trotz der langsam kürzer werdenden Arbeitszeit die individuelle Substanz aufzehrt. Die vielleicht größte Versuchung, die eigene Individualität aufzugeben, entsteht aber durch die Autosuggestion einer billigen Scheinbefriedigung. Wodurch entsteht ehrliche Befriedigung? Wenn das ganze Potential der Persönlichkeit mit allen seinen kreativen Fähigkeiten aufgerufen und verwirklicht werden kann. Sehr viele Beamte und Manager gehen abends leer und erschöpft nach Hause, und diese Erschöpfung täuscht ihnen oft nur vor, daß sie tatsächlich die Fähigkeiten ihrer Persönlichkeit bei dieser Arbeit eingesetzt haben. Die Erschöpfung entstand aber durch Routinearbeit, bei manchen sogar durch Überwindung der Langeweile. Gerade ein sinnloser Tag im Büro macht besonders müde. Und es ist allzu bequem und ebenso gefährlich, sich dann auch noch Befriedigung einzureden.

Kann man eine Jugend als untauglich und degeneriert bezeichnen, die eine solche Situation bemerkt? Die Unruhe der Studenten hatte ihre psychologische Ursache in der Angst vor der Funktionalisierung, die auf sie wartet. Man konnte freilich voraussehen, daß Demagogen diese Unruhe ausnützten, daß in Sackgassen gestürmt wurde, daß wilde Aktionen die bewußte Artikulation ersetzten und daß dort, wo ungemein viel geredet wurde, meist das phrasenhafte Wiederholen von Schlagworten öffentlichkeitssüchtiger Philosophen respektablen Alters zu hören war. Die Intuition aber stimmte, denn die zunehmende Funktionalisierung des Lebens sollte deutlich ins Bewußtsein aller kommen.

Bedauerlich ist, daß nun ein Großteil eben jener Jugend, die so lärmend revoltiert hatte, in Erkenntnis des eigenen früheren Extrems ins andere Extrem der totalen Anpassung umschwenkte und daß ein anderer, freilich geringer Teil in Hippieschicksale mit Drogen und Bettelei auswich. Auch politisches Verbrechertum erhielt aus Kreisen jugendlicher Radikaler Nachschub. Ausschlaggebend bleibt, daß diese Revolten der Jugend nicht als Perversion und Auswüchse wohlstandsgesättigter Langeweile hochmütig zu etikettieren und beiseite zu schieben sind, auch wenn solche Motive mitgewirkt haben mögen. Die Zeichen waren sehr ernstzunehmen, und gerade jene denkenden Beamten, Angestellten in Institutionen und jene Psychologen, die sich mit den neuen Problemen der Anpassung beschäftigen, wissen warum.

Allerdings gibt es in unserer funktionalisierten Gesellschaft von heute noch wichtige Reservate der bedrohten Individualität. Das größte Reservat – und diese Tatsache hat ihre Tragik – ist wohl die innere Emigration. Wenn die Persönlichkeit im Beruf nicht mehr ermutigt wird, besteht immerhin noch die Möglichkeit, die Entfaltung der Individualität in den Bereich außerhalb des Berufes zu verlegen, also in die Freizeit, in die Familie, in die Ferien. Damit nimmt man eine bewußte Teilung des Lebens in Kauf, die bis zum zweifachen Denken, Sprechen und Handeln in der beruflichen und der privaten Sphäre führen kann. Während der Dienstzeit ein perfekter anpassungsfähiger Beamter oder Angestellter, in der Freizeit ein origineller Kopf, ein Mann mit Ideen und eigenem Lebenskonzept – das ist leider eine Wunschvorstellung, die einer glücklichen psychischen Gesundheit widerspricht.

Gemäß Alfred Adler und allen späteren Erkenntnissen der Psychologie bildet der Mensch eine psychische Einheit, und die Anpassung, zu der er im Beruf angehalten wird, wirkt sich auf die Formung seines gesamten Charakters aus. Trotzdem ist die bewußte Verteidigung des Privatlebens mit seinem Freiheitsraum, mit seiner Möglichkeit zur Bildung und kulturellen Kreativität, das Bemühen um die Familie, ein sehr geeigneter Versuch, die Individualität zu retten.

Die in unserem Jahrhundert so vielseitig entwickelte Wissenschaft der Psychologie hat, wie man feststellen muß, vor allem deshalb eine mitunter verhängnisvolle Bedeutung gewonnen, weil auch sie – sehr oft ohne dies zu wollen – in die antiindividuelle Entwicklung einbezogen wurde. Das Aufkommen der Psychologie als eigene Kategorie und ihre große, weiterhin zunehmende Wichtigkeit für das Leben war kein Zufall. Allerdings ist oft eine erschreckende Umkehrung der ursprünglichen Absicht dieser Psychologie zu bemerken. War es etwa Sigmund Freuds Bestreben, durch das Erkennen des Unbewußten die Ichkräfte zu stärken, also die Persönlichkeit – »Was ›Es‹ war, soll ›Ich‹ werden« – zu konstituieren, so wurde seine Lehre von der Rezeption her geradezu in ihr Gegenteil verwandelt. Nicht der schwierige, anstrengende Vorgang der Herausbildung der Persönlichkeit aus dem Unbewußten, sondern das Unbewußte selbst in seiner primären Bedeutung fand breites Interesse. Eine Anbetung der Sexualität und die Parole der Anpassung wurden falsch als Inhalt der Psychoanalyse weitergegeben.

Nicht viel besser erging es Alfred Adlers »Individualpsychologie«, da hier ebenfalls die Entfaltung und Stärkung des Individuums übersehen, dafür die Orientierung auf die Gemeinschaft dogmatisch und politisch in marxistischem Sinn ausgewertet wurde. Ärgste Mißverständnisse erfuhr das »kollektive Unbewußte« von C. G. Jung, während gleichzeitig die von seiner Lehre verlangte Klärung der Persönlichkeit unbeachtet blieb. Auch viele Philosophen – etwa Schopenhauer, Nietzsche, Bergson und sogar Karl Marx – wurden ausschließlich im Sinn der Überschreitung und Auflösung des Ichs oder extrem kollektiv ausgelegt.

Es ist eine Tatsache, daß unzählige Psychologen den Kampf um die Persönlichkeit, um die Heranbildung des Ichs aufgegeben haben und den Menschen zufrieden zu machen versuchen, indem sie ihn zu uneingeschränkter Anpassung bringen wollen. Diese die Ziele ihres Aufbruchs verratende Psychologie nimmt das Bestehen der Großorganisation als unwandelbare Wirklichkeit unserer Zivilisation und arbeitet nun gern oder ungern daran, den Einzelnen für dieses Dasein als Ameise zu konditionieren.

Ob politische Kollektivromantiker, ob Positivisten oder dionysische Mystiker am Werk waren, die Persönlichkeit des Einzelnen verlor für sie ihre Bedeutung, sie hatte sich in Größerem aufzuheben. Vom atheistisch-pseudoreligiösen Rauschgefühl bis zum mechanistischen Prinzip der totalen Determination des Einzelnen bewegte sich das Lebensgefühl auf den Ichverlust zu.

Falsch wäre es jedoch, die grundlegenden Veränderungen im westlichen Bereich während des letzten Jahrhunderts nur von der negativen Seite her zu sehen. Niemand kann leugnen, daß der Alltag der meisten Menschen humaner geworden ist. Die Not der sogenannten unteren Schichten war einst erschreckend, mißt man sie am heutigen Lebensstandard. Die Wohnungsverhältnisse, die Krankenversorgung, die Hilflosigkeit des Alters, der Hunger, die Kindererziehung, der Mangel an Schulen, die Schwierigkeit für den Begabten, sich zu entfalten, etwa die Universität besuchen zu können, das alles würde uns heute – sollten wir plötzlich eines morgens als Schneidergehilfe, Hausdiener oder Dienstbote im 19. Jahrhundert aufwachen – unerträglich erscheinen.

Allerdings stellt sich die Frage, ob das Anheben des allgemeinen sozialen Standards – das zweifellos zu den großen Leistungen der westlichen Zivilisation zählt – nicht auch Folgen mit sich gebracht hat, deren heimtückische psychologische Wirkung erst jetzt deutlich wird. Es sieht aus, als wäre die europäische Tradition mit sich selbst in Widerspruch geraten. Einerseits beruht sie auf den Kräften der einzelnen Persönlichkeit, anderseits konnte nur aus eben dieser Tradition jene zivilisatorische Welt entstehen, die uns heute umgibt. Gerade aus dem Bewußtsein des Individuums wurden die Wissenschaft, die Technik und konsequent jene Großorganisation geschaffen, die nun im Gegensatz zu allen Voraussetzungen einer individuellen Persönlichkeit stehen.

Von der Gestalt des Prometheus angefangen, über die griechischen Philosophen in Kleinasien und Ionien, über die Stoa und das Christentum, die Humanisten der Renaissance, über die Aufklärung, über Kant bis zu Jaspers – sie alle sind Markierungen einer jahrtausendealten Anstrengung, das Erlebnis der Persönlichkeit mit ihren wichtigsten Fähigkeiten, dem freien Willen, dem Gewissen, dem bewußten sittlichen Handeln, aufzubauen. Das Gefühl der Individualität und der Freiheit wurde in der europäischen Kultur gefunden, gezeigt und gelehrt.

Die Grundlage unserer westlich-europäischen Kultur ist – ob man will oder nicht – jenes Christentum, das die Kultur der Antike im Sinn des Monotheismus und der Nächstenliebe veränderte. Die Evangelien und die Paulusbriefe richten die Persönlichkeit und ihre Freiheit unmittelbar auf Gott. Der Einzelne hat die eigene, persönliche Beziehung zu Gott, er ist frei in seinem Willen und verantwortlich für sein Handeln. Sein Gewissen ist die von Gott selbst geschenkte, aus dem Innersten seiner Persönlichkeit kommende Stimme, der er folgen soll. Die individuelle Verantwortung vor Gott ist das Fundament der Persönlichkeit. Damit war das Ich des Einzelnen so klar formuliert wie nie zuvor.

Auch die Begriffe Schuld und Buße sind Ausdruck der freien Entscheidung des Ichs, das so oder anders handeln kann. Aus dieser Freiheit baut sich die Individualität, die Persönlichkeit auf. So sind die Worte des Paulusbriefes an die Galater zu verstehen: »Ja, ihr seid zur Freiheit berufen; nur laßt die Freiheit nicht zum Anreiz werden für das Fleisch, sondern dient einander in Liebe!« und weiter: »Für die Freiheit hat uns Christus befreit; steht also fest und laßt euch nicht wieder unter das Joch einer Knechtschaft bringen!« Im zweiten Korintherbrief heißt es: »Der Herr aber ist der Geist, und wo der Geist des Herrn ist, da ist Freiheit.« Im ersten Korintherbrief wird die Instanz des eigenen Gewissens deutlich hervorgehoben: »Was soll denn meine Freiheit von eines anderen Gewissen sich richten lassen?« Und im Jakobusbrief steht: »Redet und handelt als solche, die durch das Gesetz der Freiheit gerichtet werden.« Wenn wir aber diese Freiheit nicht nützen, ja vielleicht nicht mehr wollen, wo bleibt dann die Persönlichkeit?

Plotin und Origenes haben in dem für das Christentum und die europäische Kultur so wichtigen Alexandrien diesen Gedanken des Ichs, des Gewissens, des Denkens gegenüber den widerstrebenden Kräften des Menschen, seines Körpers, seiner Triebe, seiner Leidenschaften mit psychologischer Schärfe verdeutlicht. Als mehr als ein Jahrtausend später Descartes in seiner schmalen Schrift »Abhandlung über die Methode des richtigen Vernunftgebrauchs« sein bahnbrechendes Wort »Ich denke, also bin ich« formulierte, konnte er dies in vollem Bewußtsein tun, damit eine Wahrheit des Christentums auszusprechen. Auch Sigmund Freud, so sehr er sich selbst gegen die christliche Religion und die Religion überhaupt wandte, befindet sich mit dem Hauptmotiv seiner Lehre, nämlich der Heranbildung des Ichs gegenüber dem Es, durchaus im Bereich der europäisch-christlichen Tradition.

War Freud noch aus dem positivistischen Geist seiner Epoche heraus ein streitbar antiklerikaler Atheist, so rückte Alfred Adler dem Gottesbegriff und dem Christentum bewußt näher. Die Bezeichnung seiner Lehre als »Individualpsychologie« betonte die individuelle Einheit der Persönlichkeit so klar wie möglich. Bei Adler kommt auch die Verbindung von »Ich« und »Gemeinschaft« als entscheidendes Motiv zur Geltung, also gerade jene Einbeziehung der Nächstenliebe, der Hilfe für den anderen, die in der Bergpredigt und in der Erzählung vom Samariter gemeint war.

Der andere Weg der europäisch-christlichen Tradition führte in die Wissenschaft, in die Veränderbarkeit der Natur, in die Technik, die Gestaltbarkeit unserer Umwelt. Auch hier hatte das Christentum die Voraussetzung geschaffen, indem es die Natur dem Menschen gegenüberstellte. Der Fluß war nicht mehr ein Gott, sondern Wasser, das man stauen, über Mühlen leiten, technisch verwerten konnte. Gott, der nicht mehr, wie die Götter, sich in Bäumen, Tieren, Flüssen und Meeren verkörperte, hatte die Natur dem Menschen zum Acker und als nutzbare Materie anheimgegeben. Der prometheische Gedanke konnte erst im Christentum zur praktischen Verwirklichung kommen – und dies ist bis zur Verwertung der Atomkraft in geradezu unheimlicher Dimension geschehen.

Unerwartet war allerdings die Tatsache, daß sich die seit dem vergangenen Jahrhundert entwickelten Großformen der Technik und Industrie immer weniger mit dem individualistischen Geist der europäisch-christlichen Kultur vereinbaren ließen. Als die Industrie im vergangenen Jahrhundert zu gewaltigen Konzernen anwuchs und die Wirtschaft ein immer enger verflochtenes System wurde, baute man nicht auf den Gemeinschaftsformen des Handwerks, der Manufakturen, des Kleinhandels, der Zünfte und Innungen auf. Nicht die kleinen Einheiten der Antike, des Mittelalters und der Renaissance, sondern die Struktur eines zentralistischen Feudalismus wurde von der Industrie adaptiert, und sie ermöglichte die enorme Größenentwicklung. Die totale Form des Feudalismus aber gab es im byzantinischen Absolutismus, der wiederum das Erbe der asiatischen Despotien übernommen hatte.

Es zählt zu den Paradoxen der Geschichte, daß die neuesten Ergebnisse der westlichen Zivilisation mit ihrer Entwicklung riesiger staatlicher und wirtschaftlicher Apparate sich asiatischen Beispielen nähern. Wieder kommen wir zu der Frage, die ich bereits früher gestellt habe: wird die ägyptische Megamaschine der beamteten Nilregulierungen, der Pyramidenbauten, werden der Staatsapparat von Byzanz, das babylonische und chinesische Beamtensystem nach merkwürdigen Umwegen nun mit westlicher technischer Intelligenz wiedergeboren? Sind wir damit in eine Phase der Zerstörung unserer eigenen Fundamente geraten? Die enorme Verstaatlichung und Apparatisierung hat diese Gefahr ernsthaft herbeigeführt.

Noch wird abzuwarten sein, ob die immer kollektiver sich entwickelnde westliche Zivilisation nicht an einem bestimmten Punkt auf verblüffende Weise Deckung im asiatischen Denken findet: das kollektive Funktionieren der großen Maschinerie industrieller Organisationen könnte unter gewissen Voraussetzungen der jahrtausendealten nichtindividuellen Haltung Asiens entsprechen und damit den Westen gewaltig übertreffen. Die enorme Leistung der japanischen Industrie gibt dafür ein Beispiel. Es ist nicht abwegig, die Möglichkeit anzunehmen, daß China diesem Beispiel folgen könnte.

Verhängnisvoll erscheinen mir für den Westen alle jene Erlebnisarten, die von der Persönlichkeit und der Individualität, der eigentlichen Grundlage der europäisch-westlichen Kultur, wegführen. Auch die asiatischen Religionen und Philosophien, vor deren Bedeutung ich in Ehrfurcht stehe, bewegen sich auf ganz anderen psychischen und geistigen Grundlagen. Dort werden Brahma, Tao und andere überpersönliche Erlebnisideale angestrebt, das Ich – soweit es sich überhaupt bewußt bildet – hat ein negatives Vorzeichen. Mitfühlen und Nächstenliebe sind fremd und gelten als nachteilig für das Aufgehen ins möglichst auf Erden schon anzunähernde Nirwana.

Auch wenn viele im Westen meinen, die eigene Kultur sei mit ihren Idealen gescheitert, das Christentum und alles europäische Denken habe nur in katastrophale Kriege und Krisen geführt, so muß darauf hingewiesen werden, daß eine Kultur nicht auf völlig andere Grundlagen übersiedeln und zu einem Erlebnisstil übergehen kann, der dem eigenen wesentlich widerspricht. Eine Fehlentwicklung kann im Spiegel einer anderen und in vielen Elementen gegensätzlichen Kultur zwar erkannt werden, doch die Korrektur hat nur dann eine Chance zu gelingen, wenn sie auf der eigenen Grundlage, mit eigener Kraft und den eigenen Instrumenten vorgenommen wird.

Es sieht heute fast so aus, als hätte nicht das Prinzip der Individualität und der Persönlichkeit gesiegt, sondern jenes des Kollektivs, der Vergötzung des überindividuellen Apparats, dem der Einzelne unterworfen, in dem er aber auch in gewisser Weise geborgen ist. Man könnte meinen, daß die Megamaschine der Pharaonen – wie Lewis Mumford dieses System nannte – letztlich doch noch den Sieg über die griechisch-christliche Individualität davongetragen habe. Der ägyptische Apparat der Beamten, mit dem Gottmenschen an der Spitze, scheint in der heutigen Phase unserer alten Kultur nach jahrtausendelanger Dialektik die griechisch-römische Formung der Einzelpersönlichkeit und der Demokratie zurückzudrängen. Byzanz mit seiner orientalischen Hierarchie, seiner östlichen Auslegung der christlichen Kirche bereitete den Boden vor für eine Geschichte Rußlands ohne Renaissance, ohne Humanismus, die fast in historischer Logik in den Kommunismus mündete: die Mumie Lenins, das göttliche Zentralkomitee, die Masse der rechtlosen Fellachen, der allwissende und allmächtige Pharao im Kreml an der Spitze, der Staat als gigantische Pyramide, das ist die Wiedergeburt des ägyptisch-orientalischen Prinzips in Europa. Und wie steht es mit dem Westen Europas? Also mit jenem Teil Europas, den der Kommunismus nicht erfaßt hat?

Man gerät unvermeidlich in historische Zusammenhänge, will man die psychologische Situation in der heutigen Phase einer alten Kultur untersuchen. Erst in der geschichtlichen Dimension ist es möglich, die Konstellation der Gegenwart einigermaßen zu erkennen. Zuerst erlaube ich mir den Hinweis, daß ich formuliert habe: »Jenen Teil Europas, den der Kommunismus nicht erfaßt hat« und nicht »*noch* nicht erfaßt hat«. Außerdem habe ich von der »heutigen Phase unserer alten Kultur« und nicht von »Spätkultur« gesprochen. Man kann an der Tatsache, daß der Begriff »Spätkultur« im Zusammenhang mit der Gegenwart der westlichen Demokratien sogar in liberalen und konservativen Zeitungen laufend vorkommt, und aus der Beobachtung, daß es gar nicht so schockierend klingt zu sagen: »Jenen Teil Europas, der *noch nicht* vom Kommunismus erfaßt ist« ablesen, wie es um uns steht.

Die in den grauenhaften Erlebnissen des Krieges aufs höchste gesteigerte Existenzangst bewirkte eine unbewußte Gegentendenz zu jenem bewußten Vorsatz der meisten Geretteten, ihr Glück nie mehr an so anschaulich zerstörte Häuser, Autos und sonstige Besitztümer zu hängen. Die sehr richtige Erkenntnis von der Sinnlosigkeit materieller Anhäufungen wurde durch den Drang einer fast animalischen Angst überdeckt: man hielt nicht ein, als man ein Dach über dem Kopf, Boden unter den Füßen, Wärme im Zimmer hatte, sondern sammelte hamstergleich immer mehr davon und geriet in eine angstvolle neurotische Automatik, von der man sich nicht mehr loszumachen imstande war.

Wer kann beurteilen, wie spät es in einer Kultur ist? Vergleicht man mit der chinesischen Kultur, die in lebendiger Kontinuität fast dreitausend Jahre besteht, dann befände sich die Kultur des westlichen Europa, wenn wir von Karl dem Großen an rechnen, etwa im ersten Jahrhundert nach Christus. Fassen wir aber die abendländische Kultur seit Homer als Einheit auf, dann haben wir es mit welthistorischen Grundkomponenten zu tun, die etwa, wie die asiatische Kultur – wenn man von einer solchen überhaupt sprechen will – unübersehbare Zeiträume dauern. Und niemand sollte erklären, die Verfallserscheinungen im Westen seien derart deutlich, daß der Untergang nicht ausbleiben könne. China, Ägypten, das römische Reich zeigten Symptome der Auflösung und der Dekadenz in Phasen, die ihre Erstarkung und politische Ausbreitung erst einleiteten.

Man soll auch nicht vergessen, daß die ersten Christen der

sicheren Überzeugung waren, der Weltuntergang stehe in Kürze bevor. Aus dem frühen und späten Mittelalter Europas, das wir heute als eine Blütezeit der Kultur ansehen, lassen sich unzählige Dokumente einer geradezu panikartigen Untergangsstimmung anführen. Man könnte eine Anthologie dieser historischen Hinweise auf die unübersehbaren Zeichen des sicher bevorstehenden Endes unserer Kultur zusammenstellen, um eine heilsame Überraschung damit auszulösen: ihnen allen folgten Epochen des Aufschwungs und der kulturellen Blüte, die wir heute zu den Höhepunkten der europäischen Geschichte zählen.

Ein Begriff wie Spätkultur im Zusammenhang mit unserer Gegenwart ist reine Spekulation, und zwar eine böswillige. Sie versucht, in den westlichen Demokratien eine Haltung der Aussichtslosigkeit, der Selbstaufgabe, ja sogar als angebliche geschichtliche Notwendigkeit zu suggerieren, die genau darauf abzielt, daß auf Grund einer solchen Haltung die Verringerung der Chancen überhaupt erst entsteht. Resignation läßt eine kapitulative Haltung aufkommen, die den Zusammenbruch herbeiruft. Die Wirkung unauffälliger Vokabeln, die schon in den Schulunterricht einsickern, die in Massenmedien wuchern, von vielen Schriftstellern und Lehrern oft ohne Wissen um die Folgen, aber oft auch absichtlich benützt werden, kann ein Zeitklima beeinflussen. Das Begriffsinventar wird auf diese Weise langsam ein Inventar des Untergangsdenkens, und das Denken bestimmt das Handeln oder Nichthandeln. Das unermüdlich beschworene Unheil kann sich schließlich seiner Beschwörung kaum mehr entziehen. Es ist wichtig, diese sprachliche Unterwanderung zu erkennen und ihr andere Vokabeln, andere Begriffe entgegenzustellen.

Ist man aber davon überzeugt, daß Entwicklungen steuerbar sind, wenn sich jene, die es angeht, der Verantwortung stellen und ihr entsprechend handeln, so erfordert gerade diese Verantwortung, daß das Ausmaß der Bedrohung so deutlich wie möglich erkannt wird.

Untersucht man nun die Herkunft des heutigen Kollektivismus, dann muß man mit Erschütterung feststellen, daß die gewaltigsten Schübe in dieser Richtung durch die beiden Weltkriege verursacht wurden. Zu den achteinhalb Millionen des Ersten und fünfundfünfzig Millionen Toten des Zweiten Weltkriegs kommen noch die Spätfolgen der damals vorangetriebenen gigantischen Apparatisierung der westlichen Lebenssphäre. Die Kriege hatten durch die äußerste Kraftanstrengung eine Generalmobilmachung aller verfügbaren Menschen, Industrien, Firmen erzwungen, von der nicht nur dem Geist nach, sondern sehr oft auch in der Realität noch vieles nach dem Krieg erhalten blieb.

Die Manager der kollektiven Wirtschaft, Industrie und Wissenschaft waren nun einmal gerufen, und gerade dort, wo sie ihren Ländern den Sieg gebracht hatten, gab es keinen Anlaß, ihnen wiederum alle Kompetenzen zu nehmen. In Aufgaben des Friedens umgelegt, blieb in ähnlicher Variante dieser so erfolgreich gewesene Stil erhalten. Auch nach der Demobilisierung lief auf eine vorerst mehr oder weniger versteckte Weise die Maschine weiter. Langsam aber stellten sich die realen Ergebnisse der nun einmal etablierten Großstruktur ein. Aus diesen beiden Weltkriegen wurde keiner der Europäer und Amerikaner wirklich ganz mehr entlassen.

Sind wir tatsächlich zu einer Armee in Zivil geworden? Zu einer Armee, die freilich weder für das Vaterland antritt, weder für einen Glauben, noch für die Freiheit und nicht für die Rettung der Armen in der Welt, weder für irgendwelche Ideale noch aus Verzweiflung zur Änderung eigener Not – sondern für die allgemeine Bequemlichkeit und Unfreiheit? Wurden wir eine Armee, die sich konstituiert aus dem Negativen der Angst vor der Individualität, der Angst vor Freiheit und jedem entschlossenen Denken und Tun? Diese Armee wäre – entgegen dem ursprünglichen Ziel einer aufs äußerste gesteigerten Arbeitseffizienz – degeneriert zum Unterschlupf in der Versorgung, in der vorgeschriebenen Zeiteinteilung, der Vorschrift und Gedankenlosigkeit. Dann stünde vor uns die Utopie der Arbeitsameisen, die Utopie des Ameisenbaus, und die Freiheit als Perversion zur Befreiung vom individuellen Wollen und Verantworten.

Ich war selbst in einer Armee, und ich kenne die Haltung des »Tachinierens«, des »Sich-Richtens«, des »Eine-ruhige-Kugel-Schiebens«. Ganz ähnliche Symptome treten heute in den großen zivilen Apparaten auf. Immer mehr Menschen versuchen auch dort, die Proportion zwischen Einkommen und Leistung so günstig wie möglich dadurch zu gestalten, daß sie die Leistung senken, so tief es geht, dies aber durch Angeberei oder sonstige Tricks verbergen. Beim Staat etwa und vielen öffentlichen Institutionen sind die Bezüge genau reglementiert und können durch Tüchtigkeit nicht gesteigert werden. So entsteht oft langsam ein Klima der schlauen Drückebergerei, des Zynismus und Defaitismus am eigenen Leben. Von Glück kann keine Rede mehr sein.

Inzwischen ist die Megastruktur aus unserem Leben nicht mehr wegzudenken, die nach ihrem Prinzip aufgebaute Wirtschaft, Industrie und Wissenschaft tragen den Wohlstand der westlichen Massengesellschaft. Die imaginäre Pyramide unserer Zivilisation hat mit ihrer Spitze den Mond erreicht, und sie wächst weiter. Haben wir die Welt, und sogar den Weltraum, den Mond gewonnen und dafür mit dem Schaden an unserer Seele bezahlt? War der Preis für die Verwirklichung der kühnsten menschlichen Phantasien der Verlust unserer Persönlichkeit? Und vielleicht ist es das überzeugendste Symptom für die Gefährlichkeit dieser Situation, daß die meisten nur ein dunkles, aber quälendes Gefühl des Unbehagens haben, das zu schweren Neurosen und Perversionen führt, ohne daß deren eigentliche Ursache deutlich wird.

Ich klage, so laut ich kann, über das Verdrängen aller jener Kräfte, die geeignet sind, die eigene unverwechselbare Persönlichkeit des Einzelnen aufzubauen. Über das Verschwinden jener Energien, die unsere Individualität konstituieren angesichts der Apparate des Staats und der Großorganisationen. Wo finden wir das individuelle Bewußtsein, das Selbsterkennen mit dem Willen zum eigenen unaustauschbaren Leben? Sind die Vorbilder, mit denen die großen Philosophen, Dichter, Komponisten, Staatsmänner, die Schüler und Studenten Europas aufwuchsen, endgültig verschwunden? Wo ist Antigone geblieben, die dem Staatsgesetz zuwider handelte, um den Leichnam ihres toten Bruders zu begraben, wo Diogenes, der auf dem Markt mit der Laterne den Menschen suchte, wo Epiktet, der mit seinem alten Mantel »glücklich und frei« war, wo Descartes mit seinem »Ich denke, also bin ich«, wo Leibniz und Kant, wo Goethe, wo Max Scheler, wo aber auch Karl Jaspers, Paul Claudel, T. S. Eliot und viele andere, die man vergessen hat.

Ob dieses Vergessen die Menschen, wie sie heute sind, zufrieden und froh macht, wage ich zu bezweifeln. Der zunehmende Alkoholismus, die Suchtprobleme, die Kriminalität, die Verbreitung der Neurosen und Depressionen, die Verkümmerung der menschlichen Kommunikation sind besorgniserregende Zeichen. Aber auch von anderer und sehr realer Seite treten Schwierigkeiten auf, die an wichtigen Stellen zu Korrekturen zwingen.

Die Strategen der Politik, der Staatswirtschaft und der Großkonzerne erkennen, daß das bisherige Konzept des raschen Wachstums geändert werden muß. Nicht nur die beschränkten Energiereserven mahnen an die Grenzen des Wachstums, ebensosehr organisatorische und psychologische Hindernisse. Die Quantität läßt sich nicht ohne Schaden ins Unendliche steigern, und nach den bisher so erfolgreichen Phasen einer gewaltigen Expansion drängt sich den sieggewohnten Managern durch unerwartetes Mißgeschick – durch Krisen, Streiks, Defizite – die Frage auf, ob der scheinbar so sicher eingespielte Funktionalismus in gewohnter Weise beibehalten werden kann.

In der praktischen Wirklichkeit der Wirtschaft und des Staates geht es vorerst nicht um die philosophische und psychologische Ursache der Schwierigkeiten, sondern um jene Erscheinungen an der Oberfläche, die konkret wirksam werden. Die Regierungen der westlichen demokratischen Staaten, die Führungsstellen der großen Institutionen, die Generaldirektionen der Großindustrien, der multinationalen Konzerne und Wirtschaftsgruppen stehen vor ungeheuren Problemen, die sie nicht erwartet haben. Man arbeitet an Konzepten, um Veränderungen herbeizuführen und hat Versuche verschiedenster Art begonnen.

Die Aufteilung großer Einheiten in kleine, weitgehend selbständige Büros, das Auslagern mancher Aktivitäten in erheblich unabhängige Kleingruppen, Aktionszentren und Firmen beginnt bereits. Große Konzerne geben manche Kompetenzen in private Initiative zurück, weil bemerkt wurde, daß die Dimension der Megamaschine gefährliche Folgen für die Gesamtleistung und die Psychologie aller Beschäftigten mit sich bringt. Das evidente Beispiel des raschen Leistungsabfalls bei der Verstaatlichung von Industrien und Firmen fängt an, sich ab einem bestimmten Größengrad von Konzernen dort in abgewandelter Form zu wiederholen. Noch steckt in den organisatorischen Dinosauriern soviel Menschenhirn, daß sie die Gefahr ihrer Superdimensionen rechtzeitig wahrzunehmen imstande sind und nach Abhilfe suchen.

Aufschlußreich ist eine noch wenig bekannte Tatsache: man hat vor kurzem herausgefunden, daß die wissenschaftliche Forschung nicht mehr jene Leistungen erbringt, die man sich erwartet und mit der man früher so gut wie sicher rechnen konnte. Eine Müdigkeit des Entdeckens und Erfindens, des wissenschaftlichen Fortschritts ist zu beobachten, die vor allem die Regierungen der Großmächte alarmiert. Die Kräftebalance der Rüstung hängt ja zunehmend von der Erfindungskapazität an Angriffsmethoden und Abwehrsystemen ab, und wenn ein Nachlassen auf einer Seite festgestellt wird, kann das gar nicht beängstigend genug sein. Die Analysen haben ergeben, daß die anwachsende Verwaltung der Forschungsteams, die straffer gewordene Organisation der Wissenschaftler deren Elan und Phantasie merkbar verringern. Man versucht nun, wenigstens teilweise von den streng organisierten Labors wieder wegzukommen, den Forschern ihren individuellen Spielraum wiederzugeben, da man erkennen mußte, daß Genie und Intuition dort versiegen. Davon aber leben letztlich die Wissenschaft, der Fortschritt – und die Rüstung. Glücklicherweise entstand dieses Problem nicht nur in den Demokratien, sondern ebenso in den kommunistischen Staaten.

Die größten Exemplare organisatorischer Dinosaurier findet man in der Gestalt der kommunistischen Staaten, und deren wirtschaftliche Problematik spricht für sich. Die Regierungen der westlichen Demokratien, die Präsidien der Institutionen, die Führungsgremien der Großkonzerne hatten bisher bereits reichlich Gelegenheit, an ihren eigenen Erfahrungen und am Bild der gigantischen Apparate des Kommunismus zu lernen, wohin eine Totalisierung von Apparaten führt. Zwar besteht ein Unterschied, ob eine solche Totalisierung unter politischer, etwa unter kommunistischer Perspektive geschieht, oder ob allein die wirtschaftliche Progression ausschlaggebend ist: jedoch die Gefahr der mangelnden Lebensfähigkeit organisatorischer Giganten ist stets gegenwärtig.

Es gibt auch eine Psychologie, die – und dies ist sehr aufschlußreich – in einigen der westlichen Institutionen und Großorganisationen entwickelt wurde, und in der das Aufkommen einer höchst unheilvollen Situation vorausgesehen und zu verhindern getrachtet wird. Dort erkennt man, daß der Mensch trotz intensivem Bestreben von allen Seiten her nicht zur Ameise werden kann. Alle Bemühungen, ihn dazu zu machen, auch die Bemühungen des jeweiligen Einzelnen selbst, führen nach einer möglichen Phase reibungsloser Anpassung und dünner Scheinbefriedigung zur psychischen Krise: die Hast der funktionalisierten Ferien, die Ratlosigkeit in der Freizeit, das Auseinanderbrechen der Familien, die Auflösung privater Geselligkeit, die Unfähigkeit zu Freundschaften sind deutliche Zeichen, daß der Weg der totalen Anpassung zu erschreckenden Problemen führt.

Die Eliminierung der Persönlichkeit, die anfangs für den Aufbau der Riesenapparate so unumgänglich erschien, beginnt sich in einer weiteren Phase als unheilvoll zu erweisen. Es stellt sich heraus, daß diese immer weitergetriebene Eliminierung die Grundsubstanz der europäischen Zivilisation und Kultur angreift, sie aufzulösen droht und damit die eigentlichen Voraussetzungen ihres Erfolges und ihrer Entfaltung beseitigt. Während man das Wachstum des Baumes durch allerlei Methoden hochgetrieben hat, beginnt nun die schauerliche Erkenntnis aufzutauchen, daß die Wurzeln vernachlässigt wurden und sie anfangen zu verdorren.

Es sieht so aus, als hätte man im Westen diese Gefahr erkannt und als beschäftigten sich viele maßgebende Stellen mit einer Umgestaltung der organisatorischen Strategie. Wahrscheinlich ist die hohe Zeit der grandiosen Massenaufmärsche vorbei, und es beginnt die geschickte Aufsplitterung in kleine Gruppen, die selbständig agieren, in denen Individualität und persönliche Entscheidung, Mut und Intuition wiederum bis zum Einzelnen hinunter wichtig werden. Eine Dezentralisierung der großen Organisationen wäre nur der erste Schritt, der bald zu noch deutlicherer Aufgliederung führen müßte – wie dies bei manchen staatlichen Institutionen und Großkonzernen bereits geschieht.

Die erste Hälfte dieses Jahrhunderts erlitt ihre größten Tragödien durch Rauschzustände der Massen, durch die Begeisterung für kollektive Paradiese – ob es sich um solche des Proletariats oder der sogenannten arischen Rasse handelte. Es scheint, daß sich nach den Katastrophen und durch fortwirkende Folgen dieses Unheils eine pragmatische Ernüchterung eingestellt hat, die trotz Rückschlägen die Wiederholung mancher Fehler verhindert. Eine ähnliche Ernüchterung hat sich bei den Enthusiasten der Großorganisationen eingestellt, im Lager der Verstaatlichung und jenem der Superkonzerne.

Auch eine geschichtliche und soziologische Überlegung könnte in die Richtung einer künftigen Verstärkung der Individualität weisen: das Aufgehen des Einzelnen in einem Beamtensystem führt, psychologisch gesehen, in eine Kindheitssituation. Wie im Elternhaus und in der Schule befindet man sich in einer genau definierten Rolle des Gehorchens und der Pflichten nach oben. Gleichzeitig gibt es ein ähnliches Gefühl der Geborgenheit in einer festgefügten Ordnung, die unverrückbar und von geheiligter Bedeutung zu sein scheint. Der totale Staat, der hermetische Beamtenapparat, sogar die wirtschaftliche Großorganisation hat etwas vom trügerischen Schimmer einer heilen Welt.

Es wäre denkbar, daß eine solche Kindheitsrolle tatsächlich nur für wenige intellektuell Emanzipierte heute eine Regression darstellt, von vielen aber, deren Familien historisch erst seit kurzem aus den schlimmsten Existenznöten herausgekommen sind, als eine erste Stufe zur Menschenwürdigkeit empfunden wird. Diese Phase muß durchlaufen werden, bis das Verlangen nach dem Aufbau der eigenen Individualität und eines individuellen Lebens entsteht. Für eine große Anzahl von Menschen könnte diese Zeit jetzt gekommen sein.

Manche Zeichen deuten darauf hin, daß die Erkenntnis von der Bedeutung der Individualität und Persönlichkeit sich in den westlichen Demokratien nun nicht mehr bloß in einer Elite, sondern, wie es heute notwendig ist, in viel breiterem Milieu durchsetzt. Max Scheler hat schon sehr früh dieses für den Westen notwendige Bewußtsein in seinem Werk »Vom Ewigen im Menschen« betont: »Es gibt einen Sinn des so unsagbar vieldeutigen Wortes ›Individualismus‹, in dem der ›Individualismus‹ nicht nur eine christliche Glaubenswahrheit ist, sondern auch nichts Geringeres als – ich möchte sagen – die *magna charta Europas* gegenüber Asien und schon gegenüber Rußland, nämlich derjenige *geistige,* nicht also primär ökonomische Individualismus, der es entschieden leugnet, daß die geistige individuelle Einzelperson nur ein sogenannter ›Modus‹ irgendeiner Form des Allgemeinen, des Staates, der Gesellschaft, einer sogenannten Weltvernunft oder eines aus sich herausströmenden sachhaften Geschichtsprozesses sei.«

Es wird nicht verwundern, daß sich bei Adalbert Stifter Worte finden, die – übrigens aus der selbsterlittenen Erfahrung eines Beamtenlebens – schon jene Zukunft erahnen lassen, die heute so deutlich als Gegenwart festzustellen ist: »Ich wiederhole, ... daß der Mensch seinen Lebensweg seiner selbst willen zur vollständigen Erfüllung seiner Kräfte wählen soll«, erklärt im »Nachsommer« der alte Staatsbeamte Riesach: »Dadurch dient er auch dem Ganzen am besten, wie er nur immer dienen kann. Es wäre die schwerste Sünde, seinen Weg nur ausschließlich dazu zu wählen, wie man sich so oft ausdrückt, der Menschheit nützlich zu werden. Man gäbe sich selber auf, und müßte in den meisten Fällen im eigentlichen Sinne sein Pfund vergraben. Aber was ist es mit der Wahl? Unsere gesellschaftlichen Verhältnisse sind so geworden, daß zur Befriedigung unserer stofflichen Bedürfnisse ein sehr großer Aufwand gehört. Daher werden junge Leute, ehe sie sich selber bewußt werden, in Laufbahnen gebracht, die ihnen den Erwerb dessen, was sie zur Befriedigung der angeführten Bedürfnisse brauchen, sichern. Von einem Berufe ist da nicht die Rede. Das ist schlimm, sehr schlimm, und die Menschheit wird dadurch immer mehr eine Herde.«

Man kann aber noch ein aufschlußreiches Zitat von ganz anderer Seite anführen, die keineswegs unter dem Verdacht der Konservativität steht: »Und wenn alles vorüber ist –; wenn sich das alles totgelaufen hat: ... die Wonne, in Massen aufzutreten ... und in Gruppen Fahnen zu schwenken ... Dann wird einer kommen, der wird eine geradezu donnernde Entdeckung machen: er wird den Einzelmenschen entdecken. Er wird sagen: es gibt einen Organismus, Mensch geheißen, auf den kommt es an. Und ob der glücklich ist, das ist die Frage. Daß er frei ist, das ist das Ziel. Gruppen sind etwas Sekundäres ... der Staat ist etwas Sekundäres. Es kommt nicht darauf an, daß der Staat lebe – es kommt darauf an, daß der Mensch lebe!« Dies schrieb Kurt Tucholsky. Aber auch von Ludwig Wittgenstein gibt es Sätze aus den späten »Vermischten Bemerkungen«, die hier anzuführen sind: »Ein Notschrei kann nicht größer sein, als der *eines* Menschen. Oder auch *keine* Not kann größer sein, als die, in der ein einzelner Mensch sein kann ... Der ganze Erdball kann nicht in größerer Not sein als *eine* Seele. Der christliche Glaube – so meine ich – ist die Zuflucht in dieser *höchsten* Not.« Wittgenstein läßt mit diesen Worten erkennen, wo anzusetzen ist.

Das Erlebnis der Individualität des Einzelnen wäre wieder stärker bewußt zu machen, in den Schulen, den Massenmedien, in den Betrieben, den Institutionen, im Staat. Daß diese einzelne Persönlichkeit gerade im Sinn ihrer stärksten Entfaltung in die Gemeinschaft hinein wirkt und ihr verpflichtet ist, daß das Ich und die aktive Nächstenliebe, wenn dieses Ich sich voll entwikkeln soll, zusammengehören, ist deutlich den Evangelien zu entnehmen. In jüngerer Zeit weist neben manchen anderen Alfred Adler aus den Erfahrungen der Psychologie auf diese Entsprechung hin.

Der Einzelne also ist längst entdeckt, nur ist trotz der Bevölkerungsexplosion die Zahl der Einzelnen, so scheint es, erschrekkend zurückgegangen. Das Bild des Einzelnen, der für eine Gemeinschaft wirkt wie für sich selbst, der aber in der Gemeinschaft nicht den abstrakten Begriff, sondern die Personen der Nächsten vor sich sieht, ein solches Bild des Einzelnen sollte wiederkehren. Dies ist eine Aufgabe, die nur in unzähligen und unermüdlichen Ansätzen, trotz aller entmutigenden Rückschläge, durch Beispiel und Erziehung von den Einzelnen geleistet werden kann.

Alexandrinische Nachbemerkung

und Literaturverzeichnis

In unserem alexandrinischen Zeitalter gibt es über fast jedes Thema eine Bibliothek theoretischer Literatur, also auch über das Aufkommen und die Probleme der Bürokratie. Falsch wäre es aber, aus dieser Tatsache die Indizien einer Spätkultur ableiten zu wollen, da die alexandrinische Epoche nur bei sehr oberflächlicher Betrachtung als eine Endphase aufzufassen ist: sie war der Einschmelzungsprozeß neuer Impulse in alte Traditionen, die bis heute lebendig sind.

Um der gewaltigen Bibliothek, die uns heute umgibt, in bescheidenem Maß Respekt zu erweisen, erlaube ich mir ein paar Hinweise:

Man kann kaum über Beamtentum, Bürokratie und Großorganisationen sprechen, ohne nicht sofort an C. Northcote Parkinson und das sehr populär gewordene »Parkinsonsche Gesetz« zu denken. Dieser Historiker, der erst als Assistent des Londoner Marine-Museums und später als Zivilbeamter der englischen Admiralität die Bürokratie aus eigener Erfahrung kennenlernte und zudem als Leiter des »Parkinson-Instituut« in Amsterdam sehr konkret mit den Entwicklungen der EWG zu tun hatte, benutzte treffende Beobachtungen aus der Periode des Verfalls der englischen Weltmacht. Seine Bücher wurden Bestseller, da sie nicht nur ein allgemeines und weitverzweigtes Symptom feststellbarer Entwicklung zeigen, sondern außerdem mit viel trockenem englischen Humor geschrieben sind.

Das von Parkinson dargestellte Phänomen, daß sowohl das Kolonialministerium als auch die Beamtenschaft der Admiralität gewaltig anwuchsen, seit kaum mehr Kolonien zu verwalten und die Marine zu einem Bruchteil ihrer früheren Größe geschrumpft waren, schärft den Blick für eine typische Entwicklung an besonders grotesken Beispielen. Die ebenfalls von Parkinson geführten Nachweise, daß die repräsentativen Prunkgebäude der Verwaltung – von Versailles bis zum englischen Außenministerium – erst zu einer Zeit fertigwurden, da der katastrophale Niedergang dessen, was dort repräsentiert und administriert werden sollte, unübersehbar war, nähren das Mißtrauen gegen glänzende Fassaden.

Auch das von Laurence J. Peter und Raymond Hull entwickelte »Peter-Prinzip« enthüllt in der »Hierarchie der Unfähigen« die psychologische Ursache der konkreten bürokratischen Sackgasse. Die Beobachtung, daß in einer Beamtenstruktur jeder solange avanciere, bis er am Platz seiner todsicheren Unfähigkeit lande, wodurch das ganze System weitgehend unbrauchbar werde, hat Evidenz. Verschiedene charakteristische Symptome der Bürokratie sind mit Spott bezeichnet: etwa die »seitliche Arabeske«, nämlich unfähige Beamte durch Verleihung eines höheren Titels, also durch Beförderung, auf einen bedeutungslosen Nebenweg zu expedieren, oder die Taktik des »freischwebenden Gipfels«, wenn eine teure, aber unbrauchbar gewordene Direktion durch Entfernung ihres exekutiven Unterbaus zwar weiterhin hochbezahlt, aber untätig und damit unschädlich gemacht wird. Peter und Hull zeigen ebenso die unvermeidlichen Defekte der Bürokratie, wie die nicht weniger gefährlichen Methoden, diese Defekte zu scheinbarer Erträglichkeit zu mildern.

So geistvoll und witzig die Bücher dieser Autoren verfaßt sind, so ausweglos erscheinen die von ihnen geschilderten Paradoxen, so düster die Zukunft. Sie beziehen einen guten Teil ihrer Wirkung aus dem tiefschwarzen Hintergrund, vor dem die unheilvollen, tragikomischen Spiele der Bürokratie wie ein verzweifelt komischer Totentanz ablaufen. Man könnte fast eine Tapetentür zur unmittelbaren Nachbarschaft der Satiren von Fritz Herzmanovsky-Orlando öffnen, die das beamtische Denken, die beamtische Sprache in bizarrer Phantasie zu einer lustigen und schaurigen Gespensterwelt ausweiten. Mit den Fachleuten Parkinson, Peter und Hull hat der um einiges frühere Herzmanovsky den lachenden Pessimismus gemeinsam, und zumindest für den Engländer Parkinson, dessen englisches Weltreich vier Jahrzehnte später zusammenbrach als die Donaumonarchie, trifft das österreichische Sprichwort zu: »Die Lage ist hoffnungslos, aber nicht ernst.«

Die Fachwissenschaft, die sich mit Organisationstheorie, mit

Beamtentum und Bürokratie beschäftigt, ist hingegen meist weniger durch ihre Ergebnisse als durch ihre Uferlosigkeit erschreckend. Viele tausend Werke, von der Soziologie über Wirtschaftswissenschaft bis zur Psychologie, setzen sich unter verschiedenen mehr oder weniger speziellen Aspekten mit diesen Themen auseinander, und man könnte ein Leben verbringen – wie das auch viele Gelehrte tun – sie zu studieren. Aus dem Ozean bedruckten Papiers möchte ich nur einige wenige Bücher erwähnen, die zu erheblichem Teil überzeugend und zugleich verständlich erscheinen.

In der schon klassischen Soziologie ist natürlich das 1922 erschienene, in der gesamten Fachliteratur vielzitierte Werk »Wirtschaft und Gesellschaft« von Max Weber von grundlegender Bedeutung. Es besteht aus zwei dicken Folianten, die zu studieren eine ebenso anspruchsvolle wie ertragreiche Arbeit ist. Die bisherigen Auseinandersetzungen allein mit diesem Werk umfassen wieder eine eigene Bibliothek.

In der neueren wissenschaftlichen Literatur zeigt das Buch des Amerikaners Robert Presthus »Individuum und Organisation« durch eine sehr verzweigte und unzählige Details umfassende Darstellung die Weite des Problemkreises. Hier wird auch auf Wertfragen eingegangen und nach den psychologischen Motiven dieser Entwicklung zur anwachsenden Bürokratie gesucht. Als gründlicher Wissenschaftler bietet Presthus viele Statistiken und ausgiebiges Material, aber er kontrastiert die beobachteten Tatsachen immer wieder mit einem Humanismus, der durch die jüngeren Entwicklungen der großen Apparate schwer bedroht ist und vor ihnen gerettet werden soll.

Streng wissenschaftliche Analysen und Informationen gibt der von Renate Mayntz herausgegebene Sammelband »Bürokratische Organisation« und verschafft damit einen guten Überblick über die verschiedenen Standpunkte. Man kann hier Proben aus dem Gesamtbereich der Wissenschaft über dieses Thema finden, die überdeutlich machen, wie komplex und verwirrend die Ursachen sind, die zu unserer heutigen bürokratischen Situation führen. Dieser Eindruck wird durch Renate Mayntz' eigenes Buch »Soziologie der Organisation« ergänzt, das ebenfalls die Motive und die

Wirkungen der Beamtenapparate auf die Gesellschaft und die einzelnen Menschen untersucht.

Praxis und Analyse vereinigt der in den USA lebende Österreicher Peter F. Drucker, dessen Untersuchungen Verbesserungen anstreben. Sein Werk »Das große Unternehmen« geht mit Hilfe von Studien an der »General Motors Corporation« der Frage nach, wie das Management des Big Business so zu steuern wäre, daß es dem Individuum nicht nur humane Möglichkeiten beläßt, sondern sie sogar zur Entfaltung bringt. So pessimistisch Parkinson, Peter und Hull und manche andere Wissenschaftler sind, so voller Glauben an die große Chance sind die Bücher Peter F. Druckers, etwa auch seine »Unsichtbare Revolution«. Dies mag nicht nur überhaupt die Voraussetzung für das Zustandekommen seiner Studien gewesen sein, die ja dazu gemacht wurden, Wege zu finden, dieser Optimismus ist, wie man weiß, ein wichtiger Wesenszug der amerikanischen Welt. Peter F. Drucker zeigt die Ansätze sehr realer Möglichkeiten einer günstigen Veränderung, allerdings vor allem im Bereich der Privatwirtschaft.

Das Studium von Alfred Adlers Schriften, vor allem »Über den nervösen Charakter«, »Menschenkenntnis« und »Heilen und Bilden« erleichtert es, die Mentalität der meisten Beamten einigermaßen zu erfassen. Wie bereits im ersten Kapitel dargelegt, trifft Adler mit seiner Theorie des Minderwertigkeitsgefühls, das durch Machtstreben und Prestigepolitik kompensiert werden soll, eine typische Beamtenneurose. Als ich Alexandra Adler, die Tochter Alfred Adlers, befragte, ob ihr Vater viele Beamte als Patienten gehabt hätte, antwortete sie, es sei ihr als Kind und in ihrer Jugend aufgefallen, daß zahlreiche Offiziere und Militärbeamte in der Ordination ihres Vaters anzutreffen waren. Jedem, der die Situation in der österreichischen Beamtenschaft kennt, ist klar, daß Adler aus den psychischen Problemen von Beamten oder zumindest von Menschen, die in strengen Hierarchien leben, wichtige Impulse für seine Lehre erhalten hat. In anderer Form und weniger deutlich gilt dies auch für viele Einzelheiten in der Psychoanalyse Sigmund Freuds.

Natürlich haben die erzählenden Schriftsteller, die ja stets frühe Sensoren kommender Entwicklungen sind, viel zur scharfen Be-

leuchtung des Themas Beamtentum und Bürokratie beigetragen. Der im Westen viel zu wenig bekannte russische Autor Michail Saltykow-Schtschedrin gibt in seinen Satiren geradezu ein Inventar der typischen Verhaltensweisen zaristischer Bürokratie, die er als jahrzehntelanger Staatsbeamter aus eigenem Erleben kennenlernte. Wie etwa seine »Geschichte einer Stadt« hat auch Gogols berühmter »Revisor« noch eine Stoßrichtung, die nicht unmittelbar in die Zukunft der immer dichter werdenden Apparate weist, aber Dostojewskij kommt in der Erzählung »Das Kellerloch« mit seiner Vision des Künftigen der Realität recht nahe. Seine massive Ablehnung der immer enger werdenden Fesseln verwalteter Zivilisation ist von intellektueller Kompetenz und emotionaler Wucht. Sein Plädoyer für den »Kellerloch-Menschen«, den bewußten Individualisten, verneint aufs heftigste alle Funktionalisierung als Preis für Bequemlichkeit und Sicherheit.

Über Franz Kafkas »Prozeß« und »Schloß«, zwei Schlüsselromane über die totale Bürokratie, war bereits im Anfangskapitel dieses Buches zu lesen. Kafka hat – wie auf ganz andere Weise Herzmanovsky-Orlando – seine Beobachtung des österreichischen Beamtenapparats zum wesentlichen Element seines Werkes gemacht. Daß die Struktur der bürokratischen Hierarchie metaphysischen Hintergrund haben kann, sieht man ebenso bei Kafka wie in der Schrift des Byzantiners Dionysios Areopagita, etwa 500 nach Christus, über die Ordnung der Engel. Vielleicht liegt in der Möglichkeit, den Bau einer totalen Verwaltung scheinbar philosophisch oder sogar religiös begründen zu können, die größte Gefahr.

George Orwells Roman »1984« ist in seiner Anschaulichkeit des Schreckens einer absolut verwalteten Welt kaum zu übertreffen. Das Gesamtbild ist derart kraß, daß man zwar manche Assoziationen zu unserer westlichen, und noch mehr natürlich zur kommunistischen Gegenwart feststellt, aber allzuleicht meint, derlei liege noch weit außerhalb der für uns in nächster Zukunft möglichen Realität. Die Schwierigkeit, die ebenfalls überaus bedrükkende Utopie von Aldous Huxleys »Schöne neue Welt« im richtigen Ausmaß zu verstehen, liegt darin, daß viele der dort im Endergebnis festgehaltenen Entwicklungen so harmlos und mit schein-

bar so erfreulichen Perspektiven beginnen.

Ein besonders wichtiger Aspekt, der von Huxley und Orwell in der Form des utopistischen Romans gestaltet ist, wird in ganz anderer Weise in der philosophischen, einst vielgelesenen Schrift von Karl Jaspers »Die geistige Situation der Zeit«, erstmals 1931 erschienen, deutlich: und zwar die eigenartige Entsprechung zwischen Beamtenapparat und Masse. Die Bürokratie, die sich mit zunehmender Macht nur als Elite sehen kann, so sehr sie dies auch unter Phrasen vom Dienst am Staat oder gar am Menschen zu verbergen trachtet, fördert das Entstehen von Massen, die zur willenlosen, passiven Materie ihrer Tätigkeit werden. Diese Willenlosigkeit ist formbar und aufnahmebereit für Suggestionen aller Art. Ihre Passivität läßt sich durch geschickte Propaganda und geeignete Maßnahmen zu heftigsten Emotionen hochpeitschen, die dann fast wie der spontane Aufbruch nach einem hohen Ziel aussehen. Die Funktionäre, die Beamten bringen mitunter das Unglaubliche zustande, ihre eigene Diktatur als Willen des Volkes erscheinen zu lassen.

Auch über das Thema Masse gibt es viele tausend Bücher, unzählige Soziologen, Psychologen, Philosophen und Schriftsteller haben sich damit beschäftigt. Ein klassisches Buch, das einzelne geradezu hellseherische Passagen und außerdem leidenschaftliche Kritik enthält, ist Gustave Le Bons »Psychologie der Massen«, das bereits 1895 herauskam und manche spätere Entwicklung vorwegnimmt. Die Erkenntnis dieses Werkes spielt in den meisten späteren Untersuchungen eine wichtige Rolle, so etwa beginnt Sigmund Freuds 1921 erschienene »Massenpsychologie und Ich-Analyse« mit einer Darstellung der Gedanken Le Bons.

Obwohl Freud die ungeheure Gefahr der Massen aus seiner eigenen Lehre noch ergänzend begründet, findet man in dieser Schrift Sätze von einem bei ihm seltenen Optimismus. Er verwendet hier den Begriff »Kollektivseele«, den später C. G. Jung in seinem »kollektiven Unbewußten« ausarbeitet, und kommt dann zu einem sehr bestärkenden Ergebnis, wenn er schreibt: »Auf die Dauer kann Vernunft und Erfahrung nichts widerstehen ...« und »Die Stimme des Intellekts ist leise, aber sie ruht nicht, ehe sie sich Gehör geschafft hat. Am Ende, nach unzählig oft wiederholten

Abweisungen, findet sie es doch ... Der Primat des Intellekts liegt gewiß in weiter, weiter, aber wahrscheinlich doch nicht in unendlicher Ferne.« Freud glaubte also an eine mögliche Überwindung des Massenwahns.

Die Bedeutung der unter dem Titel »Massenpsychologie« herausgegebenen Fragmente Hermann Brochs aus dessen Nachlaß ist noch viel zu wenig bekannt. Sie entstanden unter dem Schock des Zusammenbruchs oder der schweren Existenzgefährdung der Demokratien in Europa durch das Auftreten Hitlers und analysieren die Gründe des Massenwahns mit einer aus Todesnähe gewonnenen Klarheit. Broch ist aber auch nach dem Sieg über Hitler von der moralischen Schwäche der westlichen Demokratien erschüttert. Er sieht die zunehmende Gefahr des Kommunismus genau und schreibt auf durchaus unpathetische Weise prophetische Sätze. Warum sorgen Schulen, Universitäten, Massenmedien nicht dafür, daß dieses Buch als Einführung in die Probleme unserer Zeit gilt?

Elias Canettis »Masse und Macht« hat in der unendlichen Literatur über das Phänomen Masse eine besondere Stellung, weil kein anderes Werk eine solche Fülle verschiedenster Beobachtungen von feinstem Spürsinn enthält. Nur die Phantasie eines großen Schriftstellers war imstande, das Phänomen Masse in so vielen Eigenschaften darzustellen. Ohne solche schriftstellerische Kraft, jedoch als gründlicher Überblick sehr nützlich ist Paul Reiwalds »Vom Geist der Massen«, das auch zahlreiche wichtige Zitate und Dokumente bringt.

Viele der genannten Bücher und noch manche andere können den Blick für genauere Beobachtung schärfen und dazu verhelfen, das eigene Erleben in größerem Zusammenhang verstehen zu lernen. Sie alle werden die unmittelbare Erfahrung nicht ersetzen, aber sie bieten die Ergebnisse der Beschäftigung anderer mit ähnlichen Problemen und damit Wissen, Vergleiche, Kritik. Sie zeigen, daß der Einzelne in seiner Auseinandersetzung mit den Institutionen, Kollektiven, den Massenphänomenen und Apparaten nicht allein steht.

1. Einzelveröffentlichungen

Adler, Alfred: Menschenkenntnis, Frankfurt 1966 (1927).
– Über den nervösen Charakter, Frankfurt 1972 (1912).
– Praxis und Theorie der Individualpsychologie, Frankfurt 1974 (1930).
Adler, H. G.: Der verwaltete Mensch, Tübingen 1974.
Albert, Hans: Plädoyer für kritischen Rationalismus, München 1971.
Alloway, Lawrence: Topics in American Art since 1945, New York 1975.
Amalrik, Andrej: Kann die Sowjetunion das Jahr 1984 erleben?, Zürich 1970.
Amery, Carl: Das Ende der Vorsehung, Hamburg 1974 (1972).
Améry, Jean: Jenseits von Schuld und Sühne. Bewältigungsversuche eine Überwältigten, Stuttgart 1977 (1966).
– Widersprüche, Stuttgart 1971.
Anders, Günther: Die Antiquiertheit des Menschen. Über die Seele im Zeitalter der zweiten industriellen Revolution, München 1956; Band II, München 1980.
– Die Schrift an der Wand, München 1967.
– Endzeit und Zeitende. Gedanken über die atomare Situation, München 1972.
Aron, Raymond: Opium für Intellektuelle oder die Sucht nach Weltanschauung, Köln 1957 (1954).
– Die industrielle Gesellschaft, Frankfurt 1964 (1956).
– Fortschritt ohne Ende?, Gütersloh 1970 (1968).
– Zwischen Macht und Ideologie, Wien 1974 (1972).
Arygris, Chris: Personality and Organization, New York 1957.
Assunto, Rosario: Die Theorie des Schönen im Mittelalter, Köln 1963 (1961).

Bahrdt, Hans Paul: Industriebürokratie, Stuttgart 1958.
Bahro, Rudolf: Die Alternative. Zur Kritik des real existierenden Sozialismus, Frankfurt 1977.
Bakunin, Michail: Philosophie der Tat, Hrsg. Rainer Beer, Köln 1968.
Ball, Hugo: Byzantinisches Christentum, Einsiedeln 1958.
Balthasar, Urs von: Herrlichkeit. Eine theologische Ästhetik, I – III, Einsiedeln 1971.
Barth, Hans: Masse und Mythos, Hamburg 1959.
Bass, Bernard M.: Leadership. Psychology and Organizational Behavior, New York 1960.
Baudin, Louis: Der sozialistische Staat der Inka, Hamburg 1956.
Baumgarth, Christa: Geschichte des Futurismus, Hamburg 1966.
Bell, Daniel: Die nachindustrielle Gesellschaft, Frankfurt 1975 (1973).
– Die Zukunft der westlichen Welt. Kultur und Technologie im Widerstreit, Frankfurt 1976.
Benz, Ernst: Geist und Leben in der Ostkirche, Hamburg 1957.
– Schöpfungsglaube und Endzeiterwartung, München 1965.
– Die russische Kirche und das abendländische Christentum, München 1966.
– Neue Religionen, Stuttgart 1971.
– Beschreibung des Christentums, München 1975.
Berdjajew, Nikolai: Wahrheit und Lüge des Kommunismus, Wien 1977 (1934).
– Der Sinn der Geschichte, Tübingen 1950.
Berger, Peter L.: Auf den Spuren der Engel. Die moderne Gesellschaft und die

Wiederentdeckung der Transzendenz, Frankfurt 1970 (1969).
– Zur Dialektik von Religion und Gesellschaft, Frankfurt 1973 (1967).
Berkenkopf, Galina: Welterlösung. Ein geschichtlicher Traum Rußlands, München 1962.
Bertaux, Pierre: Mutation der Menschheit, Frankfurt 1963.
Blau, Peter M.: The Dynamics of Bureaucracy, Chigaco 1955.
Blau, Peter M./Scott, Richard W.: Formal Organizations, San Francisco 1962.
– Complex Organizations – A Sociological Reader, New York 1961.
Bon, Frédéric/Burnier, Michel-Antoine: Die neuen Intellektuellen, Wien 1974 (1971).
Borgeest, Claus: Das sogenannte Schöne, Frankfurt 1977.
Breton, André: Die Manifeste des Surrealismus, Hamburg 1968 (1946).
Brinkmann, Carl: Soziologische Theorie der Revolution, Göttingen 1948.
Broch, Hermann: Erkennen und Handeln, Zürich 1955.
– Massenpsychologie, Zürich 1959.
Brock, Bazon: Ästhetik als Vermittlung. Arbeitsbiographie eines Generalisten, Köln 1977.
Buchholz, Arnold: Am Ende der Neuzeit, Stuttgart 1978.
Bultmann, Rudolf: Das Urchristentum im Rahmen der antiken Religionen, Einsiedeln 1958.

Canetti, Elias: Masse und Macht, Hamburg 1960.
– Die gespaltene Zukunft, München 1972.
– Macht und Überleben, West-Berlin 1972.
Cassirer, Ernst: Philosophie der symbolischen Formen, I – III, Darmstadt 1973 (1923).
– Der Mythus des Staates, Zürich 1978 (1945).
Cioran, E. M.: Lehre vom Zerfall, Stuttgart 1978 (1949).
– Geschichte und Utopie, Stuttgart 1965 (1960).
– Der Absturz in die Zeit, Stuttgart 1972 (1964).
– Verfehlte Schöpfung, Wien 1973 (1969).
Cohn, Norman: Das Ringen um das tausendjährige Reich. Revolutionärer Messianismus im Mittelalter und sein Fortleben in den modernen totalitären Bewegungen, Bern 1961.

Delumeau, Jean: Stirbt das Christentum?, Olten 1978 (1977).
Dichter, Ernest: Strategie im Reich der Wünsche, Düsseldorf 1961.
Djilas, Milovan: Die neue Klasse, München 1962.
– Die unvollkommene Gesellschaft, Wien 1969.
Drucker, Peter F.: Das Großunternehmen, Düsseldorf 1966 (1964).
– Gedanken für die Zukunft, Düsseldorf 1959.

Eliade, Mircea: Das Heilige und das Profane, Hamburg 1957.
– Die Sehnsucht nach dem Ursprung, Wien 1973 (1969).
Elias, Norbert: Über den Prozeß der Zivilisation, I – II, Bern 1969 (1936).
Eliot, T. S.: Zum Begriff der Kultur, Hamburg 1961 (1948).
Erikson, Erik H.: Identität und Lebenszyklus, Frankfurt 1966 (1959).
– Jugend und Krise, Stuttgart 1970 (1968).

– Einsicht und Verantwortung. Die Rolle des Ethischen in der Psychoanalyse, Frankfurt 1971 (1964).
– Lebensgeschichte und historischer Augenblick, Frankfurt 1977 (1975).
Etkind, Efim: Die unblutige Hinrichtung, München 1978.
Etzioni, Autai: A Comparative Analysis of Complex Organizations, Glencoe 1961.

Flitner, Wilhelm: Europäische Gesittung. Ursprung und Aufbau abendländischer Lebensformen, Zürich 1961 (Bearbeitete Neuauflage: Die Geschichte abendländischer Lebensformen, München 1967).
Frankl, Viktor E.: Der Mensch auf der Suche nach Sinn, Freiburg 1972 (1959).
– Der Wille zum Sinn, Bern 1972.
– Der Mensch vor der Frage nach dem Sinn, München 1979.
Freud, Sigmund: Das Unbehagen in der Kultur, Frankfurt 1953 (1930).
– Massenpsychologie und Ich-Analyse, Frankfurt 1967 (1921).
Fromm, Erich: Die Furcht vor der Freiheit, Frankfurt 1966 (1942).
– Revolution der Hoffnung. Für eine humanisierte Technik, Stuttgart 1971 (1968).
Fülöp-Miller, René: Geist und Gesicht des Bolschewismus, Wien 1926.
– Führer, Schwärmer und Rebellen. Die großen Wunschträume der Menschheit, München 1934.

Galbraith, John K.: Die moderne Industriegesellschaft, München 1968 (1967).
Gandhi, Mahatma: Freiheit ohne Gewalt, Köln 1968.
Gehlen, Arnold: Urmensch und Spätkultur, Frankfurt 1956.
– Die Seele im technischen Zeitalter, Hamburg 1957.
– Anthropologische Forschung, Hamburg 1961.
Geiger, Theodor: Die Masse und ihre Aktion, Stuttgart 1926.
Gerlich, Fritz: Der Kommunismus als Lehre vom Tausendjährigen Reich, München 1920.
Ginzberg, Eli/Reilly Ewing W.: Effecting Change in Large Organizations, New York 1957.
Giscard d'Estaing, Valéry: Französische Demokratie, Frankfurt 1977 (1976).
Glucksmann, André: Köchin und Menschenfresser, West-Berlin 1976 (1974).
Gombrich, Ernst: Kunst und Illusion, Köln 1967.
– In Search of Cultural History, Oxford 1969.
Gouldner, Alvon W.: Patterns of Industrial Bureaucracy, London 1955.
Grant, Michael: Der Untergang des römischen Reiches, Bergisch-Gladbach 1977 (1976).
Grassi, Ernesto: Kunst und Mythos, Hamburg 1957.
– Die Theorie des Schönen in der Antike, Köln 1962.
Guardini, Romano: Das Ende der Neuzeit, Basel 1950.
Guérin, Daniel: Anarchismus, Frankfurt 1967.

Hacker, Friedrich: Freiheit die sie meinen, Hamburg 1978.
Hagemann, Walter: Vom Mythos der Masse, Heidelberg 1951.
Hartmann, Nicolai: Der philosophische Gedanke und seine Geschichte, Stuttgart 1957.
– Ethik, West-Berlin 1962.

Hauser, Arnold: Sozialgeschichte der Kunst und Literatur, I/II, München 1953.
– Philosophie der Kunstgeschichte, München 1958.
Haussig, Hans Wilhelm: Kulturgeschichte von Byzanz, Stuttgart 1959.
Heer, Friedrich: Die dritte Kraft, Frankfurt 1959.
– Offener Humanismus, Bern 1962.
– Europa, Mutter der Revolutionen, Stuttgart 1964.
Heidegger, Martin: Der Ursprung des Kunstwerkes, Stuttgart 1960 (1956).
Heisenberg, Werner: Physik und Philosophie, West-Berlin 1959.
Heitger, Marian: Bildung und moderne Gesellschaft, München 1963.
Hiller, Egmont: Humanismus und Technik, Düsseldorf 1966.
Hochkeppel, Willy: Modelle des gegenwärtigen Zeitalters. Thesen zur Kulturphilosophie des Zwanzigsten Jahrhunderts, München 1973.
– Mythos Philosophie, Hamburg 1976.
Hoffer, Eric: Die Angst vor dem Neuen, Hamburg 1968 (1952).
Hoffmann, Ernst: Pädagogischer Humanismus, Zürich 1955.
Hoffmann, Hilmar: Kultur für alle. Perspektiven und Modelle, Frankfurt 1979.
Hofstätter, Peter R.: Gruppendynamik. Kritik der Massenpsychologie, Hamburg 1957.
Holthusen, Hans Egon: Avantgardismus und die Zukunft der modernen Kunst, München 1964.
Howald, Ernst: Humanismus und Europäertum, Zürich 1957.
Hunger, Herbert: Reich der neuen Mitte, Graz 1965.
Hussey, Joan M.: Die byzantinische Welt, Stuttgart 1958 (1957).

Illich, Ivan: Selbstbegrenzung. Eine politische Kritik der Technik, Hamburg 1975 (1973).
Ionesco, Eugène: Die bedrohte Kultur, Salzburger Rede, München 1972.
– Gegengifte, München 1979 (1977).
– Für Kultur, gegen Politik, St. Gallen 1979.

Jaspers, Karl: Die geistige Situation der Zeit, Berlin 1931.
– Vom Ursprung und Ziel der Geschichte, München 1952.
– Der philosophische Glaube angesichts der Offenbarung, München 1962.
Joll, James: Die Anarchisten, West-Berlin 1966 (1964).

Kahn, Hermann: Ihr werdet es erleben, Wien 1968.
– Vor uns die guten Jahre, Wien 1977 (1976).
Kandinsky, Wassilij: Über das Geistige in der Kunst, Bern 1963.
Keilhacker, Martin: Erziehung und Bildung in der Industriegesellschaft, Stuttgart 1967.
Kekaumenos: Vademecum des byzantinischen Aristokraten (Strategikon), Graz 1956.
Kellerer, Christian: Objet trouvé und Surrealismus, Hamburg 1968.
Kelsen, Hans: Was ist Gerechtigkeit, Wien 1953.
– Aufsätze zur Ideologiekritik, Neuwied 1964.
Kennedy, John F.: Der Weg zum Frieden, München 1964 (1960).
Kisielewski, Stefan: An dieser Stelle Europas, München 1964.
– Polen oder die Herrschaft der Dilettanten, Zürich 1978.

Kofler, Leo: Stalinismus und Bürokratie, Neuwied 1970.
Kogon, Eugen: Der SS-Staat, München 1979 (1948).
Kohut, Heinz: Narzißmus, Frankfurt 1973 (1971).
– Die Zukunft der Psychoanalyse, Frankfurt 1975.
– Introspektion, Emphathie und Psychoanalyse, Frankfurt 1977.
– Die Heilung des Selbst, Frankfurt 1979 (1977).
Kolakowski, Leszek: Der Mensch ohne Alternative, München 1960.
– Traktat über die Sterblichkeit der Vernunft, München 1967.
Konrad, György/Szelényi, Iván: Die Intelligenz auf dem Weg zur Klassenmacht, Frankfurt 1978.
Kopelew, Lew: Verbietet die Verbote!, Hamburg 1977.
Korn, Karl: Sprache in der verwalteten Welt, München 1962 (1959).
Kornhauser, William: The Politics of Mass Society, Glencoe 1959.
Kraus, Wolfgang: Der fünfte Stand. Aufbruch der Intellektuellen in West und Ost, Bern 1966 (München 1969).
– Die stillen Revolutionäre. Umrisse einer Gesellschaft von morgen, Wien 1970.
– Kultur und Macht. Die Verwandlung der Wünsche, Wien 1975 (München 1978).
– Die verratene Anbetung. Verlust und Wiederkehr der Ideale, München 1978.
Kris, Ernst: Die ästhetische Illusion. Phänomene der Kunst in der Sicht der Psychoanalyse, Frankfurt 1977 (1952).
Küng, Hans: Christ sein, München 1974.
– Existiert Gott?, München 1978.
Künzli, Arnold: Das entfremdete Paradies, Wien 1963.
– Über Marx hinaus, Freiburg 1969.
Kultermann, Udo: Leben und Kunst, Tübingen 1970.

LeBon, Gustave: Psychologie der Massen, Stuttgart 1973 (1895).
Leonhard, Wolfgang: Sowjetideologie heute, Bde. 2, Frankfurt 1962.
– Eurokommunismus. Herausforderung für Ost und West, München 1978.
Liehm, Antonin: Gespräche an der Moldau, Wien 1968.
Lifschitz, Michail: Karl Marx und die Ästhetik, Dresden 1960.
Likert, Rensis: New Patterns of Management, New York 1961.
Löwenthal, Richard: Gesellschaftswandel und Kulturkrise, Frankfurt 1979.
Löwith, Karl: Weltgeschichte und Heilsgeschehen, Stuttgart 1967 (1953).
Lorenz, Konrad: Die acht Todsünden der zivilisierten Menschheit, München 1973.
Lukács, Georg: Die Zerstörung der Vernunft, Neuwied 1962.
Lunatscharski, Anatoli: Die Revolution und die Kunst, Dresden 1962.

Magris, Claudio: Weit von wo, Wien 1974 (1971).
Malewitsch, Kasimir: Suprematismus – die gegenstandslose Welt, Köln 1962.
Man, Henrik de: Vermassung und Kulturverfall. Eine Diagnose unserer Zeit, Bern 1951.
Mandel, Ernest: Über die Bürokratie, Hamburg o. J.
Mannheim, Karl: Ideologie und Utopie, Bonn 1929.
– Diagnose unserer Zeit, Zürich 1951.
Marcel, Gabriel: Sein und Haben, Paderborn 1954.
– Das ontologische Geheimnis, Stuttgart 1961.

– Die Erniedrigung des Menschen, Frankfurt 1964.
– Tragische Weisheit. Zur gegenwärtigen Situation des Menschen, Wien 1974 (1968).
Maslow, Abraham H.: Psychologie des Seins, München 1973 (1968).
Mayntz, Renate: Soziologie der Organisation, Hamburg 1963.
McLuhan, Marshall: Die magischen Kanäle, Düsseldorf 1968 (1964).
Meadows, Dennis: Die Grenzen des Wachstums. Bericht des Club of Rome, Hamburg 1973 (1972).
Medwedjew, Roy: Sowjetbürger in Opposition, Hamburg 1973.
Mesarovic, Mihailo/Pestel, Eduard: Menschheit am Wendepunkt. Zweiter Bericht an den Club of Rome, Stuttgart 1974.
Meyer/Petersen/Sörensen: Aufruhr der Mitte. Modell einer künftigen Gesellschaftsordnung, Hamburg 1979 (1978).
Milosz, Czeslaw: Verführtes Denken, Köln 1959.
Mitscherlich, Alexander: Auf dem Weg zur vaterlosen Gesellschaft, München 1963.
– Massenpsychologie ohne Ressentiment, Frankfurt 1975 (1972).
Monod, Jacques: Zufall und Notwendigkeit, München 1971 (1970).
Morin, Edgar: Das Rätsel des Humanen, München 1974 (1973).
Morstein-Marx, Fritz: Einführung in die Bürokratie, Neuwied 1959.
Mosen, Wido: Eine Militärsoziologie, Neuwied 1967.
Mühlestein, Hans: Über die Rolle des Utopismus im Sozialismus, Anarchismus und Kommunismus der neueren Zeit, West-Berlin 1922.
Mühlmann, Wilhelm E.: Chiliasmus und Nativismus. Studien zur Psychologie, Soziologie und Kasuistik der Umsturzbewegungen, West-Berlin 1961.
– Homo creator, Wiesbaden 1962.
Mumford, Lewis: Die Verwandlungen des Menschen, Frankfurt 1956.
– Die Stadt, I/II, München 1979 (1961).
– Mythos der Maschine. Kultur, Technik und Macht, Wien 1974 (1970).

Nadeau, Maurice: Geschichte des Surrealismus, Hamburg 1965 (1945).
Nitsche, Roland: Die Überdrußgesellschaft, München 1971.
Northrop, F. S. C.: Begegnung zwischen Ost und West, München 1951 (1946).

Ortega y Gasset, José: Der Aufstand der Massen, Hamburg 1956 (1930).
– Vom Menschen als utopischem Wesen, Stuttgart 1951.
Ott, Sieghart: Kunst und Staat, München 1968.

Packard, Vance: Die geheimen Verführer. Der Griff nach dem Unbewußten in jedermann, Düsseldorf 1958 (1957).
Parkinson, C. Northcote: Parkinsons Gesetz und andere Untersuchungen über die Verwaltung, Hamburg 1966 (1957).
– Das Mañana-Gesetz, Hamburg 1973 (1970).
Parsons, Talcott: Structure and Process in Modern Societies, Glencoe 1960.
Pasolini, Pier Paolo: Freibeuterschriften, Berlin 1979 (1975).
Peter, J. Lawrence/Hull, Raymond: Das Peter-Prinzip, Hamburg 1972 (1969).
Picht, Georg: Die Verantwortung des Geistes, Olten 1965.
– Mut zur Utopie. Die großen Zukunftsaufgaben, München 1969.
Pieper, Josef: Die Wirklichkeit und das Gute, München 1949.
– Glück und Kontemplation, München 1957.

– Grundformen sozialer Spielregeln, Frankfurt 1966.
– Auskunft über die Tugenden, Zürich 1970.
– Über den Begriff der Sünde, München 1977.
Pietschmann, Herbert: Das Ende des naturwissenschaftlichen Zeitalters, Wien 1980.
Pootmann, Franz Joseph: Millionen in einem Bau. Das Leben im Ameisenstaat, München 1958.
Popper, Karl R.: Die offene Gesellschaft und ihre Feinde, Bern 1957 (1944).
Presthus, Robert: Individuum und Organisation, Frankfurt 1966 (1962).

Ratzinger, Joseph: Einführung in das Christentum, München 1969.
Reik, Theodor: Dogma und Zwangsidee, Stuttgart 1973 (1927).
– Das Verlangen, geliebt zu werden, München 1974 (1963).
– Der eigene und der fremde Gott. Zur Psychoanalyse der religiösen Entwicklung, Frankfurt 1975 (1923).
– Aus Leiden Freuden. Masochismus und Gesellschaft, Hamburg 1977 (1941).
Reiwald, Paul: Vom Geist der Massen. Handbuch der Massenpsychologie, Zürich 1948.
Revel, Jean-François: Die totalitäre Versuchung, West-Berlin 1976.
Rice, Talbot: Beginn und Entwicklung christlicher Kultur, Köln 1961 (1947).
Richter, Hans: Begegnungen von Dada bis heute, Köln 1973.
Richter, Horst E.: Lernziel Solidarität, Hamburg 1974.
– Der Gotteskomplex, Hamburg 1979.
Riesman, David: Die einsame Masse, Hamburg 1958 (1950).
- Wohlstand wofür?, Frankfurt 1966 (1964).
Rosenstock-Huessey, Eugen: The Christian Future or the modern Mind outrun, London 1947.
– Die europäischen Revolutionen und der Charakter der Nationen, Stuttgart 1951 (1931).
Rudé, George: Die Volksmassen in der Geschichte, Frankfurt 1977 (1964).
Rudolph, Wolfgang: Die amerikanische Cultural Anthropology und das Wertproblem, West-Berlin 1959.
– Der kulturelle Relativismus, West-Berlin 1968.
Rühle, Jürgen: Literatur und Revolution. Die Schriftsteller und der Kommunismus, Köln 1960.
– Theater und Revolution, München 1963 (1957).
Russell, Bertrand: Philosophie des Abendlandes, Wien 1975 (1946).
– Eroberung des Glücks, Frankfurt 1977 (1930).
Ruyer, Raymond: Jenseits der Erkenntnis. Die Gnostiker von Princeton, Wien 1977 (1974).

Sacharow, Andrej D.: Wie ich mir die Zukunft vorstelle, Zürich 1968.
– Stellungnahme, Wien 1974.
– Mein Land und die Welt, Wien 1975.
– Furcht und Hoffnung, Wien 1980.
Sager, Peter: Neue Formen des Realismus. Kunst zwischen Illusion und Wirklichkeit, Köln 1973/77.
Salin, Edgar: Civitas Dei. Die frühchristlichen Utopien, Tübingen 1926.

Sarkisyanz, Emanuel: Rußland und der Messianismus des Orients, Tübingen 1955.
Sartre, Jean-Paul: Drei Essays, West-Berlin 1960 (1945/46).
Sedlmayr, Hans: Gefahr und Hoffnung des Technischen Zeitalters, Salzburg 1970.
Selucký, Radoslav: Reformmodell CSSR, Hamburg 1969.
Šik, Ota: Das kommunistische Machtsystem, Hamburg 1976.
Simon, Herbert: Das Verwaltungshandeln, 1955.
Skinner, B. F.: Wissenschaft und menschliches Verhalten, München 1973 (1953).
– Jenseits von Freiheit und Würde, Hamburg 1973 (1971).
Snow, C. P.: Die zwei Kulturen, Stuttgart 1967 (1959, 1963).
Sokel, Walter H.: Der literarische Expressionismus, München 1959.
Solschenizyn, Alexander: Von der Verantwortung des Schriftstellers, Zürich 1969.
Sontheimer, Kurt: Das Elend unserer Intellektuellen, Hamburg 1976.
Sperber, Manès: Die Achillesferse, Köln 1960.
– Zur täglichen Weltgeschichte, Köln 1967.
– Leben in dieser Zeit, Wien 1972.
– Zur Analyse der Tyrannis, Wien 1975 (1938).
Szamuely, Tibor: The Russian Tradition, London 1974.
Szczesny, Gerhard: Das sogenannte Gute, Hamburg 1971.
– Die Disziplinierung der Demokratie oder Die vierte Stufe der Freiheit, Hamburg 1974.
Scheler, Max: Vom Ewigen im Menschen, Bern 1954 (1920).
– Die Wissenformen und die Gesellschaft, Bern 1960 (1925).
Schneider, Carl: Kulturgeschichte des Hellenismus, I/II, München 1969.
– Geistesgeschichte der christlichen Antike, München 1970 (1954).
Schoeck, Helmut: Der Neid und die Gesellschaft, Freiburg 1974 (1966).
Schumacher, E. F.: Die Rückkehr zum menschlichen Maß, Hamburg 1977 (1973).
Schumpeter, Joseph A.: Kapitalismus, Sozialismus und Demokratie, Bern 1950 (1942).
Schweitzer, Albert: Verfall und Wiederaufbau der Kultur, München 1923.
Steinbuch, Karl: Die informierte Gesellschaft, Hamburg 1968 (Stuttgart 1966).
– Kurskorrektur, München 1974 (Stuttgart 1973).
Steiner, George: In Blaubarts Burg, Frankfurt 1972 (1970).
Stepun, Fedor: Das Antlitz Rußlands und das Gesicht der Revolution, Bern 1934.
– Der Bolschewismus und die christliche Existenz, München 1962 (1959).
Stern, Fritz: Kulturpessimismus als politische Gefahr, Bern 1963.

Talmon, J. L.: Politischer Messianismus, I/II, Köln 1963.
Tannebaum, Arnold S./Kahn, Robert L.: Organizational Control Structure, 1957.
Taubes, Jakob: Abendländische Eschatologie, Bern 1947.
Teilhard de Chardin, Pierre: Die Zukunft des Menschen, Olten 1963 (1959).
Thomas, Karin: Bis Heute. Stilgeschichte der bildenden Kunst im 20. Jahrhundert, Köln 1971.
– Kunst-Praxis heute. Eine Dokumentation der aktuellen Ästhetik, Köln 1972.
Topitsch, Ernst: Sozialphilosophie zwischen Ideologie und Wissenschaft, Neuwied 1961.

– Mythos – Philosophie – Politik. Zur Naturgeschichte der Illusion, Freiburg 1969.
Tschizewskij, Dimitrij: Russische Geistesgeschichte, I/II, Hamburg 1961.
Tuchel, Klaus: Herausforderung der Technik, Bremen 1967.

Utechin, S. V.: Geschichte der politischen Ideen in Rußland, Stuttgart 1966 (1963).

Voslensky, Michael: Nomenklatura, Wien – München 1980.

Weber, Max: Wirtschaft und Gesellschaft, I/II, Köln 1964 (1922).
Weischedel, Wilhelm: Skeptische Ethik, Frankfurt 1976.
– Der Gott der Philosophen, I/II, München 1979 (1971).
Wetter, Gustav: Der dialektische Materialismus, Wien 1952.
– Philosophie und Naturwissenschaft in der Sowjetunion, Hamburg 1958.
– Sowjetideologie heute, Bd. 1, Frankfurt 1962.
White, William H.: Herr und Opfer der Organisation, Düsseldorf 1958 (1956).
Whitehead, T. N.: Führung in der freien Gesellschaft, Köln 1955.
Willams, Raymond: The long revolution, London 1961.
– Culture and Society, London 1963 (1958).
Willms, Bernard: Planungsideologie und revolutionäre Utopie. Die zweifache Flucht in die Zukunft, Stuttgart 1969.
Wittgenstein, Ludwig: Vermischte Bemerkungen, Frankfurt 1977.
Wittvogel, Karl A.: Die orientalische Despotie, Köln 1962 (1957).
Wolker, John A.: Kunst seit Pop-Art, München 1975.

2. *Sammelwerke*

Der Aktivismus, Hrsg. Wolfgang Rothe, München 1969.
Als die Surrealisten noch recht hatten, Hrsg. Günter Metken, Stuttgart 1976.
Der Apparatschik, Hrsg. Gerd-Klaus Kaltenbrunner, München 1976.
Aufzeichnungen aus dem sowjetischen Untergrund, Hrsg. Roy Medwedjew, Hamburg 1977.
Der blaue Reiter, Hrsg. Wassily Kandinsky, Franz Marc, München 1965.
Bürokratische Organisation, Hrsg. Renate Mayntz, Köln 1968.
Byzanz, Geschichte und Kultur des oströmischen Reiches, Hrsg. N. H. Baynes/H. St. Moss, München 1964 (1948/61).
Dada, Hrsg. Richard Huelsenbeck, Hamburg 1964.
Das war Dada, Hrsg. Peter Schifferli, München 1963.
Euro-Kommunismus, Alfons Dalma, Andreas Razumovsky u. a., Zürich 1977.
Expressionismus. Der Kampf um eine literarische Bewegung, München 1965.
Freiheit. Theoretische und praktische Aspekte des Problems, Hrsg. J. Simon, Freiburg 1977.
Frühes Mönchtum im Abendland, I/II, Hrsg. Karl Suso Frank, Zürich 1975.
Der Futurismus. Manifeste und Dokumente, Hrsg. Umbro Apollonio, Köln 1972.
Happenings, Hrsg. Jürgen Becker, Wolf Vostell, Hamburg 1965.

Hemmende Strukturen in der heutigen Industriegesellschaft, Rüschlikon 1969.
Ich schneide die Zeit aus. Expressionismus und Politik, Hrsg. Paul Raabe, München 1964.
Jenseits der Erkenntnis, Hrsg. Leonhard Reinisch, Frankfurt 1977.
Jugoslawien denkt anders, Hrsg. Rudi Supek, Branko Bosnjak, Wien 1971.
Kapitulation des Bürgers, Hrsg. Gerd-Klaus Kaltenbrunner, München 1977.
Kultur, Hrsg. Carl August Schmitz, Frankfurt 1963.
Literarische und naturwissenschaftliche Intelligenz. Dialog über die »Zwei Kulturen«, Hrsg. Helmut Kreuzer, Stuttgart 1969.
Die Menschenrechte, Hrsg. Wolfgang Heidelmeyer, Paderborn 1972.
Militanter Humanismus, Hrsg. Alphons Silbermann, Frankfurt 1966.
Modern Organizations Theory, Hrsg. Haire, Mason, New York–London 1959.
Perspektiven der kommunalen Kulturpolitik, Hrsg. Hilmar Hoffmann, Frankfurt 1974.
Philosophische Anthropologie heute, Hrsg. Roman Rocek, Oskar Schatz, München 1972.
Plädoyers für eine neue Kulturpolitik, Hrsg. Olaf Schwencke, Klaus H. Resermann, Alfons Spielhoff, München 1974.
Proklamation der Freiheit, Hrsg. Janko Musulin, Frankfurt 1959.
Proletarische Kulturrevolution in Sowjetrußland, Hrsg. Richard Lorenz, München 1969.
Reader in Bureaucracy, Hrsg. Robert K. Merton, Glencoe 1952.
Reden zum IV. Kongreß des Tschechoslowakischen Schriftstellerverbandes Prag, Juni 1967, Hrsg. Pavel Kohout, Frankfurt 1968.
Die russische Intelligentsia, Hrsg. Richard Pipes, Stuttgart 1962 (1961).
Schlankheitskur für den Staat, Hrsg. Hubertus Zuber, Stuttgart 1979.
Spurensicherung. Kunst als Anthropologie und Selbsterforschung, Hrsg. Günter Metken, Köln 1977.
Der standhafte Selbständige, Hrsg. Gerd-Klaus Kaltenbrunner, München 1979.
Stimmen aus dem Untergrund, Hrsg. Alexander Solschenizyn, West-Berlin 1976 (1974).
Tschechische Gespräche, Hrsg. Jiří Lederer, Hamburg 1979.
Der Überdruß an der Demokratie, Hrsg. Helmut Schmidt, Köln 1970.
Über Kunst. Künstlertexte zum veränderten Kunstverständnis nach 1965, Hrsg. Gerd de Vries, Köln 1974.
Video Art, Hrsg. Ira Schneider, Beryl Korot, New York 1975.
Von der Quantität zur Qualität des Lebens, Hrsg. Herwig Büchele, Wien 1974.
Wertwandel und gesellschaftlicher Wandel, Hrsg. H. Klages, P. Kmieciak, Frankfurt 1979.
Die Wiedertäufer der Wohlstandsgesellschaft, Hrsg. Erwin K. Scheuch, Köln 1968.